Lieber ist kein Wettkampf

13

Aki Iwai

TOKYOPOP®

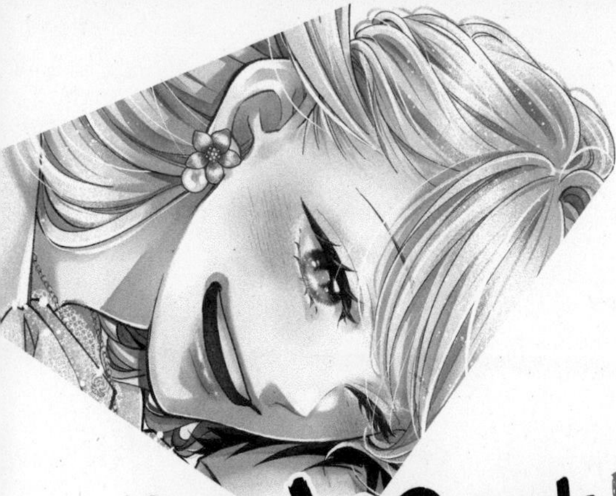

Liebe ist kein Wettkampf

13

Aki Iwai

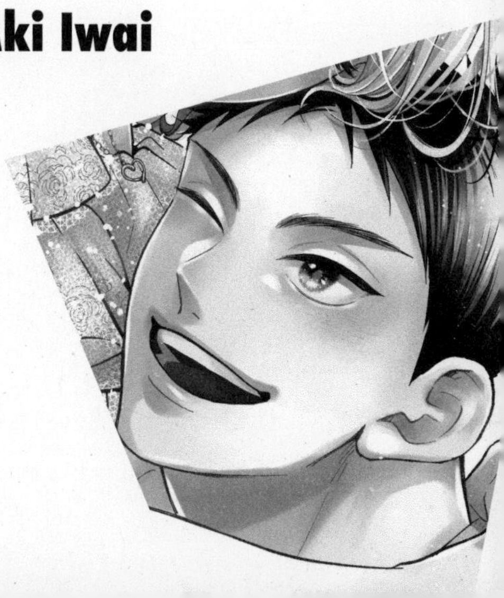

INHALT

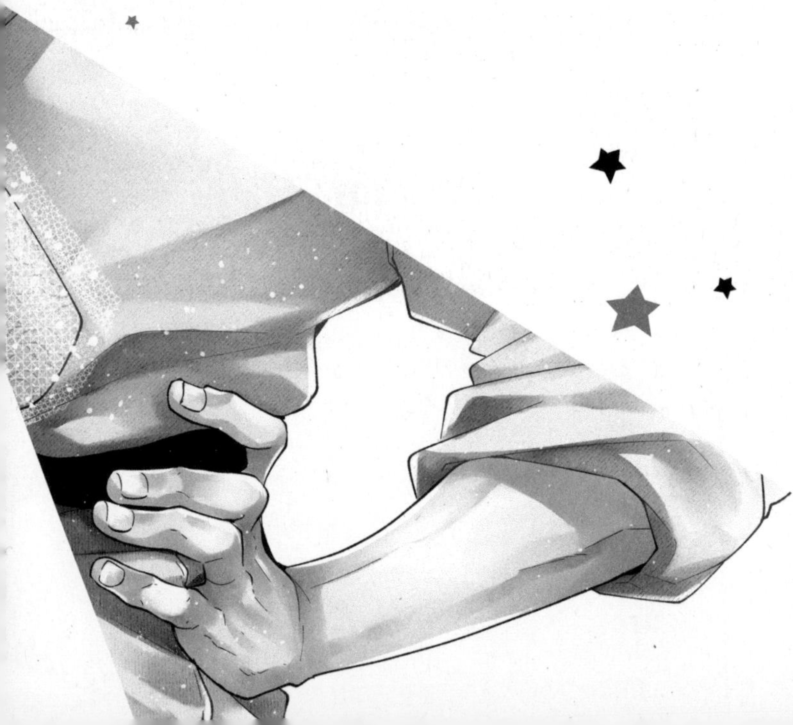

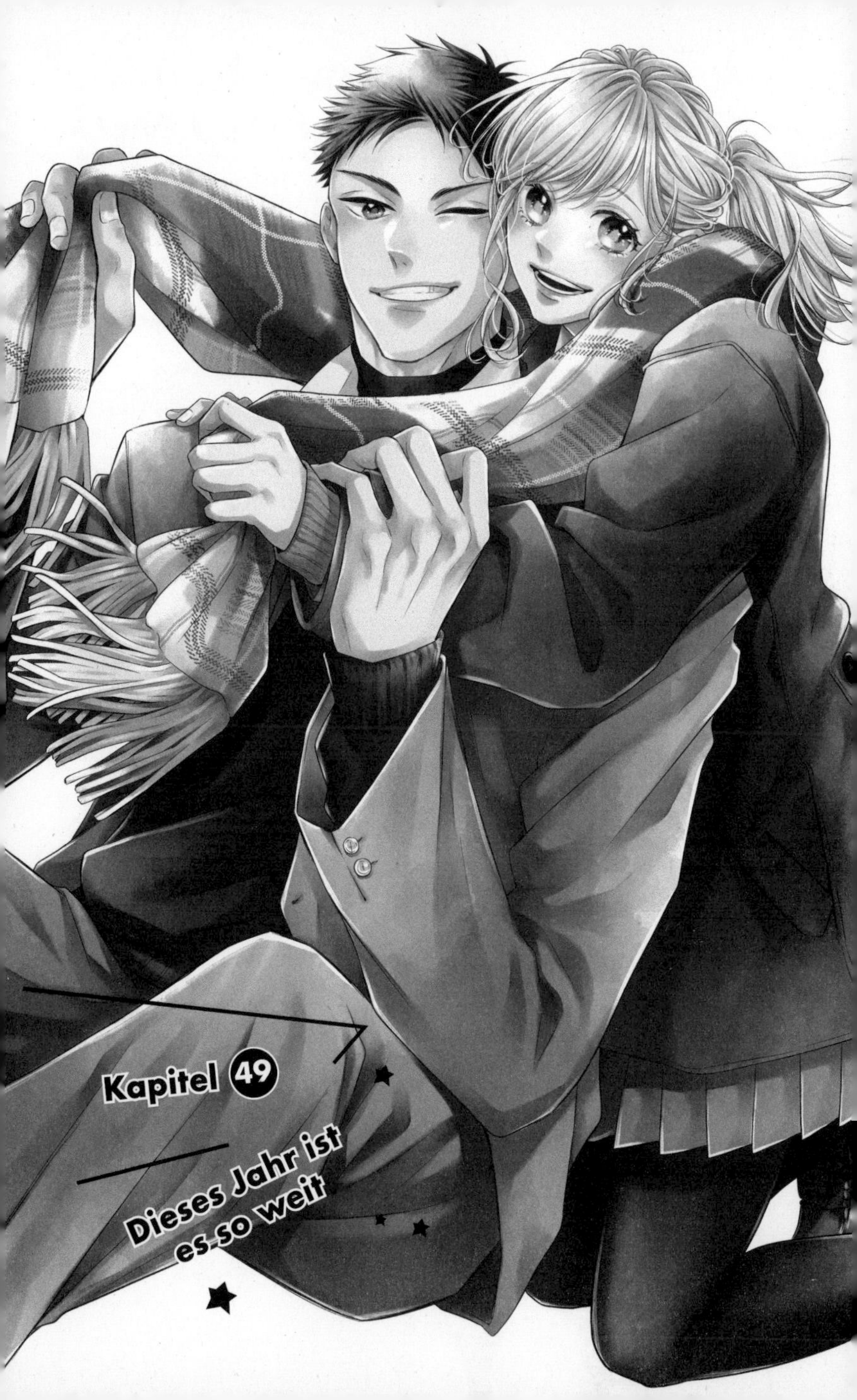
Kapitel 49
Dieses Jahr ist es so weit

Liebe ist kein Wettkampf

Was bisher geschah:

Akari kann den starken und mit einem großen Ego ausgestatteten Star des Karate-Klubs Abe nicht ausstehen. Doch dieser gesteht ihr, dass ihm bei Akari »ganz warm ums Herz« wird!! Sie läuft weg und er hinterher. Schließlich werden die beiden ein Paar. ♡
Während Abe bereits sehr konkrete Zukunftspläne hat, weiß Akari noch nicht, was sie nach der Schule machen soll. Wenn das so bleibt, fürchtet sie, wird sie irgendwann nicht mehr an seiner Seite sein können. Deshalb hat sie eine Idee: Selbstverbesserung! Sie bittet Abe, die Winterferien getrennt voneinander zu verbringen. Allerdings wird sie von Ryomei zur Weihnachtsfeier des Dojos eingeladen. Als sie die strahlenden Kindergesichter beim Anblick des gedeckten Festtagstisches sieht, ist ihr Interesse für den Beruf der Ernährungsberaterin geweckt.
Doch dann taucht plötzlich ein von der Angst, Akari könnte ihn betrügen, getriebener Abe auf. Schnell klärt sich das Missverständnis auf und Abe ist froh, dass Akari nun auch etwas gefunden hat, das ihr Spaß macht. Als Symbol für ihre gemeinsame Zukunft schenkt Abe ihr einen Pinky Ring. ♥

Kazune Abe

Schüler des dritten Jahrgangs* und der Star des Karate-Klubs.

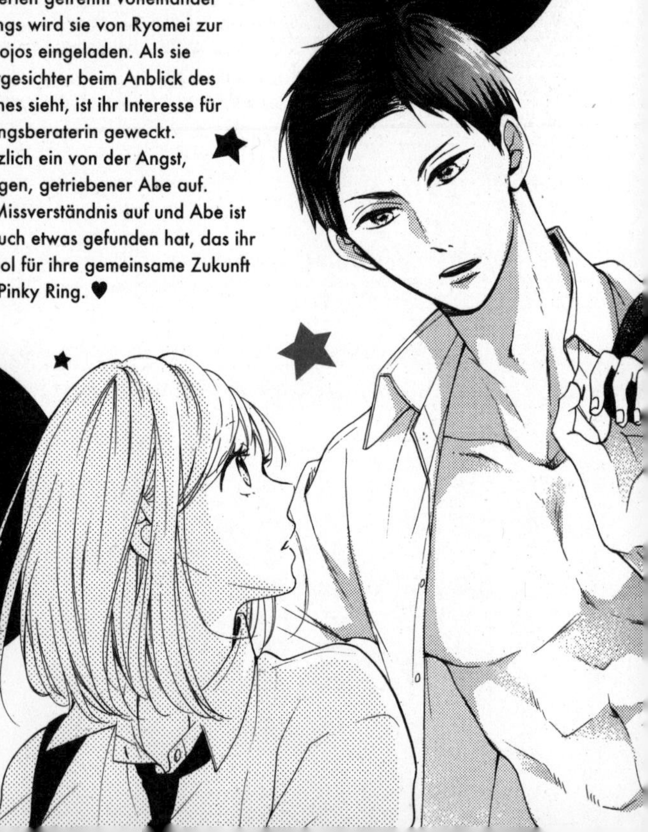

Akari Yae

Schülerin des dritten Jahrgangs. Hatte ursprünglich nichts für Abe übrig, doch dann wurde er ihr erster Freund!

*entspricht der 12. Klasse

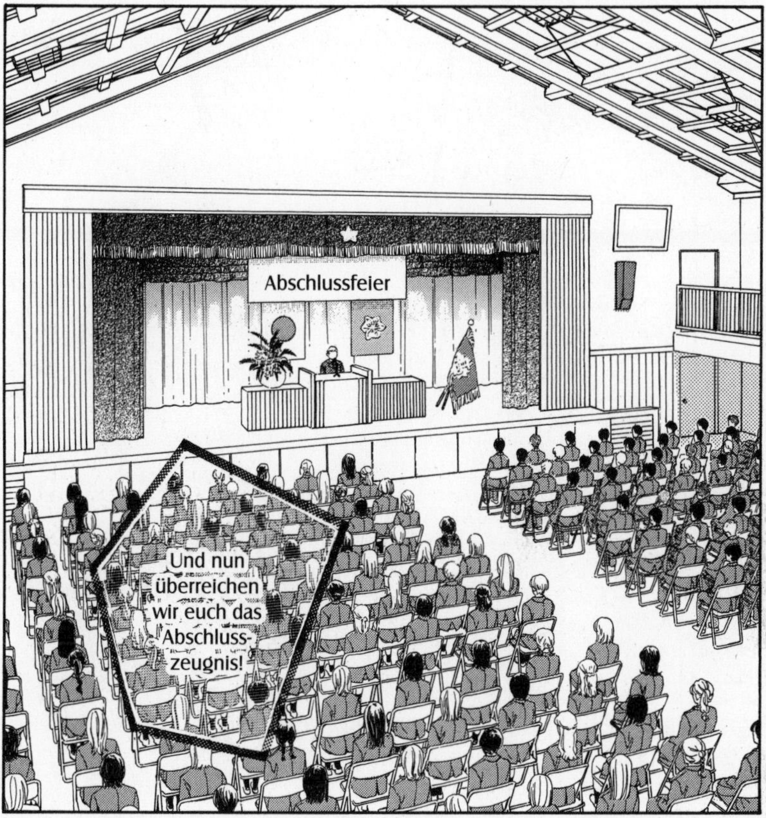

Liebe ist kein Wettkampf

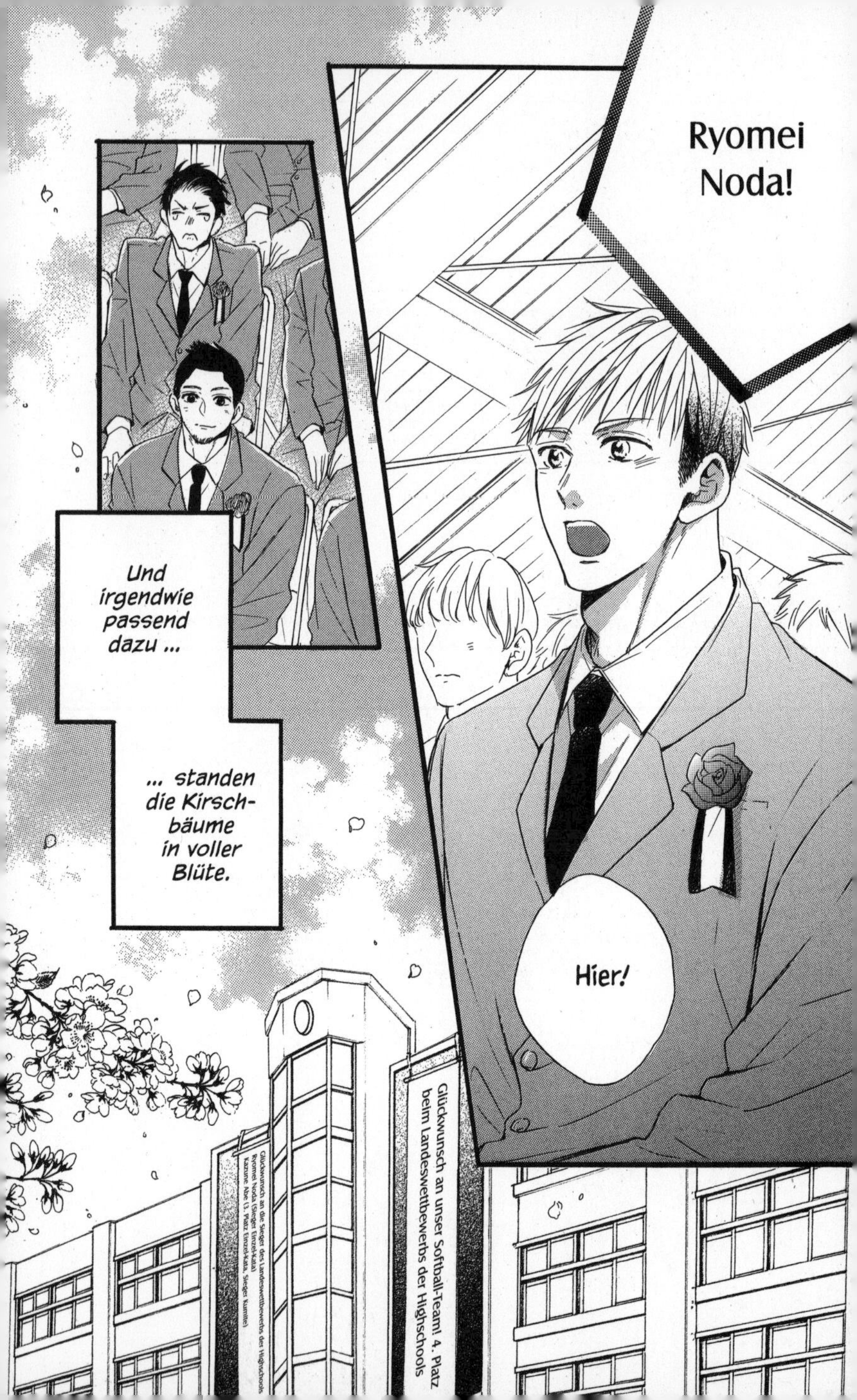
Ryomei Noda!
Hier!
Und irgendwie passend dazu ...
... standen die Kirschbäume in voller Blüte.
Glückwunsch an unser Softball-Team! 4. Platz beim Landeswettbewerbs der Highschools
Glückwunsch an die Sieger des Landeswettbewerbs der Highschools
Ryomei Noda (Sieger Einzel-Kata)
Kazune Abe (3. Platz Einzel-Kata, Sieger Kumite)

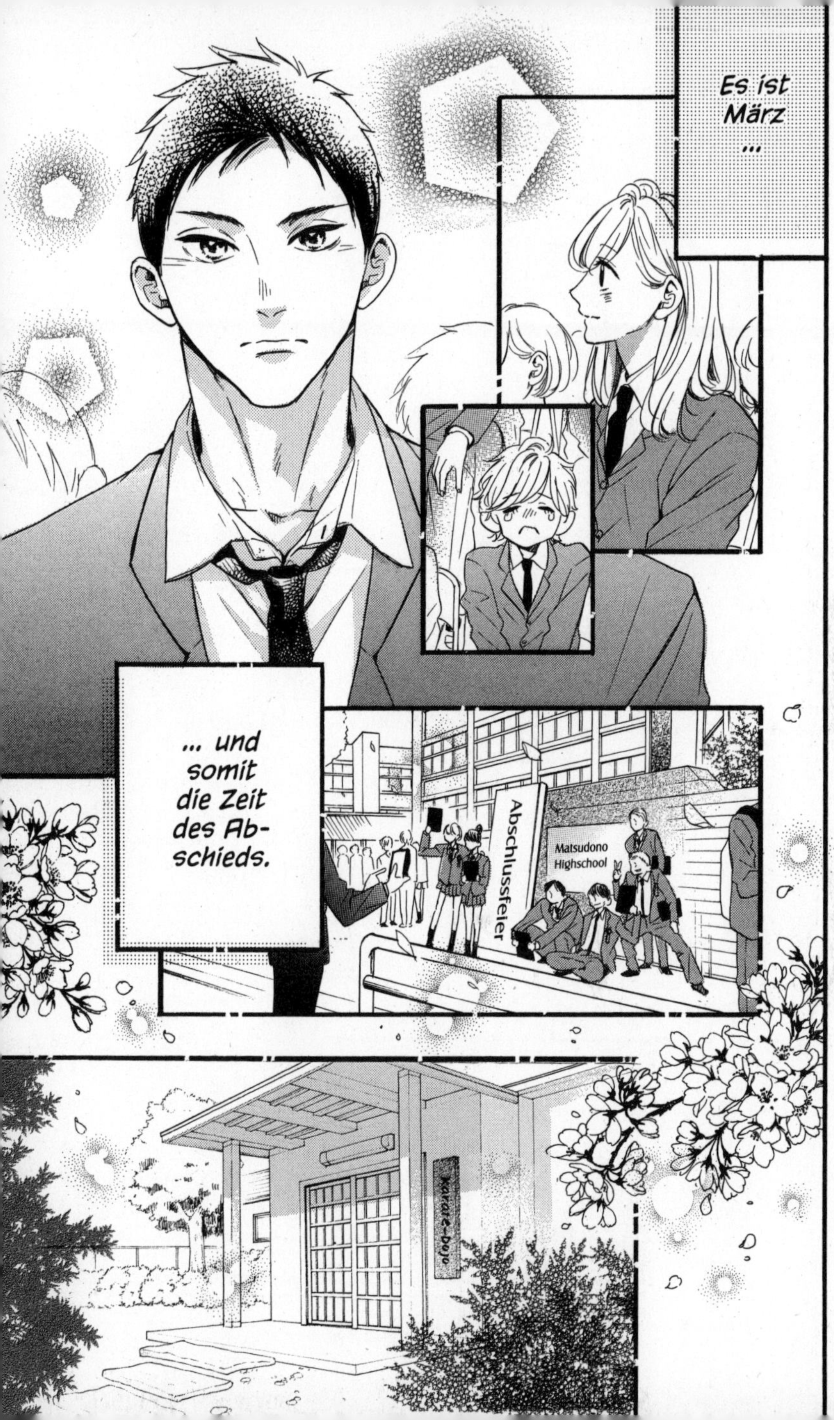

Es ist März ...
... und somit die Zeit des Abschieds.
Abschlussfeier
Matsudono Highschool
Karate-Dojo

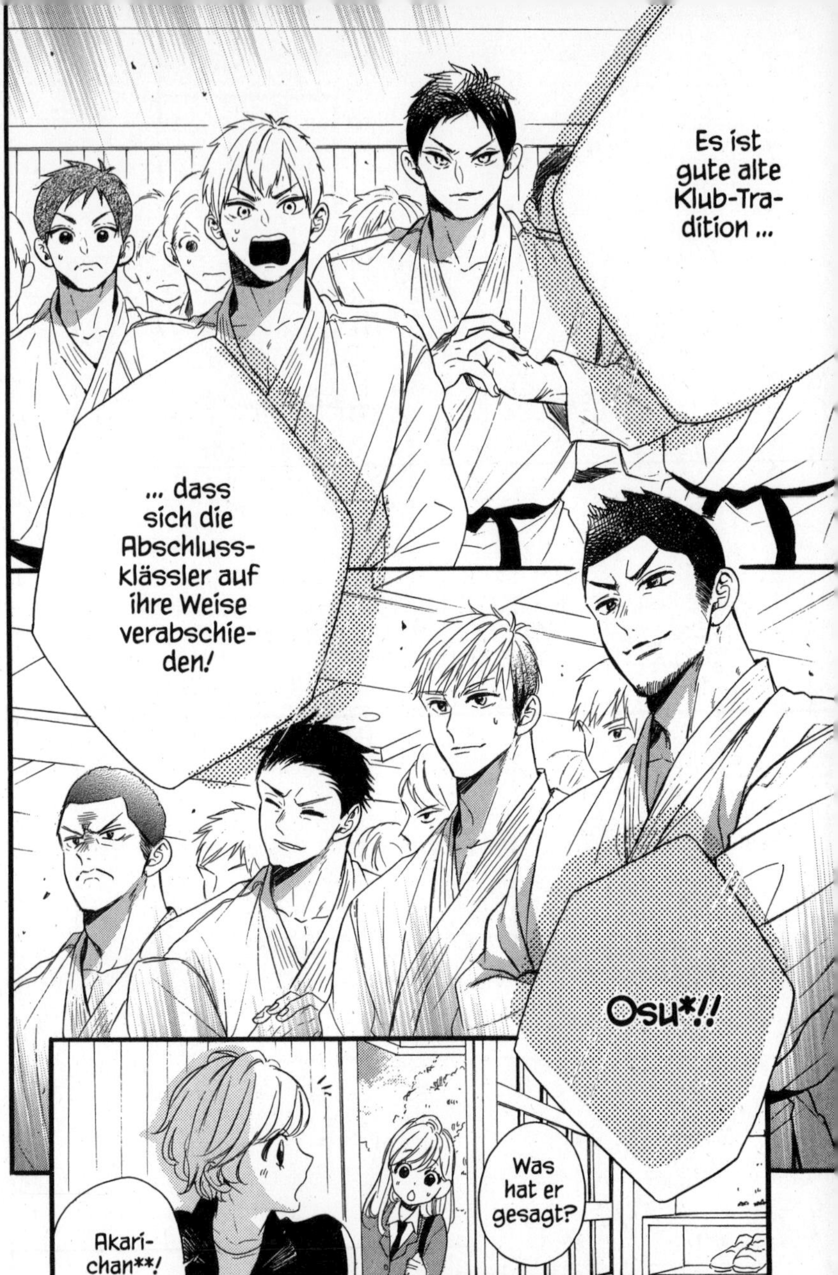

*jap. Grußwort bei diversen Sportarten, u.a. Karate und Judo, und alternatives Bestätigungswort, wie »ja« oder »verstanden«

**verniedlichende Anrede für gute Freunde und kleine Kinder

*entspricht der 10. bzw. 11. Klasse

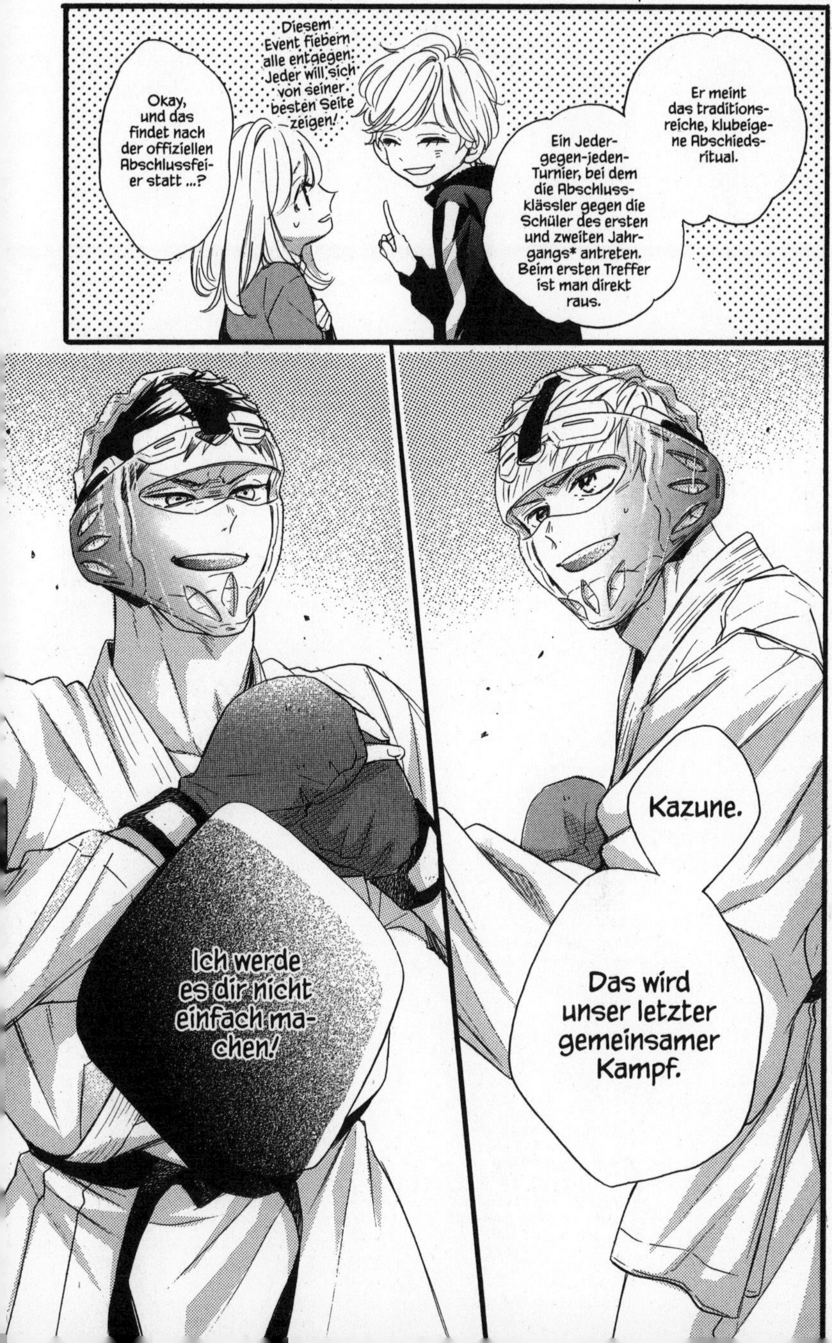

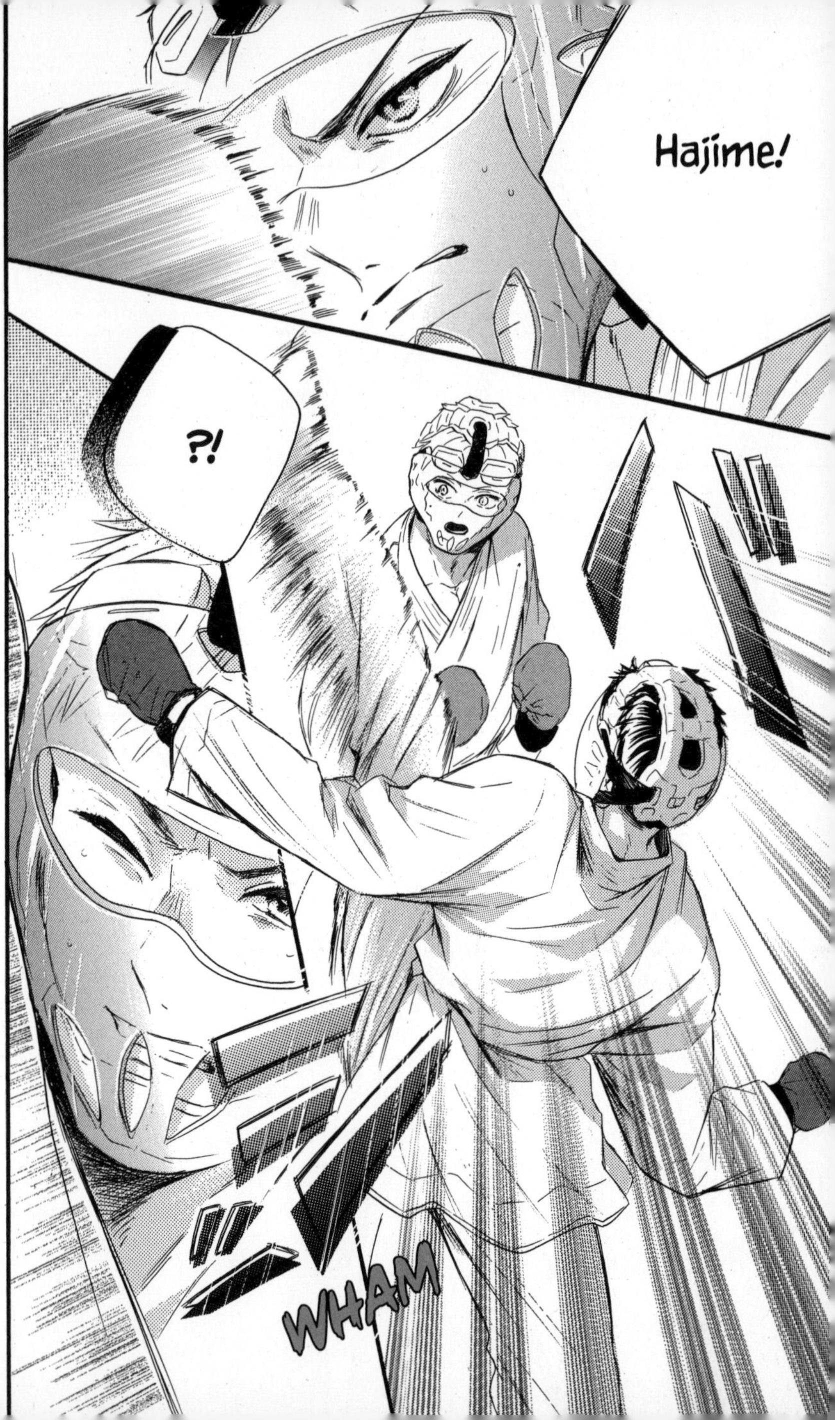
Hajime!
?!
WHAM

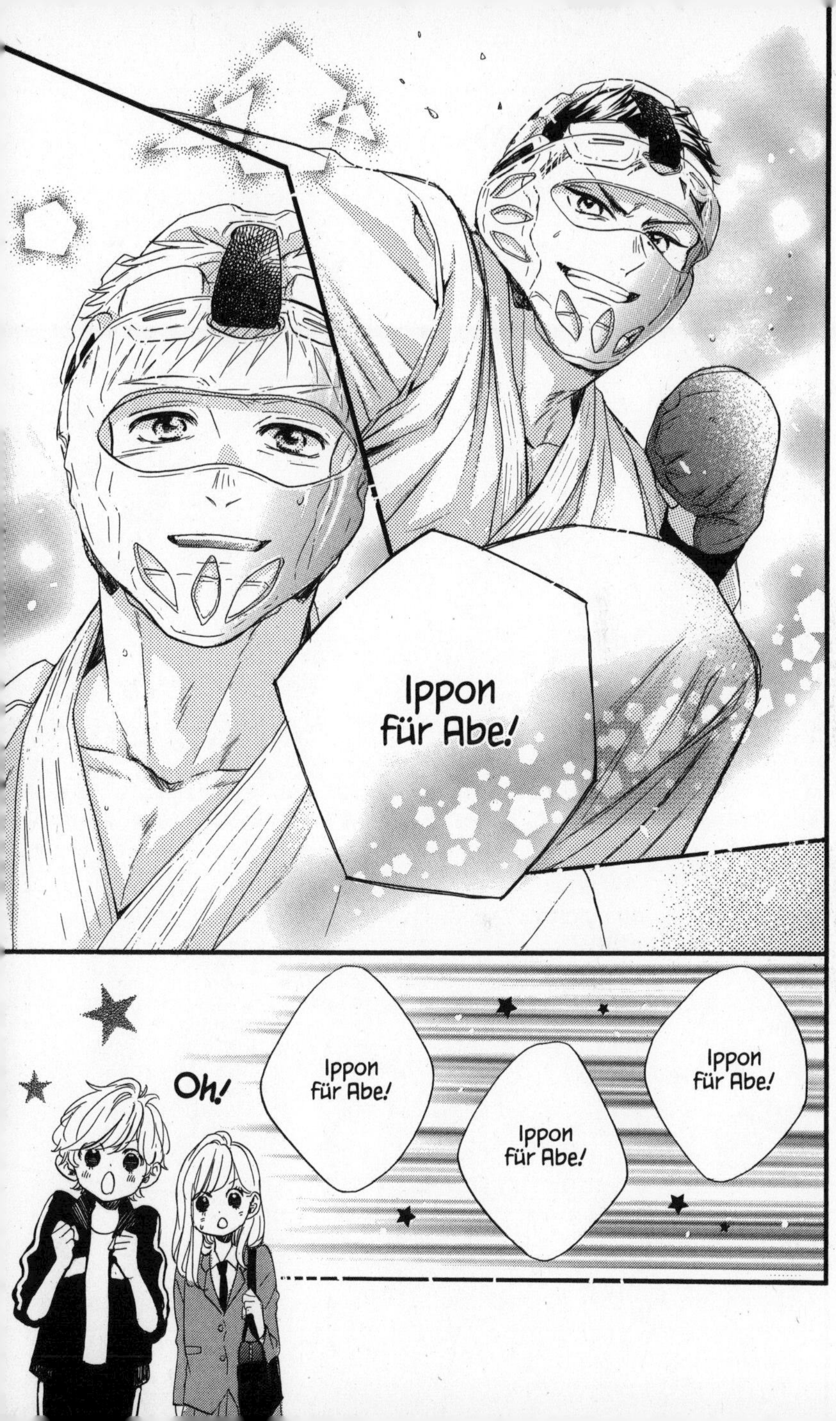
Ippon für Abe!
Ippon für Abe!
Ippon für Abe!
Ippon für Abe!
Oh!

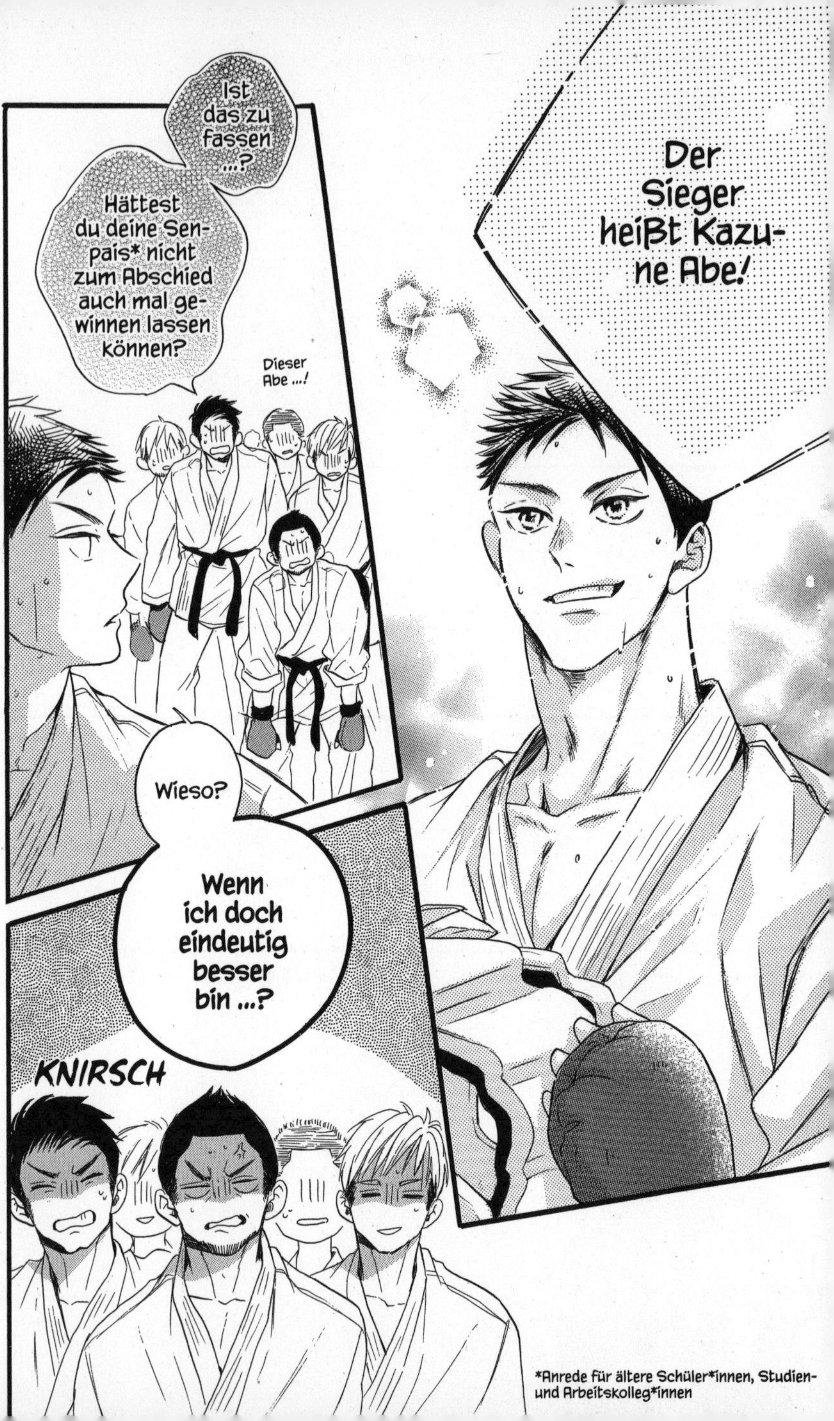

*Anrede für ältere Schüler*innen, Studien- und Arbeitskolleg*innen

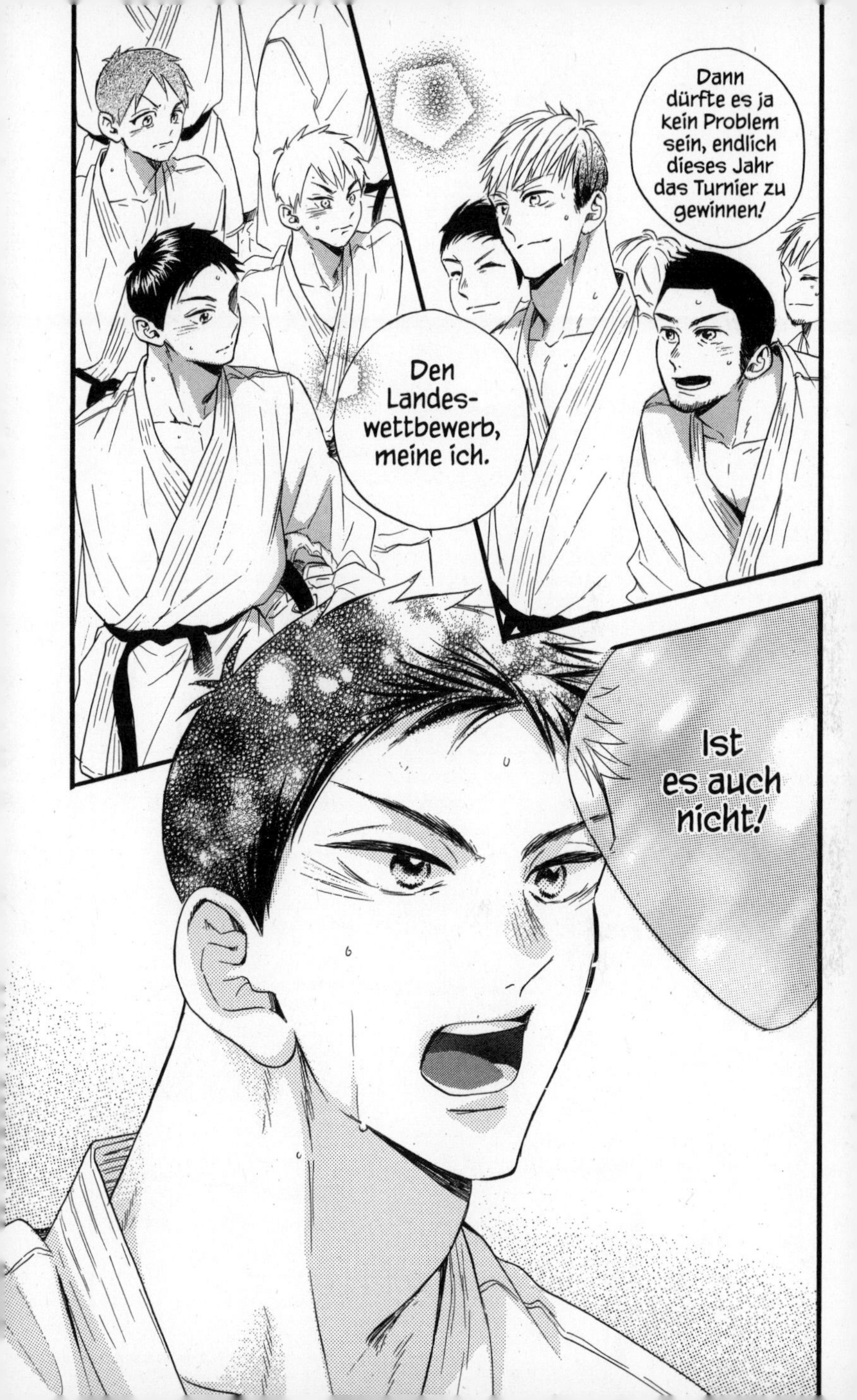
Dann dürfte es ja kein Problem sein, endlich dieses Jahr das Turnier zu gewinnen!
Den Landes-wettbewerb, meine ich.
Ist es auch nicht!

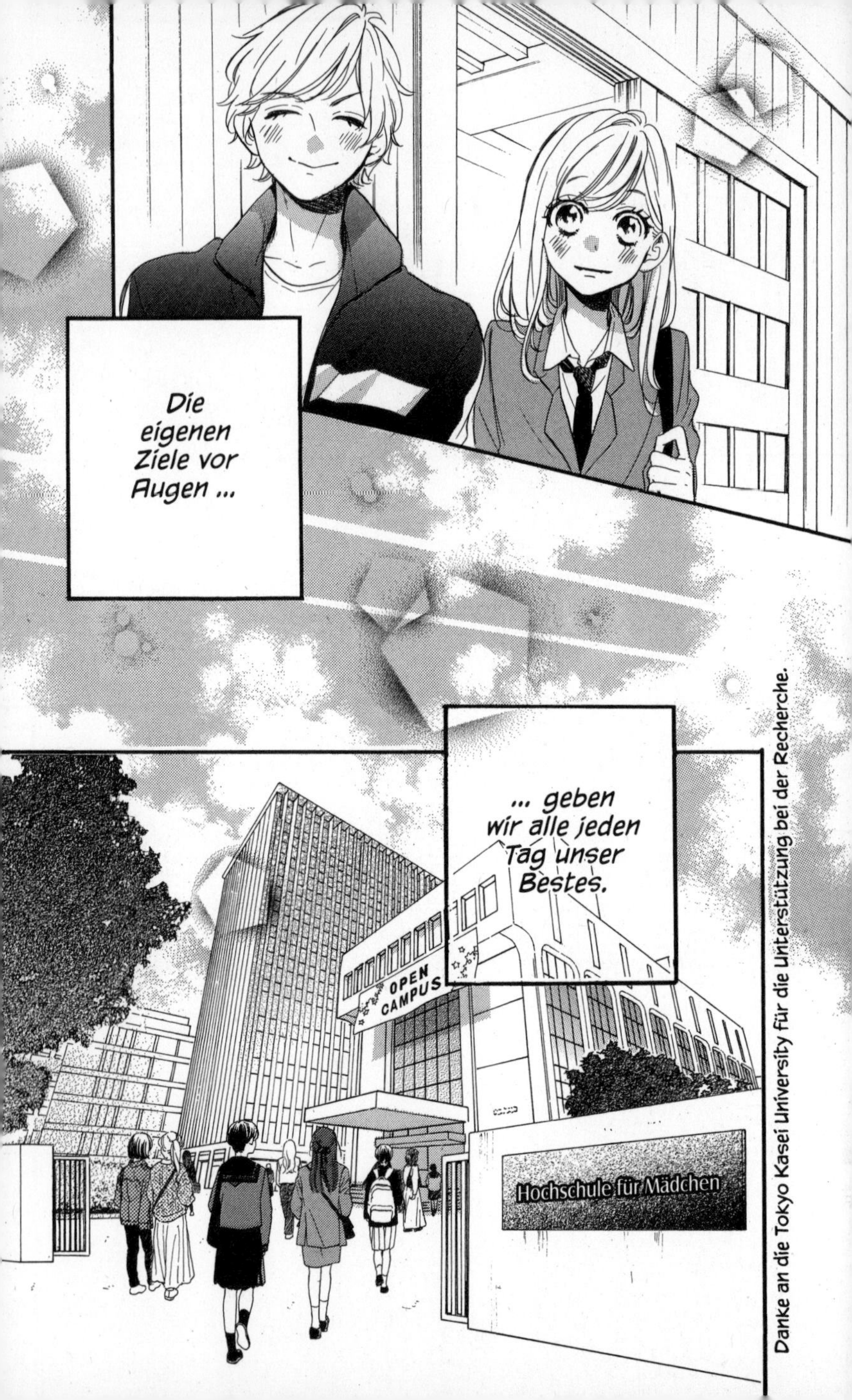

Danke an die Tokyo Kasei University für die Unterstützung bei der Recherche.

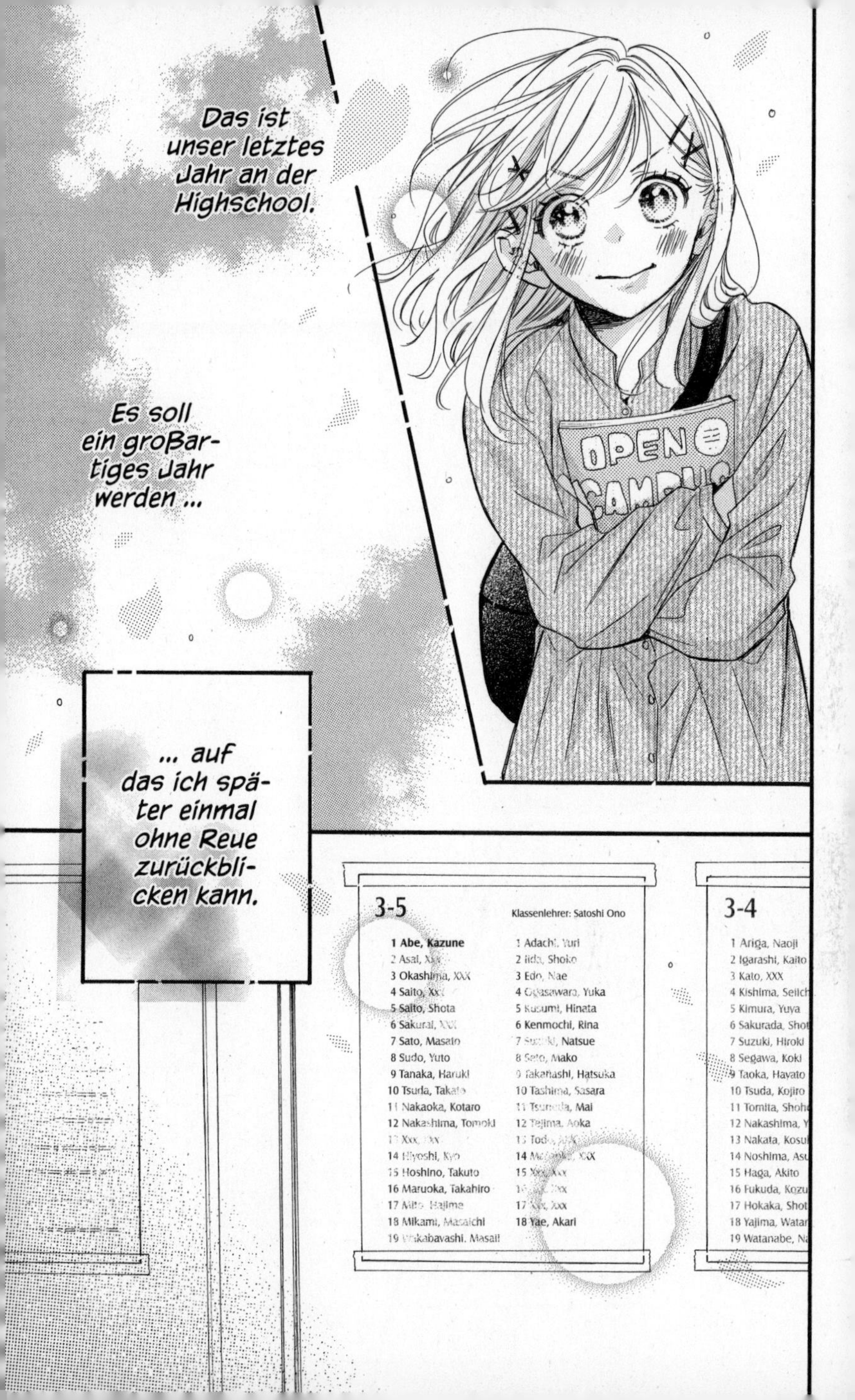
Das ist unser letztes Jahr an der Highschool.
Es soll ein großartiges Jahr werden …
OPEN CAMPUS
… auf das ich später einmal ohne Reue zurückblicken kann.
3-5
Klassenlehrer: Satoshi Ono
1 Abe, Kazune
3 Okashima, XXX
5 Saito, Shota
7 Sato, Masato
8 Sudo, Yuto
9 Tanaka, Haruki
10 Tsuda, Takato
11 Nakaoka, Kotaro
12 Nakashima, Tomoki
14 Hiyoshi, Kyo
15 Hoshino, Takuto
16 Maruoka, Takahiro
17 Mito, Hajime
18 Mikami, Masaichi
19 Wakabayashi, Masaii
1 Adachi, Yuri
2 Iida, Shoko
3 Edo, Nae
4 Ogasawara, Yuka
5 Kusumi, Hinata
6 Kenmochi, Rina
7 Suzuki, Natsue
8 Seto, Mako
9 Takahashi, Hatsuka
10 Tashima, Sasara
11 Tsuneda, Mai
12 Tejima, Aoka
18 Yae, Akari
3-4
1 Ariga, Naoji
2 Igarashi, Kaito
3 Kato, XXX
4 Kishima, Seiich
5 Kimura, Yuya
6 Sakurada, Shot
7 Suzuki, Hiroki
8 Segawa, Koki
9 Taoka, Hayato
10 Tsuda, Kojiro
11 Tomita, Shoh
12 Nakashima, Y
13 Nakata, Kosu
14 Noshima, Asu
15 Haga, Akito
16 Fukuda, Kozu
17 Hokaka, Shot
18 Yajima, Watar
19 Watanabe, Na

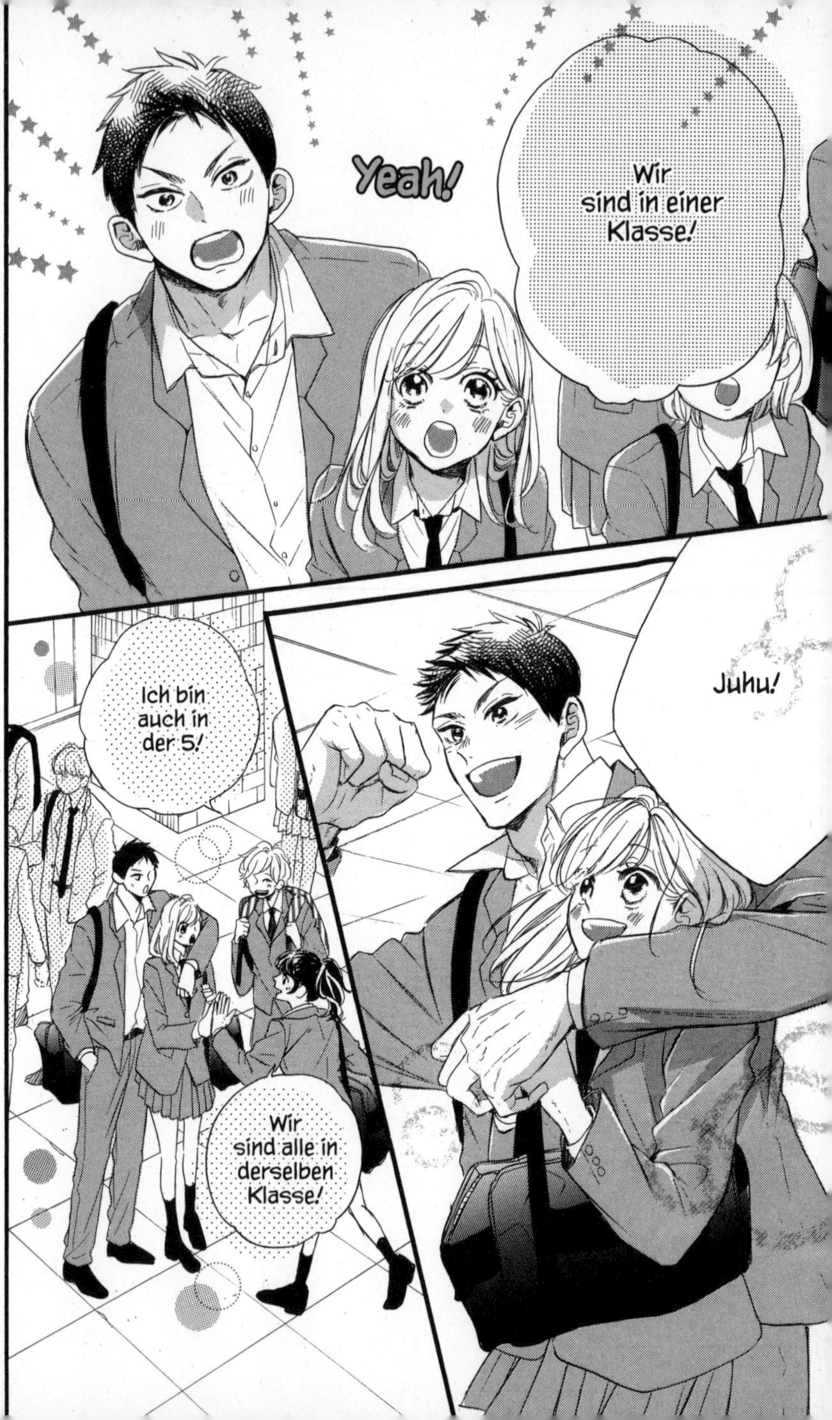
Wir sind in einer Klasse!
Yeah!
Juhu!
Ich bin auch in der 5!
Wir sind alle in derselben Klasse!

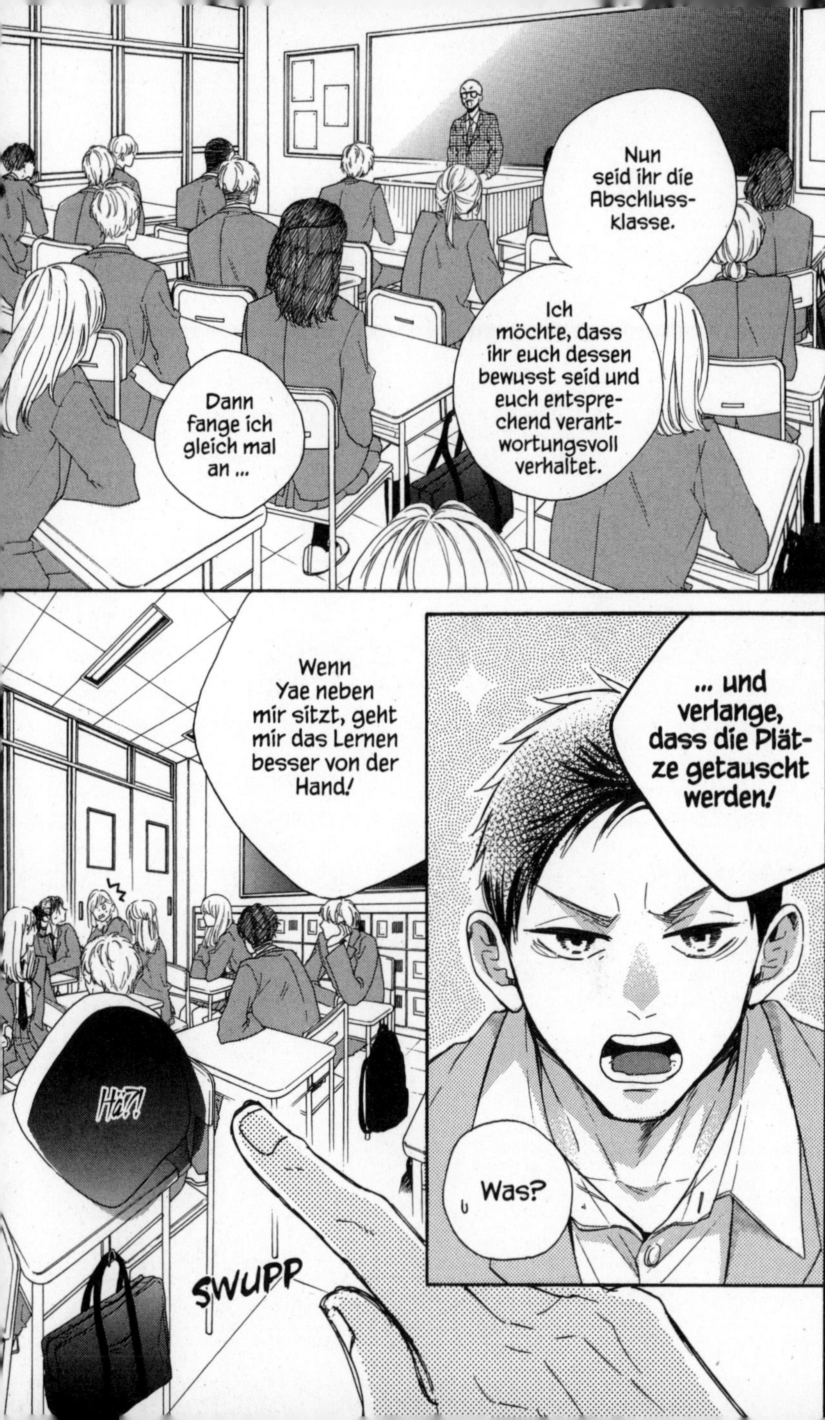
Nun seid ihr die Abschlussklasse.
Ich möchte, dass ihr euch dessen bewusst seid und euch entsprechend verantwortungsvoll verhaltet.
Dann fange ich gleich mal an ...
... und verlange, dass die Plätze getauscht werden!
Was?
Wenn Yae neben mir sitzt, geht mir das Lernen besser von der Hand!
Hä?!
SWUPP

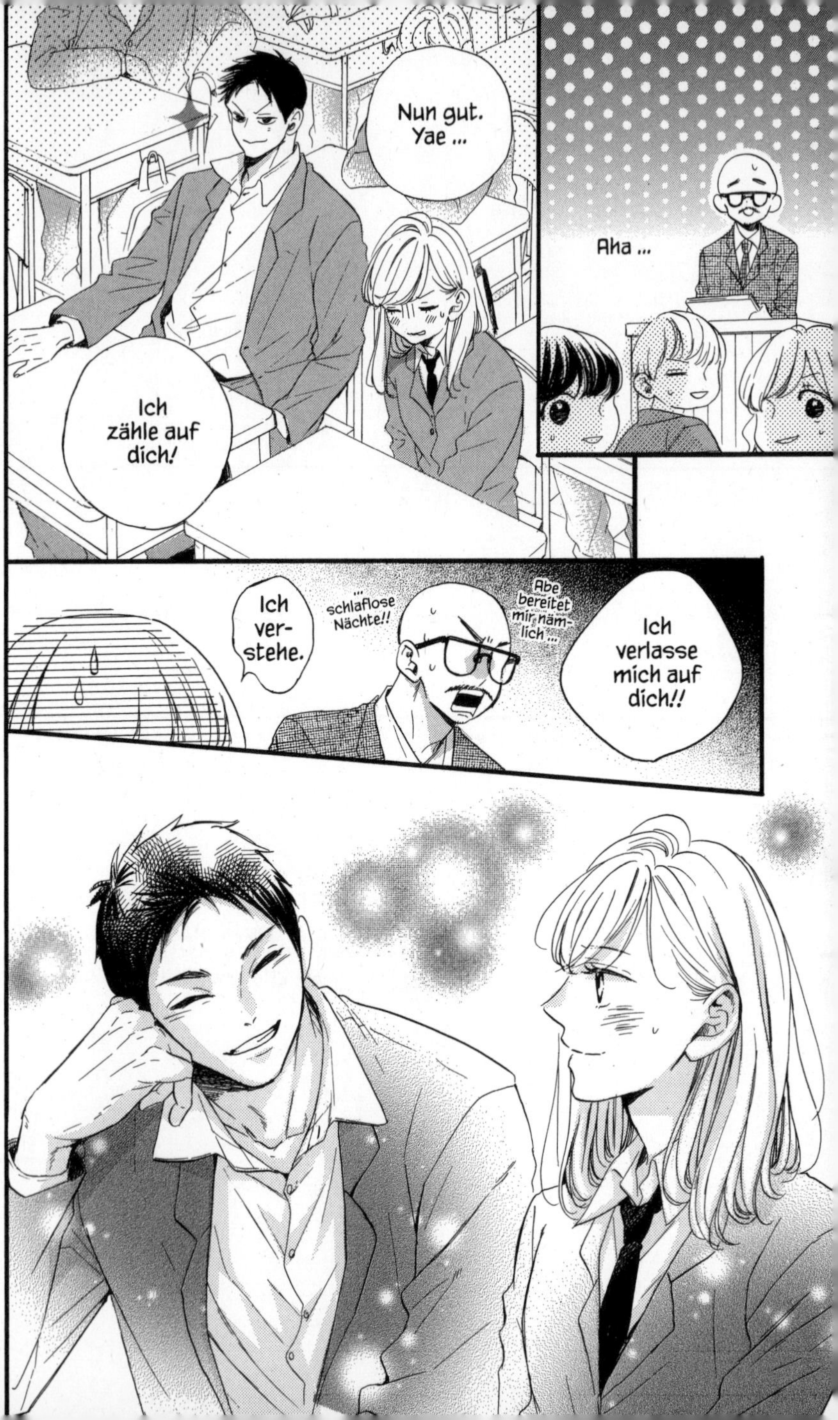
Aha ...
Nun gut. Yae ...
Ich zähle auf dich!
Ich verlasse mich auf dich!!
Abe bereitet mir nämlich ...
... schlaflose Nächte!!
Ich verstehe.

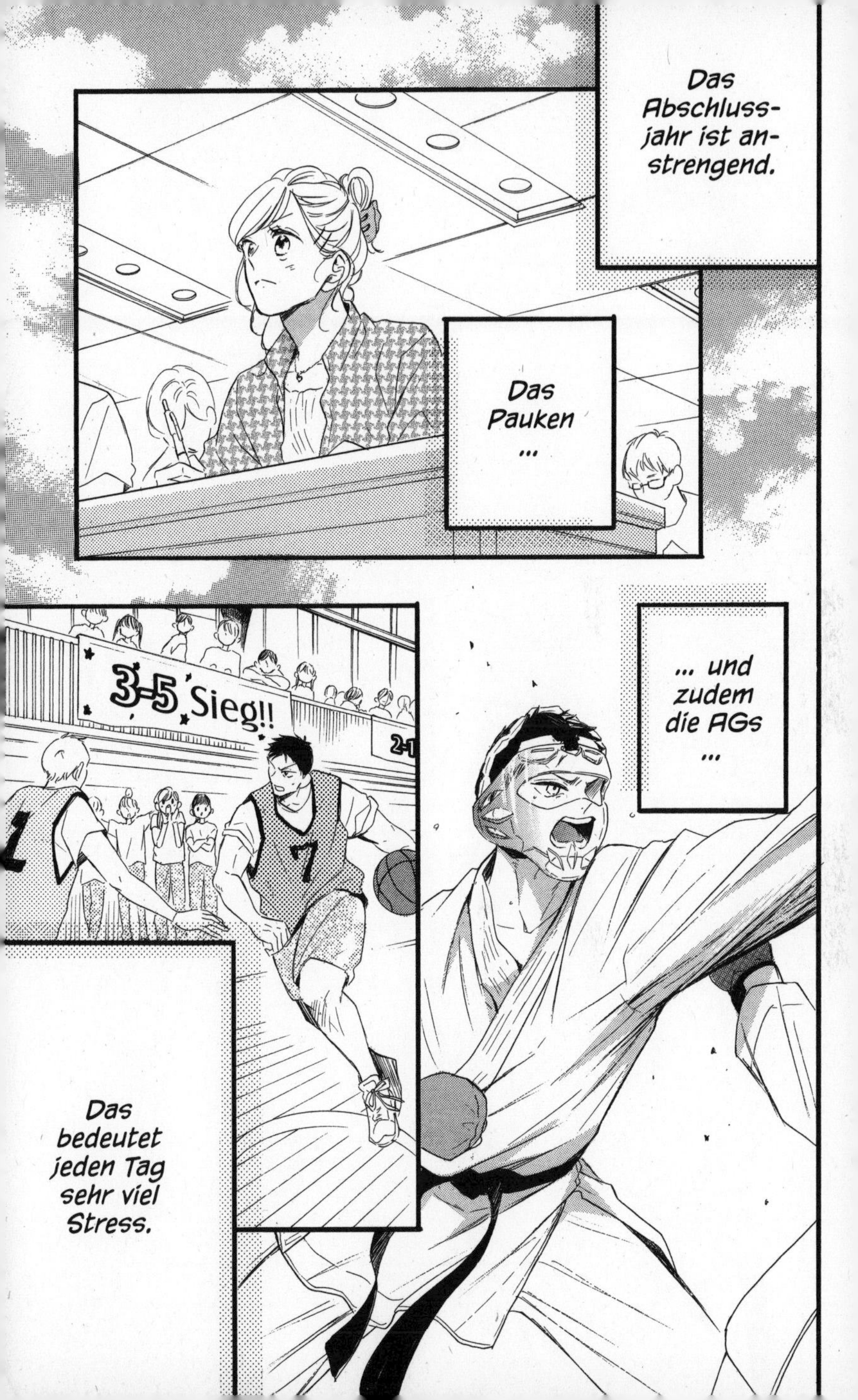
Das Abschluss-jahr ist an-strengend.
Das Pauken ...
... und zudem die AGs ...
3-5 Sieg!!
Das bedeutet jeden Tag sehr viel Stress.

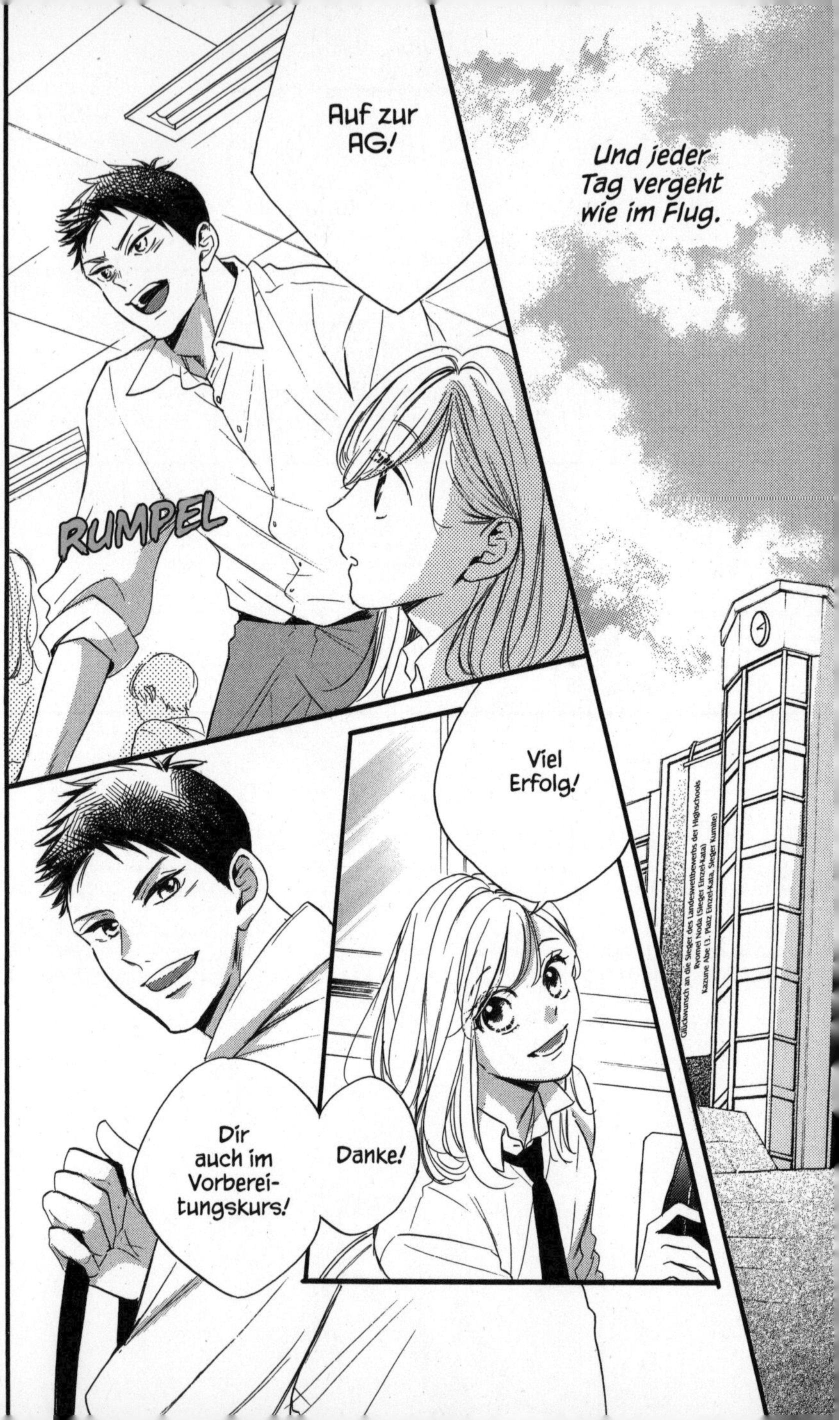
Und jeder Tag vergeht wie im Flug.
Glückwunsch an die Sieger des Landeswettbewerbs der Highschools
Ryomei Noda (Sieger Einzel-Kata)
Kazune Abe (3. Platz Einzel-Kata, Sieger Kumite)
Auf zur AG!
RUMPEL
Viel Erfolg!
Danke!
Dir auch im Vorberei-tungskurs!

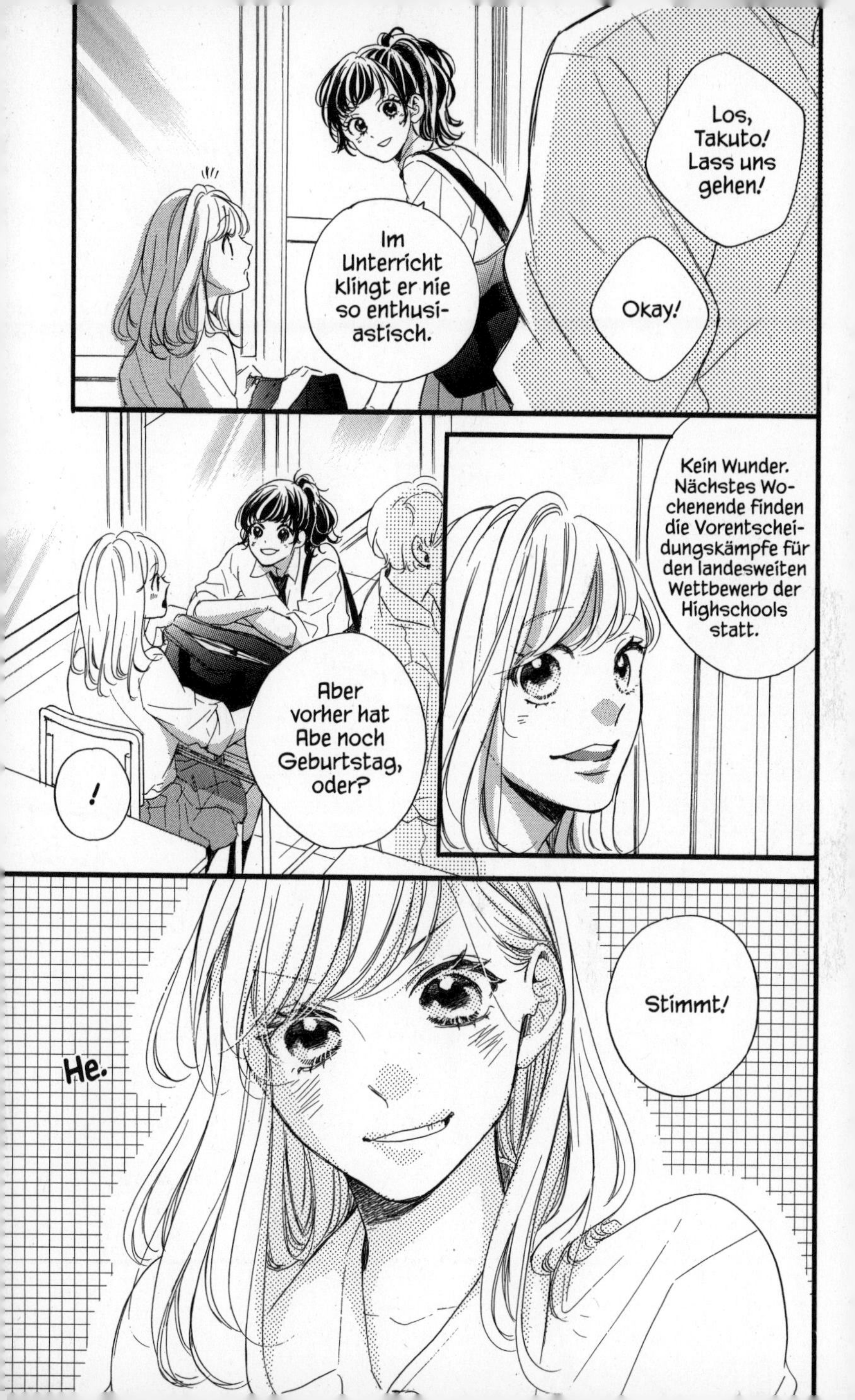
Los, Takuto! Lass uns gehen!
Okay!
Im Unterricht klingt er nie so enthusiastisch.
Kein Wunder. Nächstes Wochenende finden die Vorentscheidungskämpfe für den landesweiten Wettbewerb der Highschools statt.
Aber vorher hat Abe noch Geburtstag, oder?
!
Stimmt!
He.

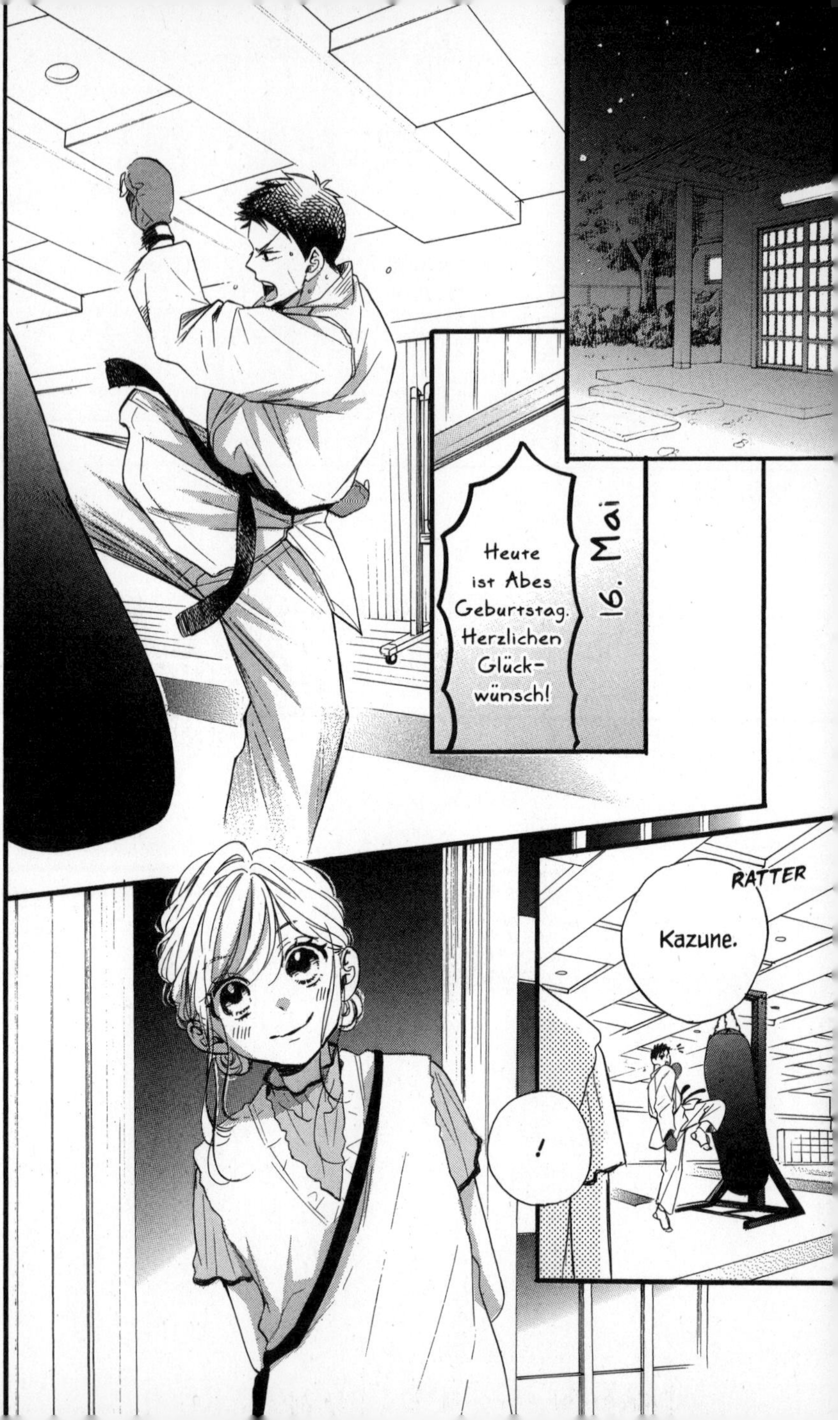
16. Mai
Heute ist Abes Geburtstag. Herzlichen Glückwünsch!
RATTER
Kazune.
!

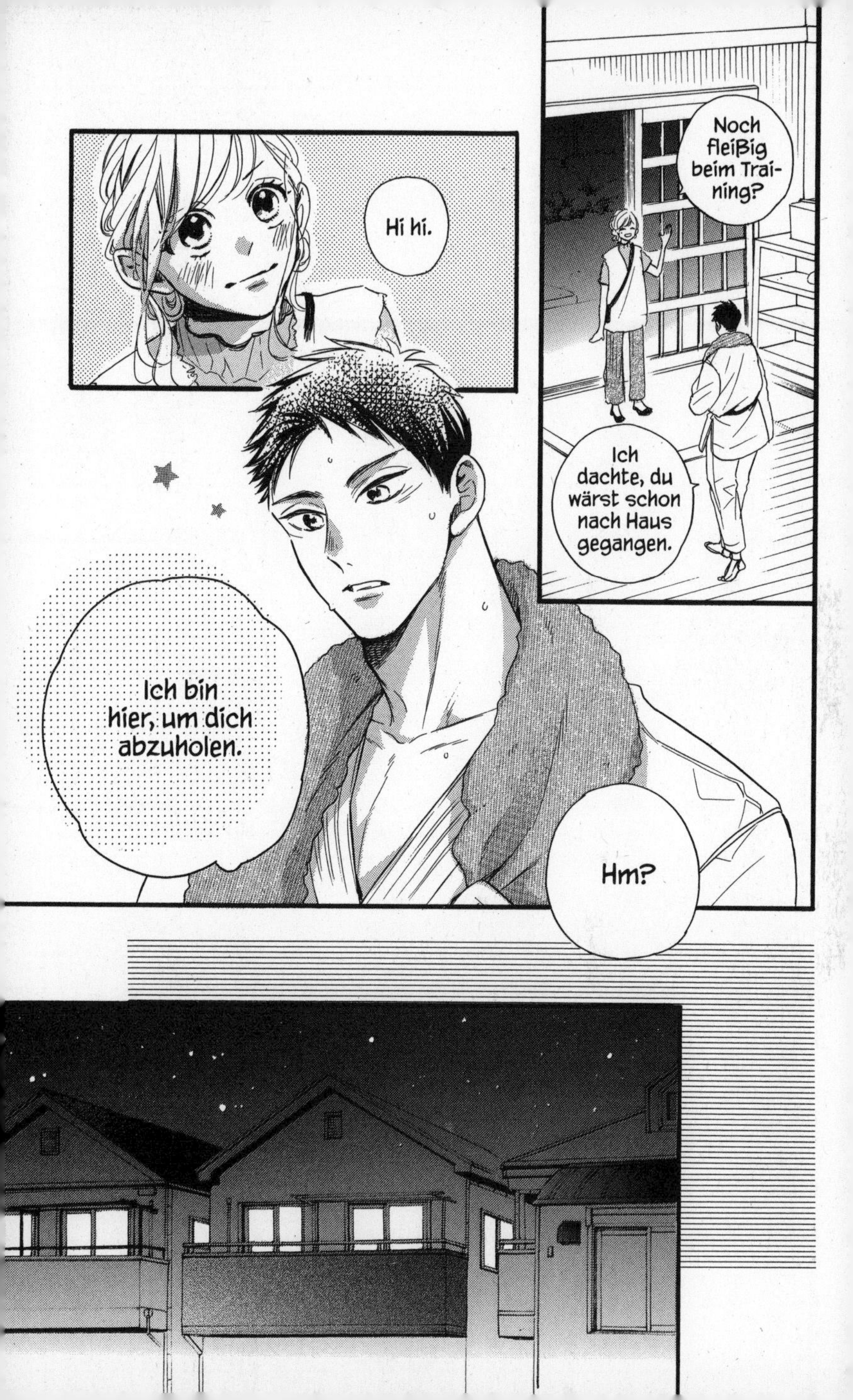

Noch fleißig beim Trai-ning?
Ich dachte, du wärst schon nach Haus gegangen.
Hi hi.
Ich bin hier, um dich abzuholen.
Hm?

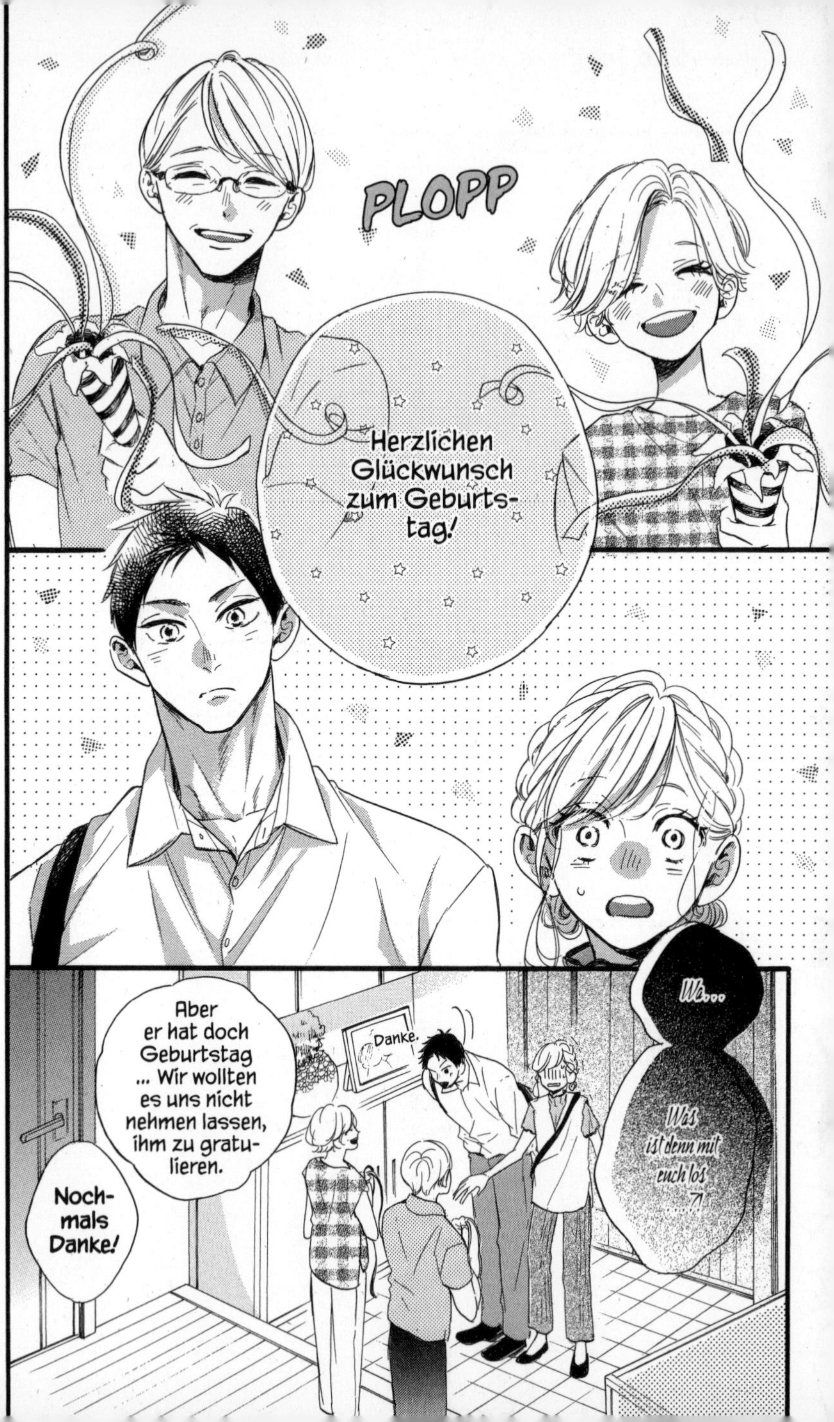
PLOPP
Herzlichen Glückwunsch zum Geburtstag!
Wi...
Was ist denn mit euch los ...?!
Danke.
Aber er hat doch Geburtstag ... Wir wollten es uns nicht nehmen lassen, ihm zu gratulieren.
Nochmals Danke!

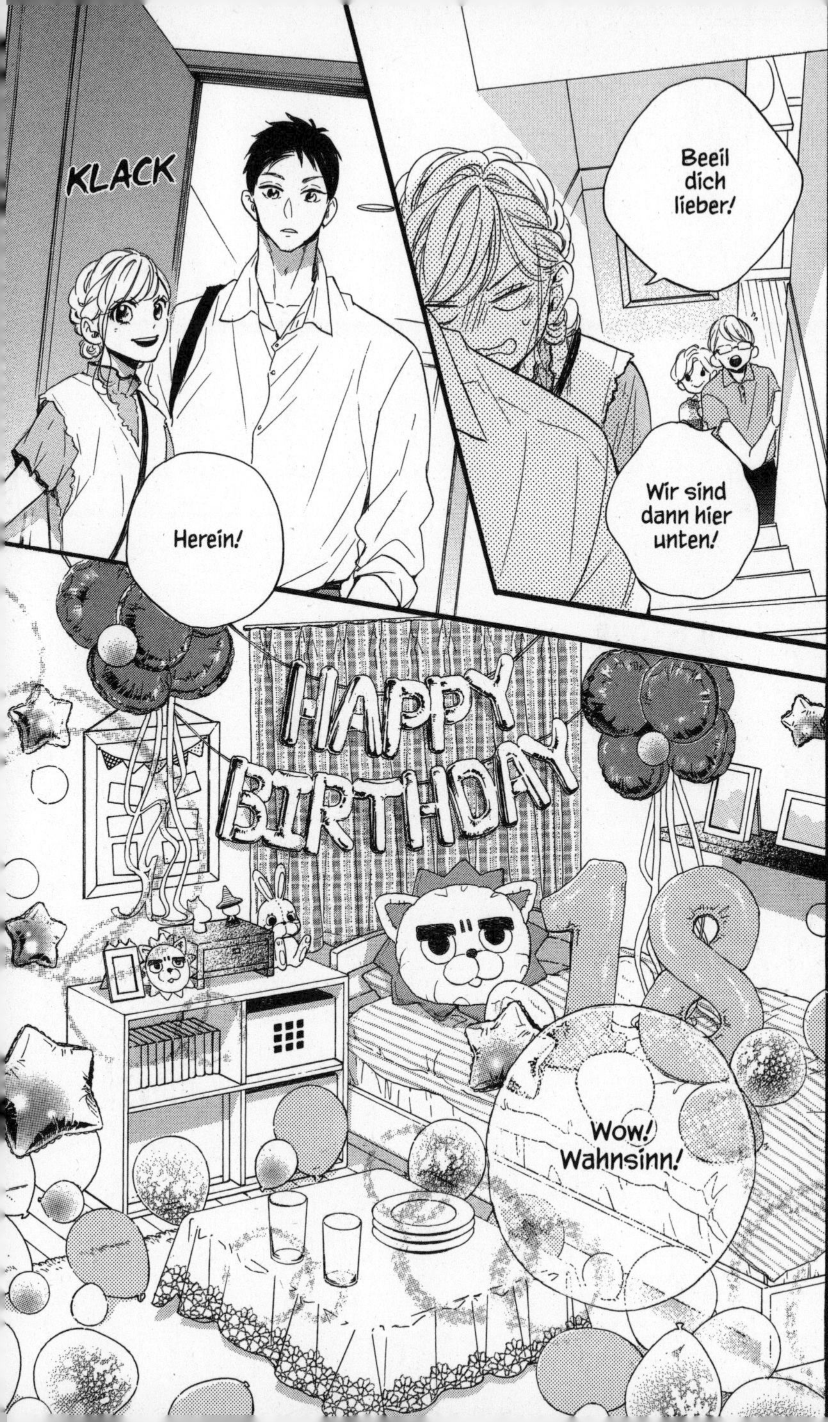
Beeil dich lieber!
Wir sind dann hier unten!
KLACK
Herein!
HAPPY BIRTHDAY
Wow! Wahnsinn!

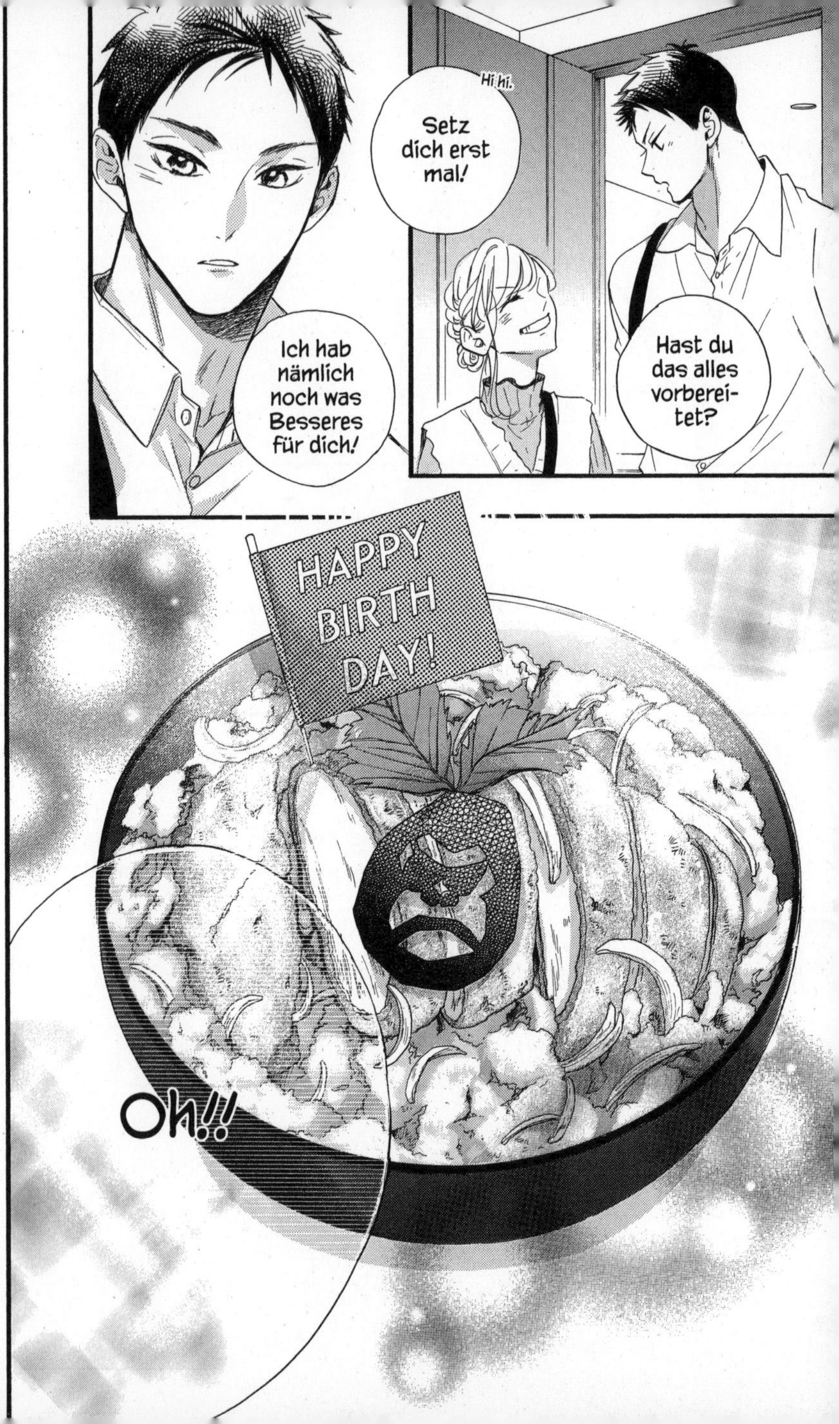
Hast du das alles vorberei-tet?
Hi hi.
Setz dich erst mal!
Ich hab nämlich noch was Besseres für dich!
HAPPY BIRTH DAY!
Oh!!

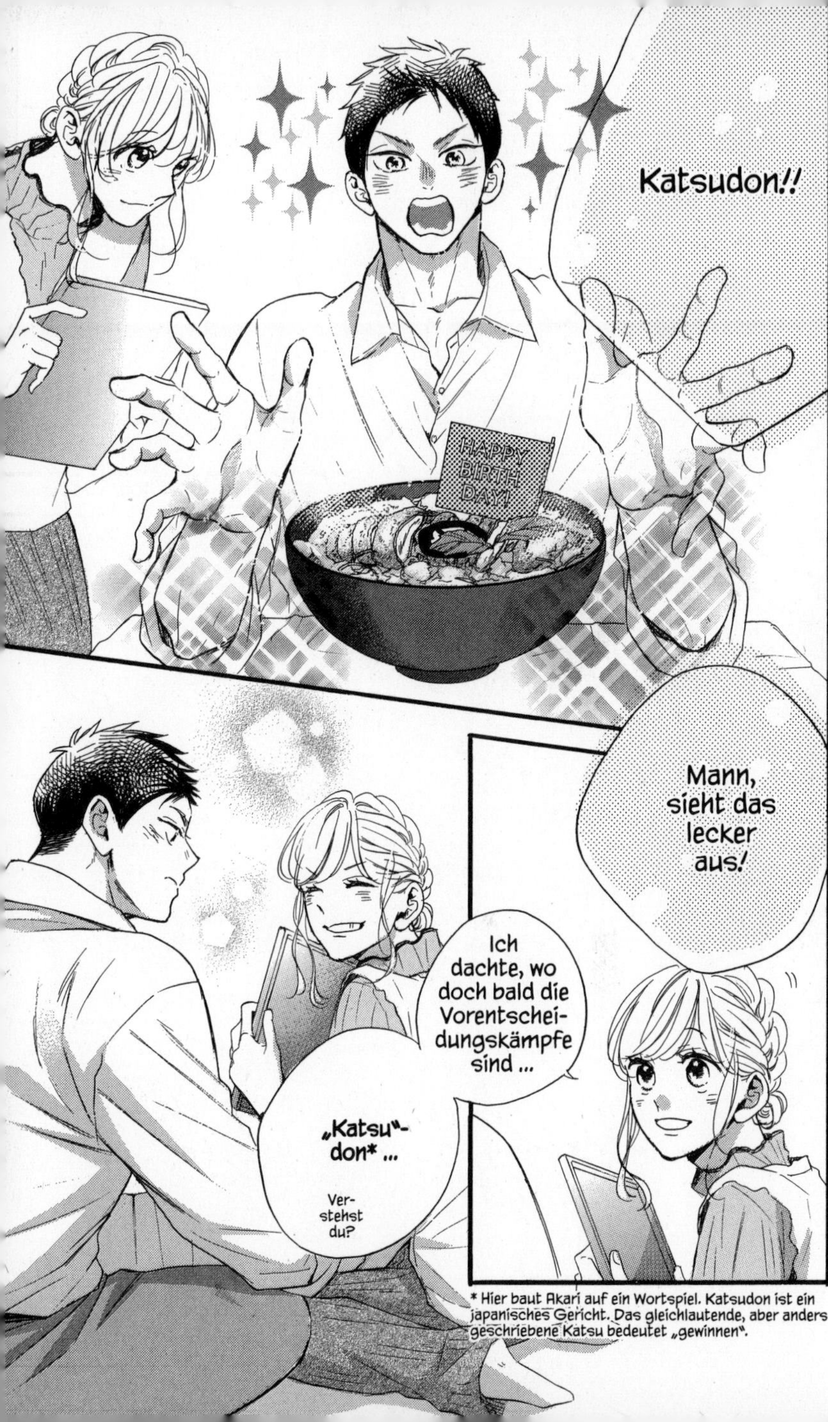

* Hier baut Akari auf ein Wortspiel. Katsudon ist ein japanisches Gericht. Das gleichlautende, aber anders geschriebene Katsu bedeutet „gewinnen".

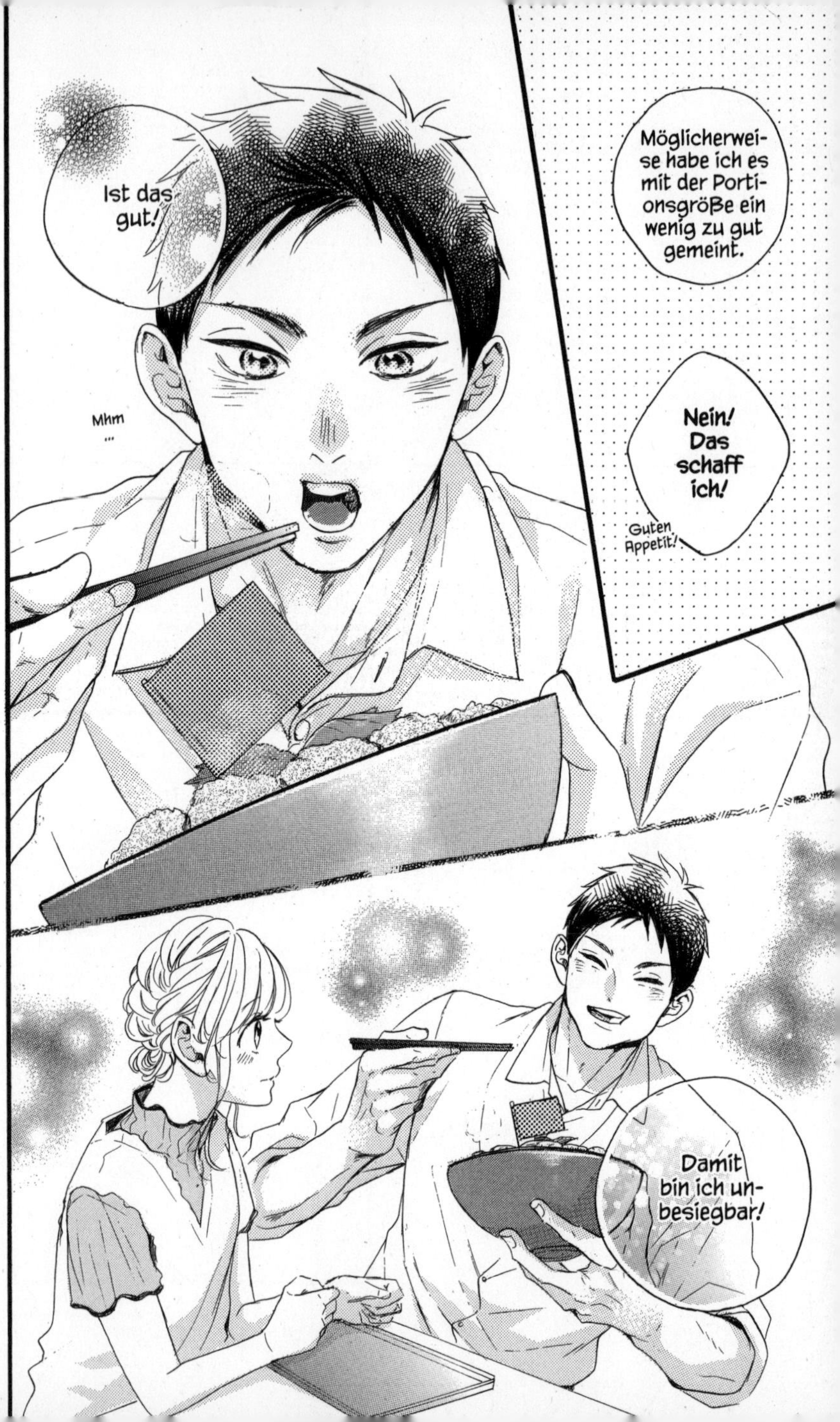
Möglicherweise habe ich es mit der Portionsgröße ein wenig zu gut gemeint.
Nein! Das schaff ich!
Guten Appetit!
Mhm ...
Ist das gut!
Damit bin ich unbesiegbar!

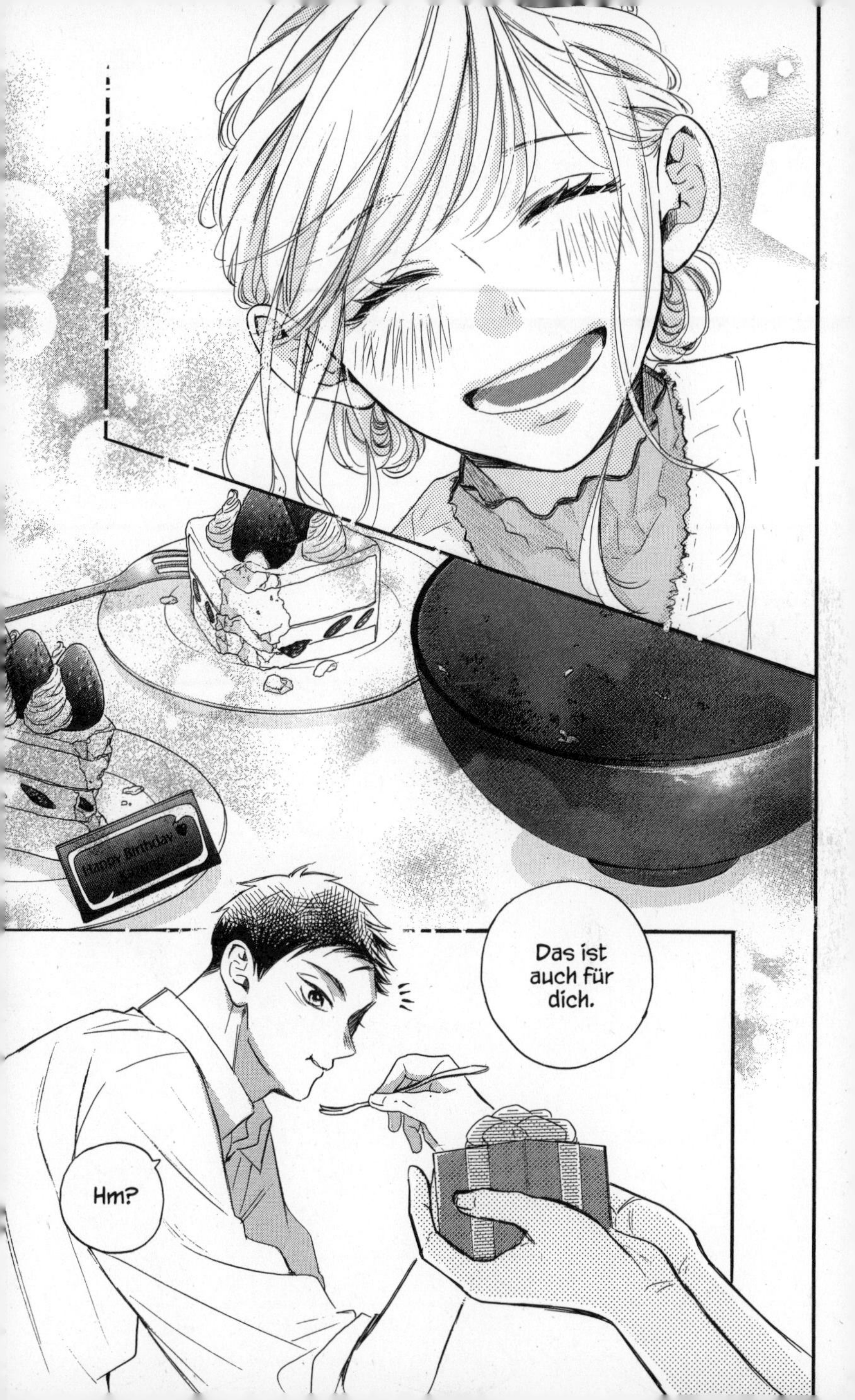
Happy Birthday
Das ist auch für dich.
Hm?

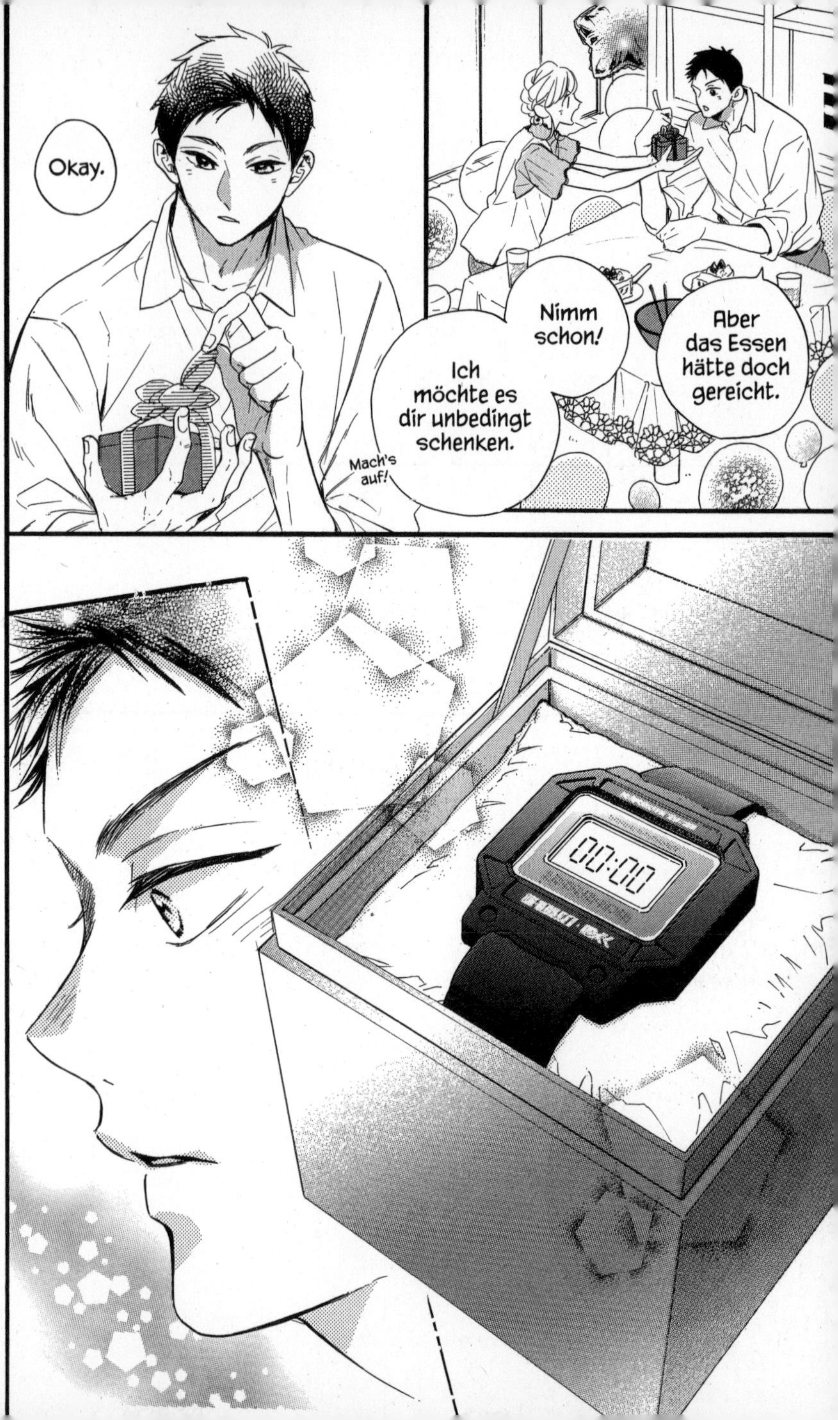
Aber das Essen hätte doch gereicht.
Nimm schon!
Ich möchte es dir unbedingt schenken.
Mach's auf!
Okay.
00:00

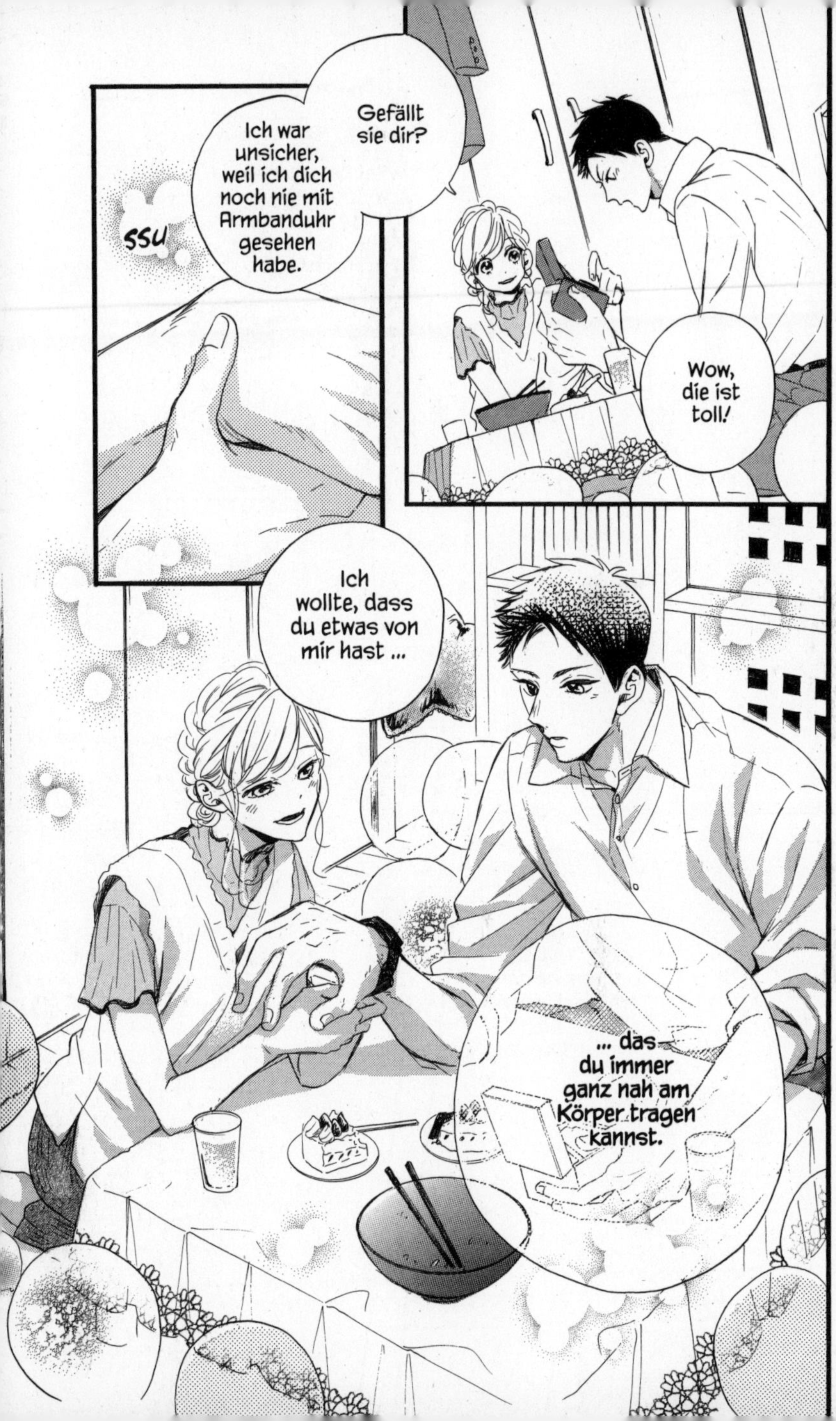
Gefällt sie dir?
Wow, die ist toll!
Ich war unsicher, weil ich dich noch nie mit Armbanduhr gesehen habe.
SSU
Ich wollte, dass du etwas von mir hast ...
... das du immer ganz nah am Körper tragen kannst.

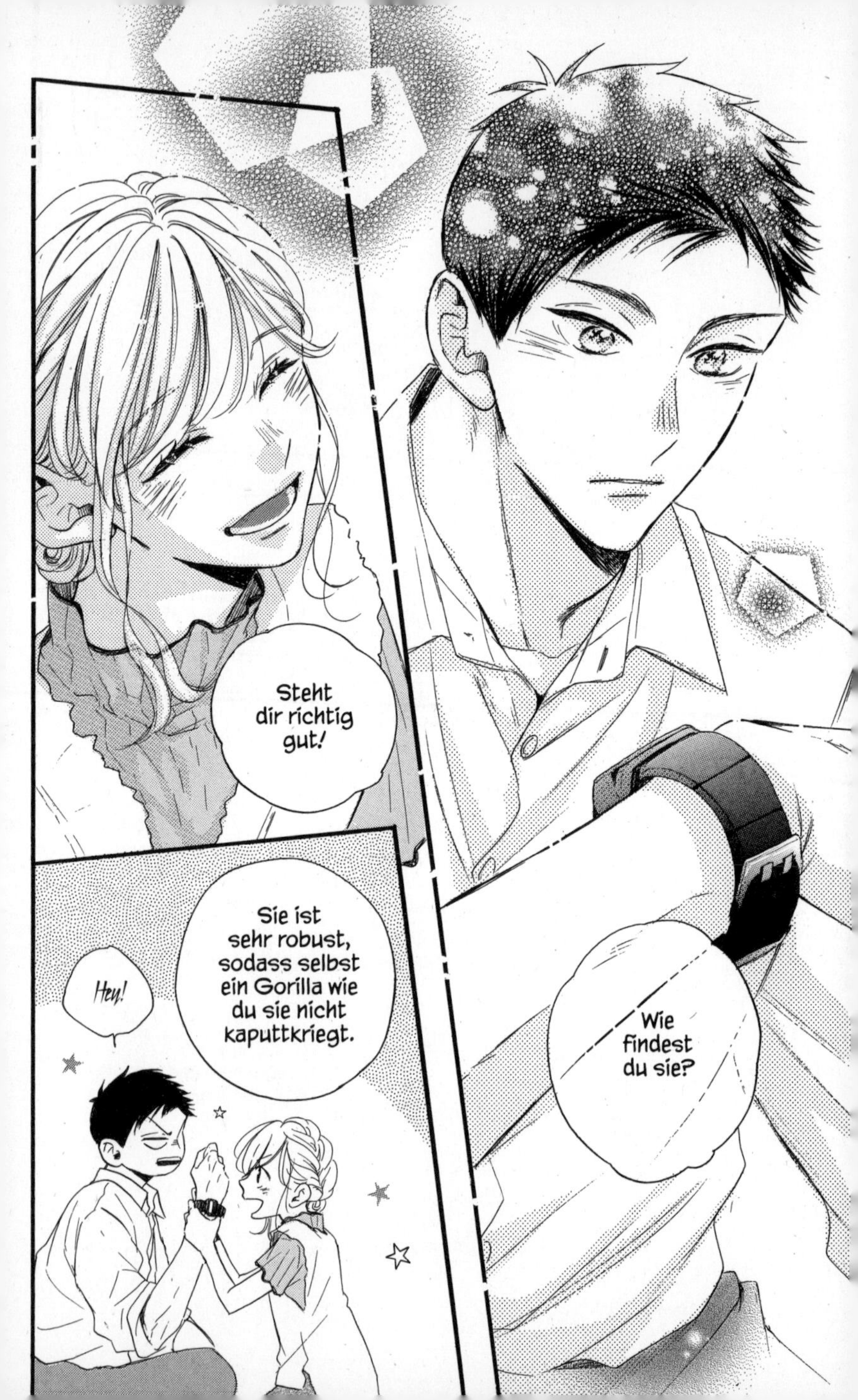
Wie findest du sie?
Steht dir richtig gut!
Sie ist sehr robust, sodass selbst ein Gorilla wie du sie nicht kaputtkriegt.
Hey!

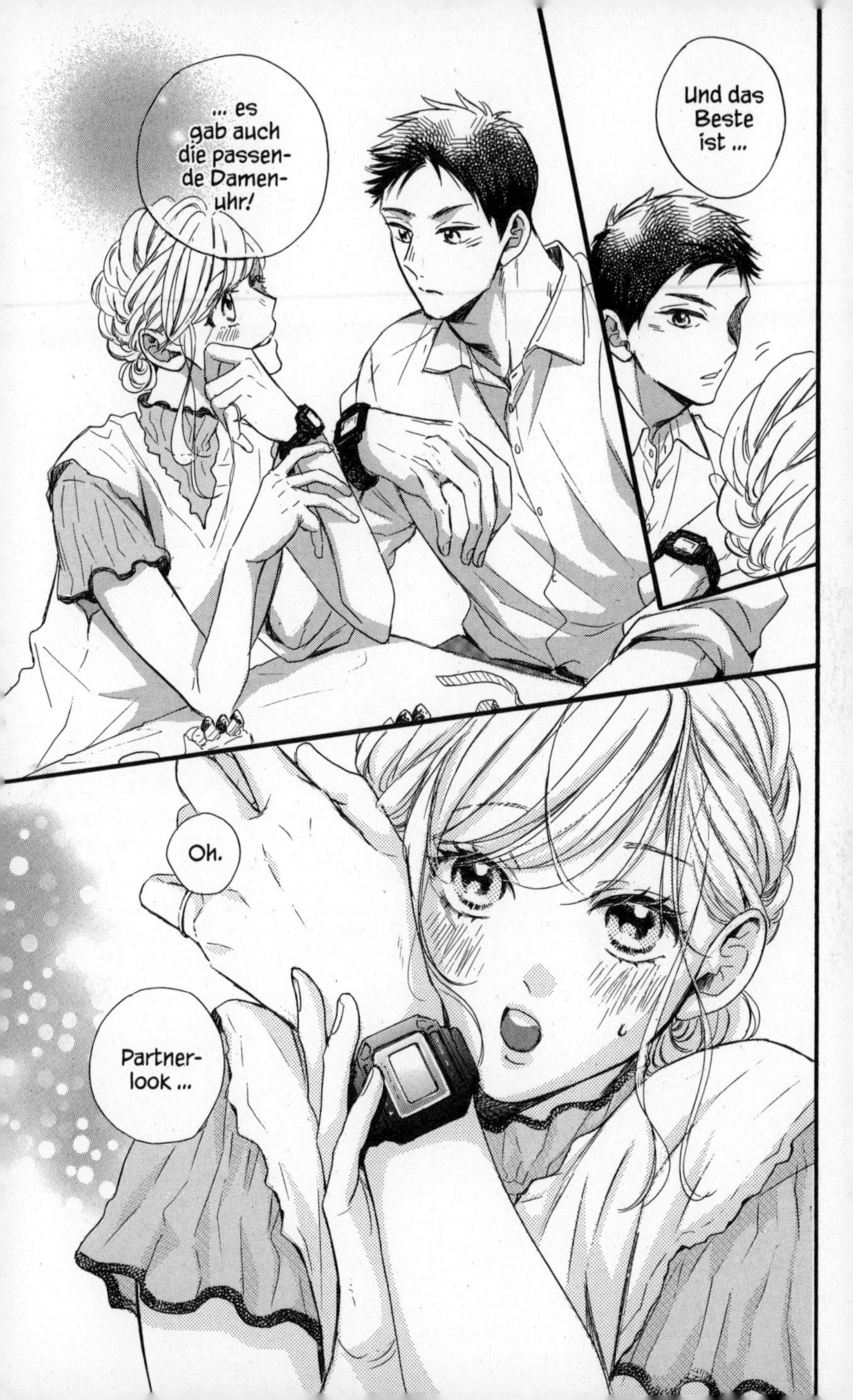
Und das Beste ist ...
... es gab auch die passende Damenuhr!
Oh.
Partnerlook ...

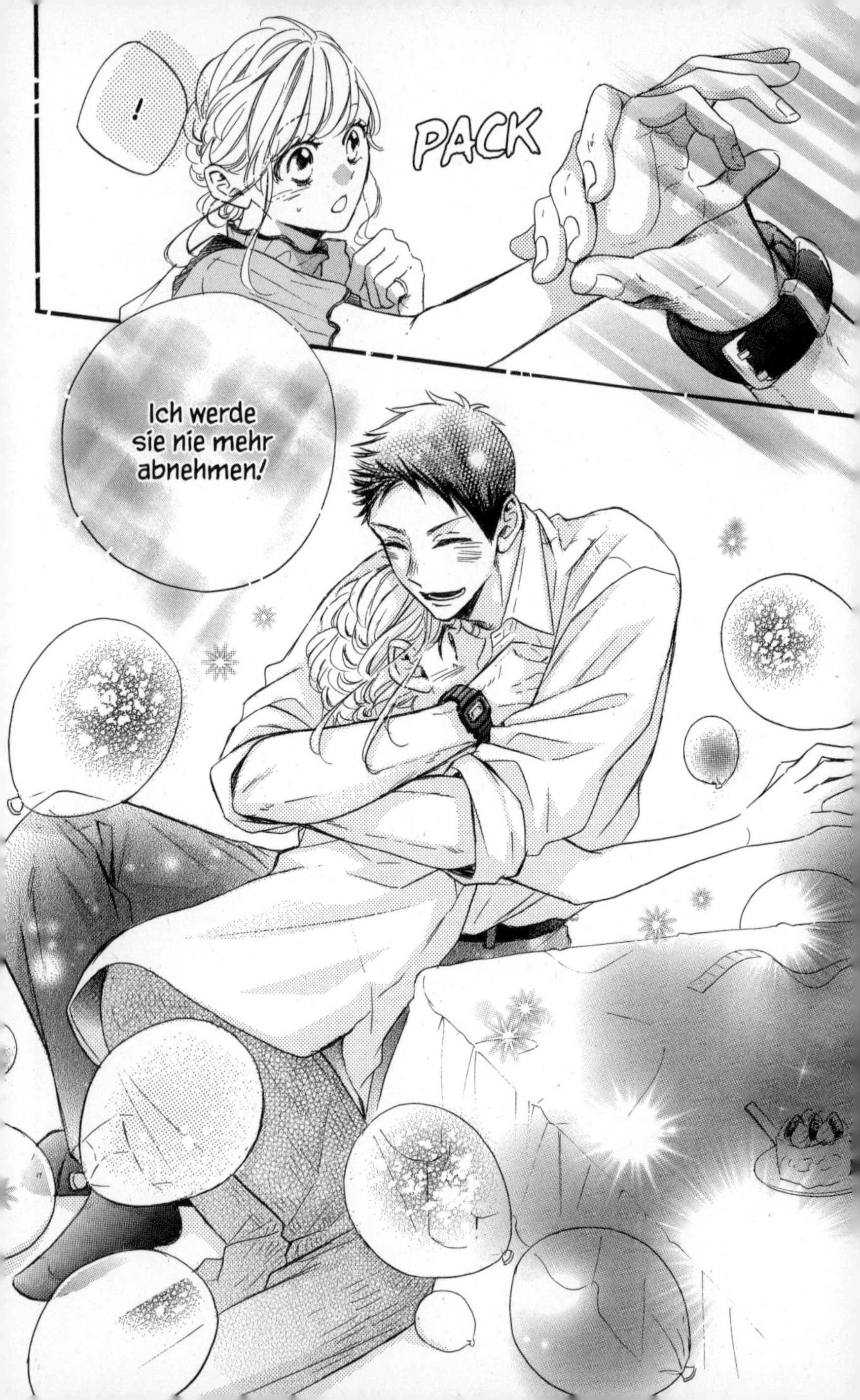
!
PACK
Ich werde sie nie mehr abnehmen!

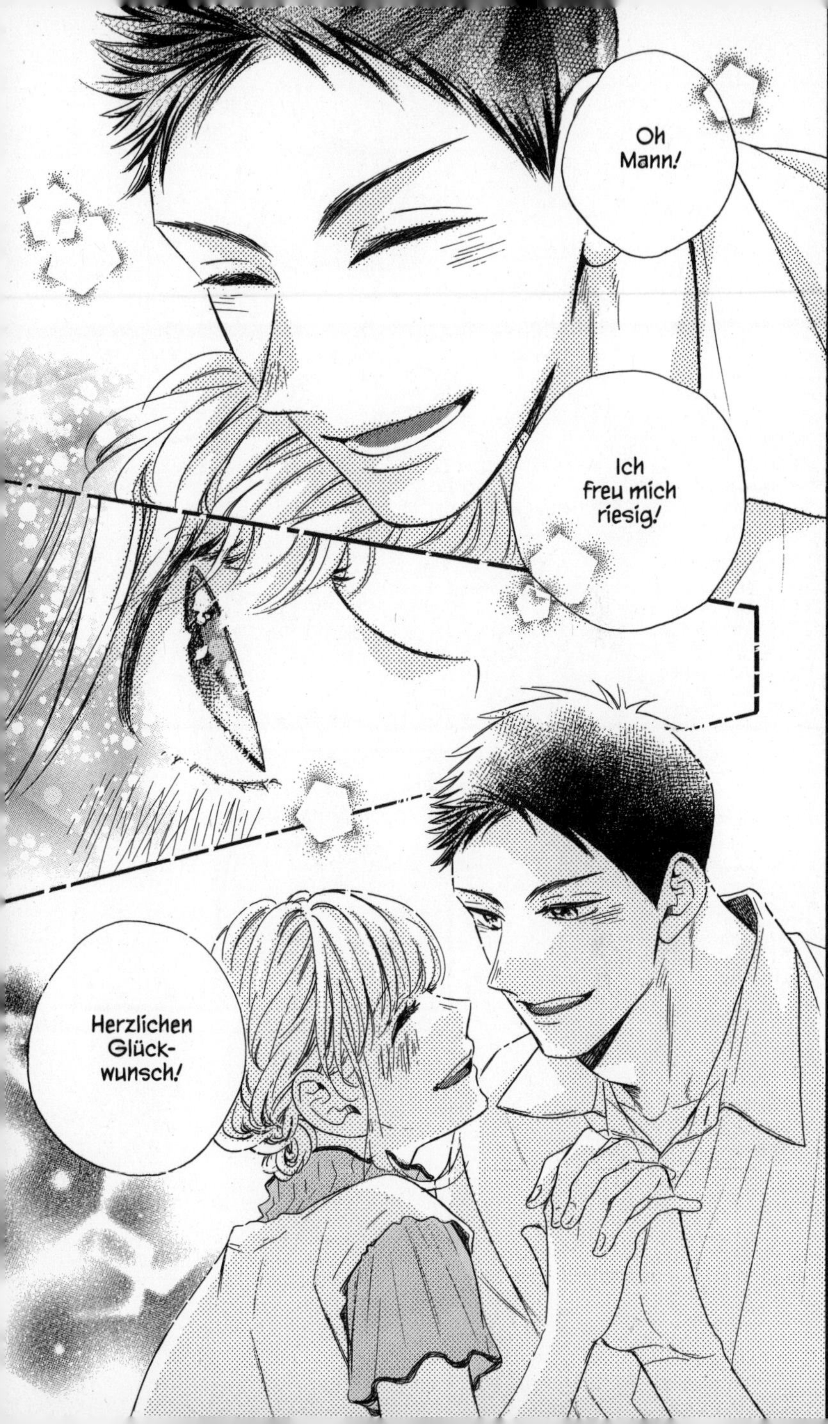
Oh Mann!
Ich freu mich riesig!
Herzlichen Glück-wunsch!

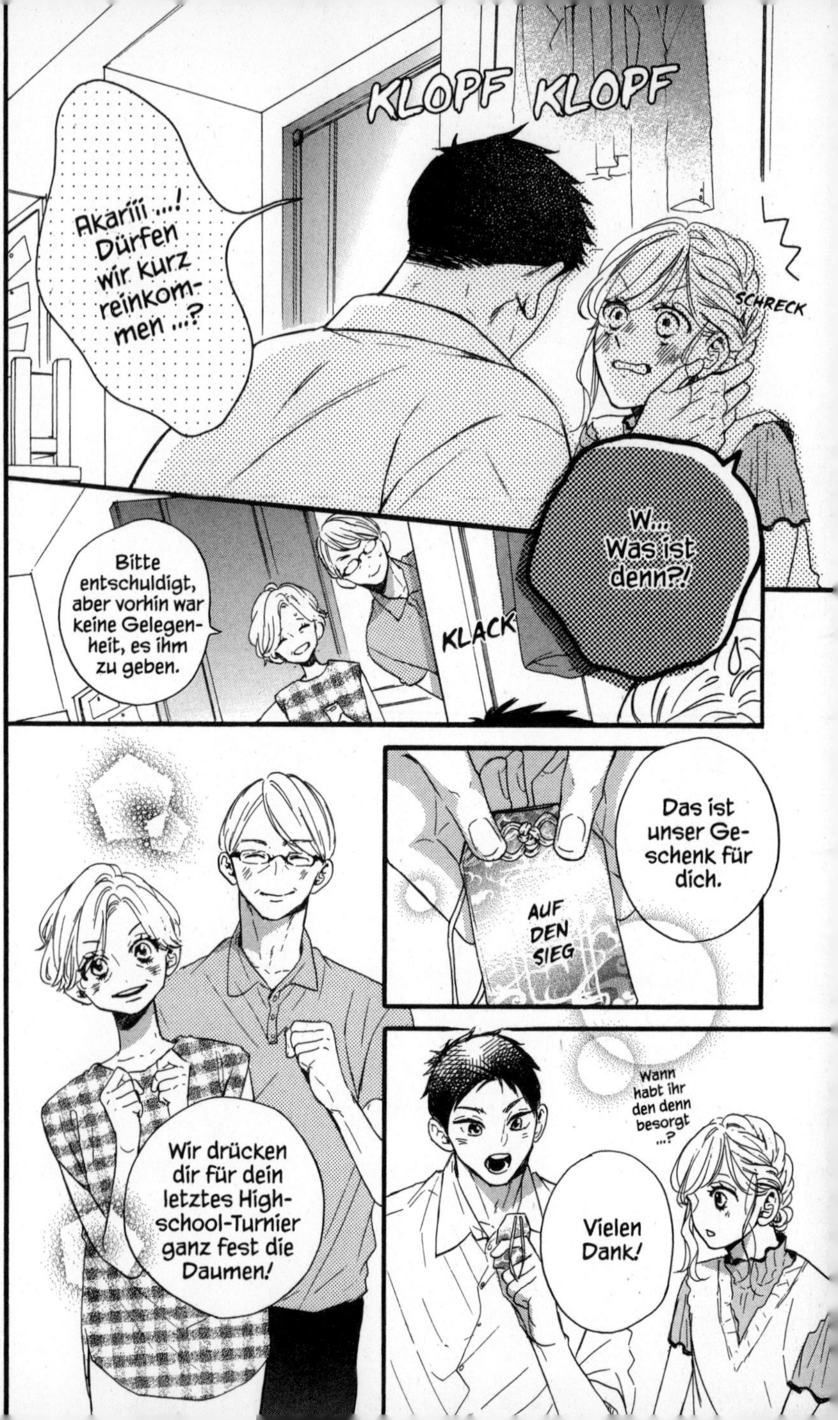
KLOPF KLOPF
Akariii ...! Dürfen wir kurz reinkommen ...?
SCHRECK
W... Was ist denn?!
KLACK
Bitte entschuldigt, aber vorhin war keine Gelegenheit, es ihm zu geben.
Das ist unser Geschenk für dich.
AUF DEN SIEG
Wir drücken dir für dein letztes Highschool-Turnier ganz fest die Daumen!
Wann habt ihr den denn besorgt ...?
Vielen Dank!

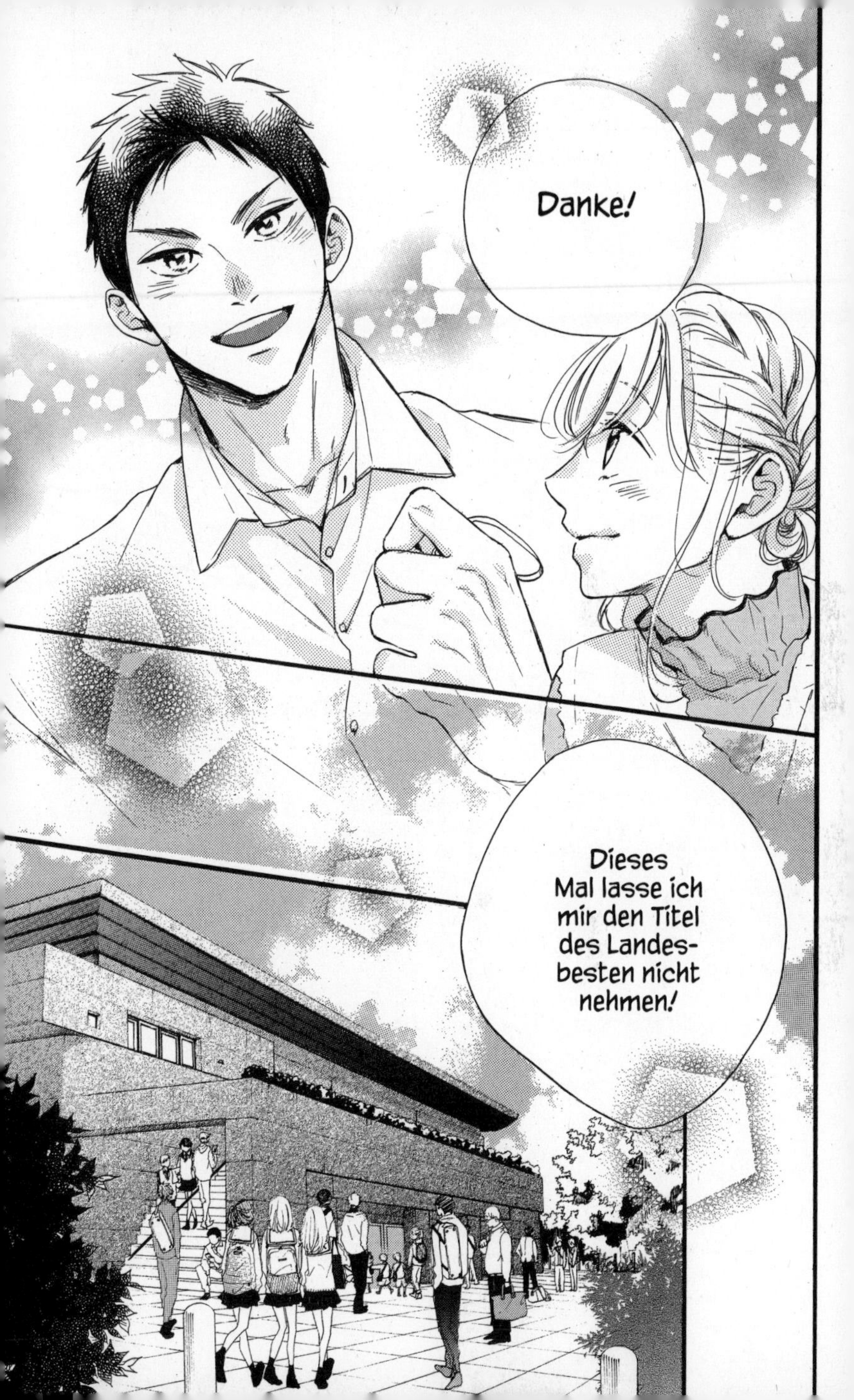

Danke!
Dieses Mal lasse ich mir den Titel des Landesbesten nicht nehmen!

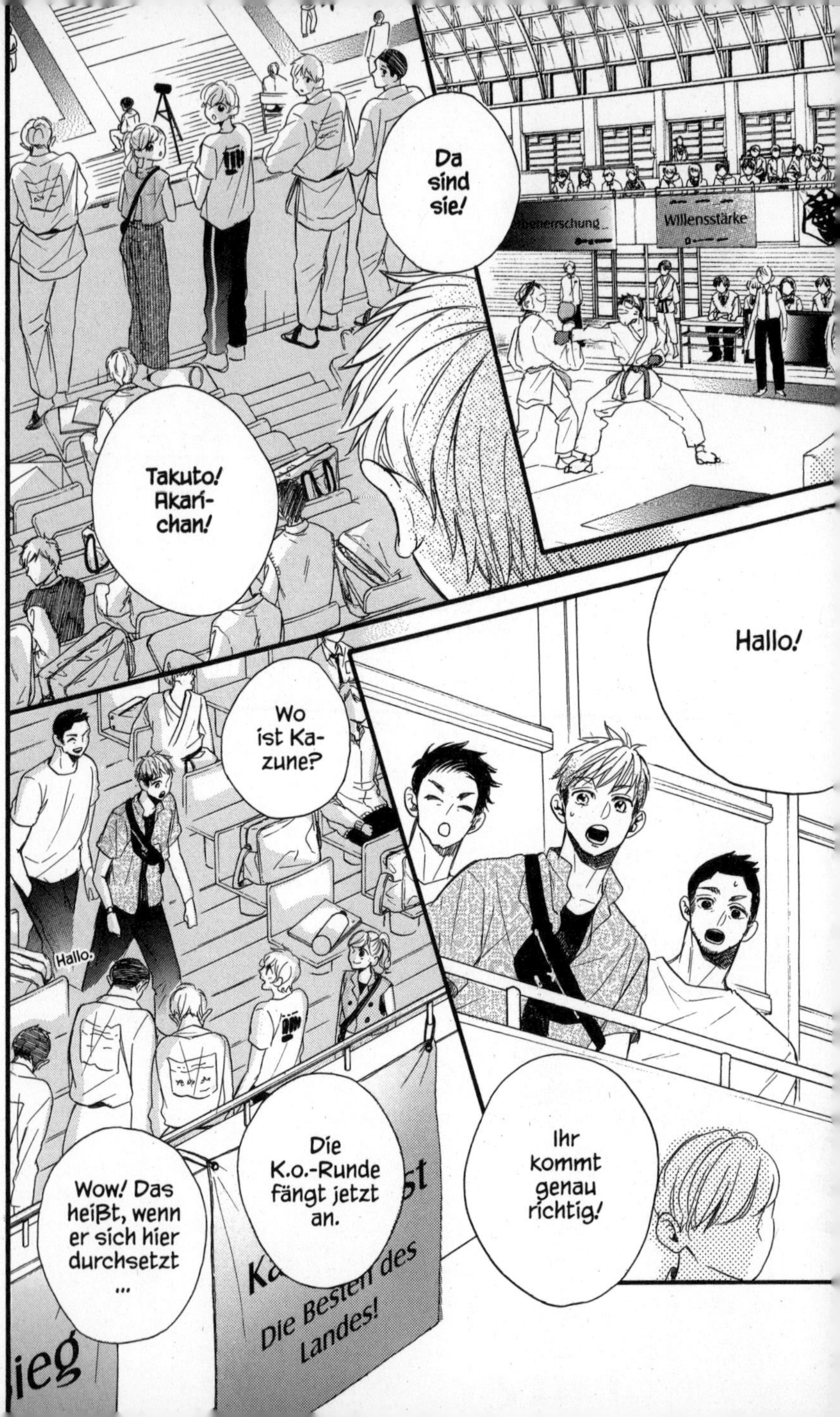
Willensstärke
Da sind sie!
Takuto! Akari-chan!
Hallo!
Wo ist Kazune?
Hallo.
Ihr kommt genau richtig!
Die K.o.-Runde fängt jetzt an.
Wow! Das heißt, wenn er sich hier durchsetzt ...
Die Besten des Landes!

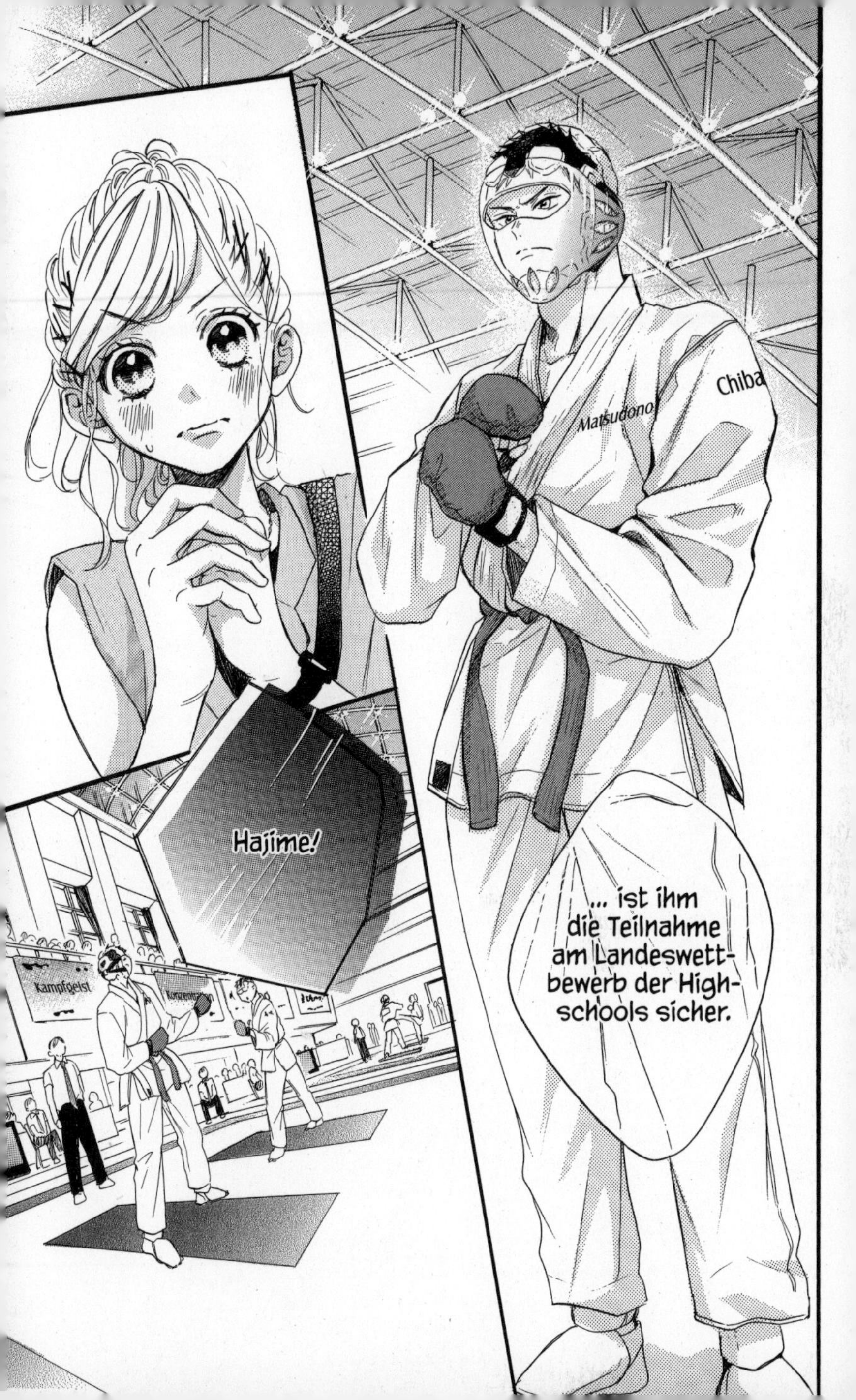
Chiba
Matsudono
Hajime!
Kampfgeist
... ist ihm die Teilnahme am Landeswett-bewerb der High-schools sicher.

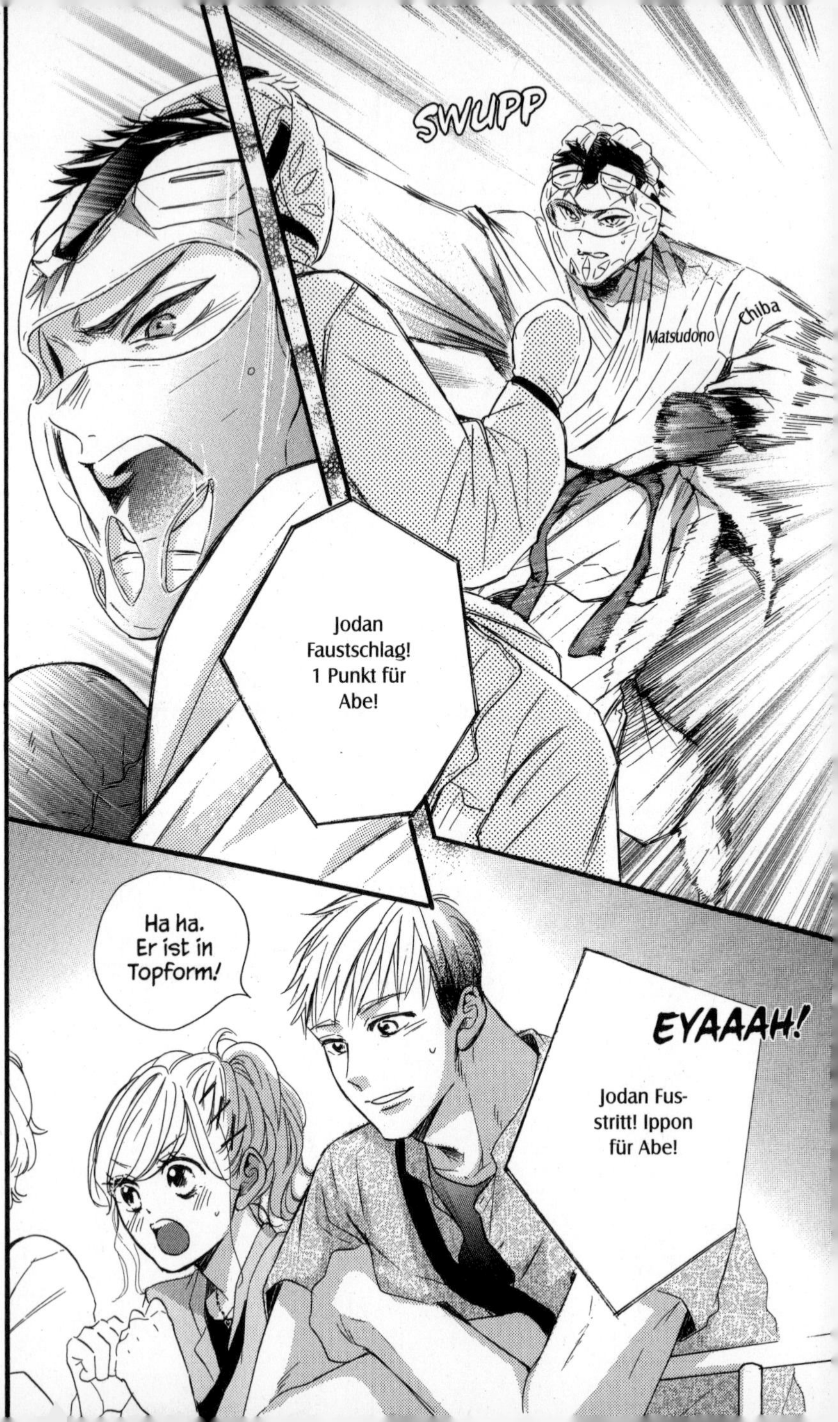
SWUPP
Matsudono
Chiba
Jodan Faustschlag! 1 Punkt für Abe!
EYAAAH!
Jodan Fusstritt! Ippon für Abe!
Ha ha. Er ist in Topform!

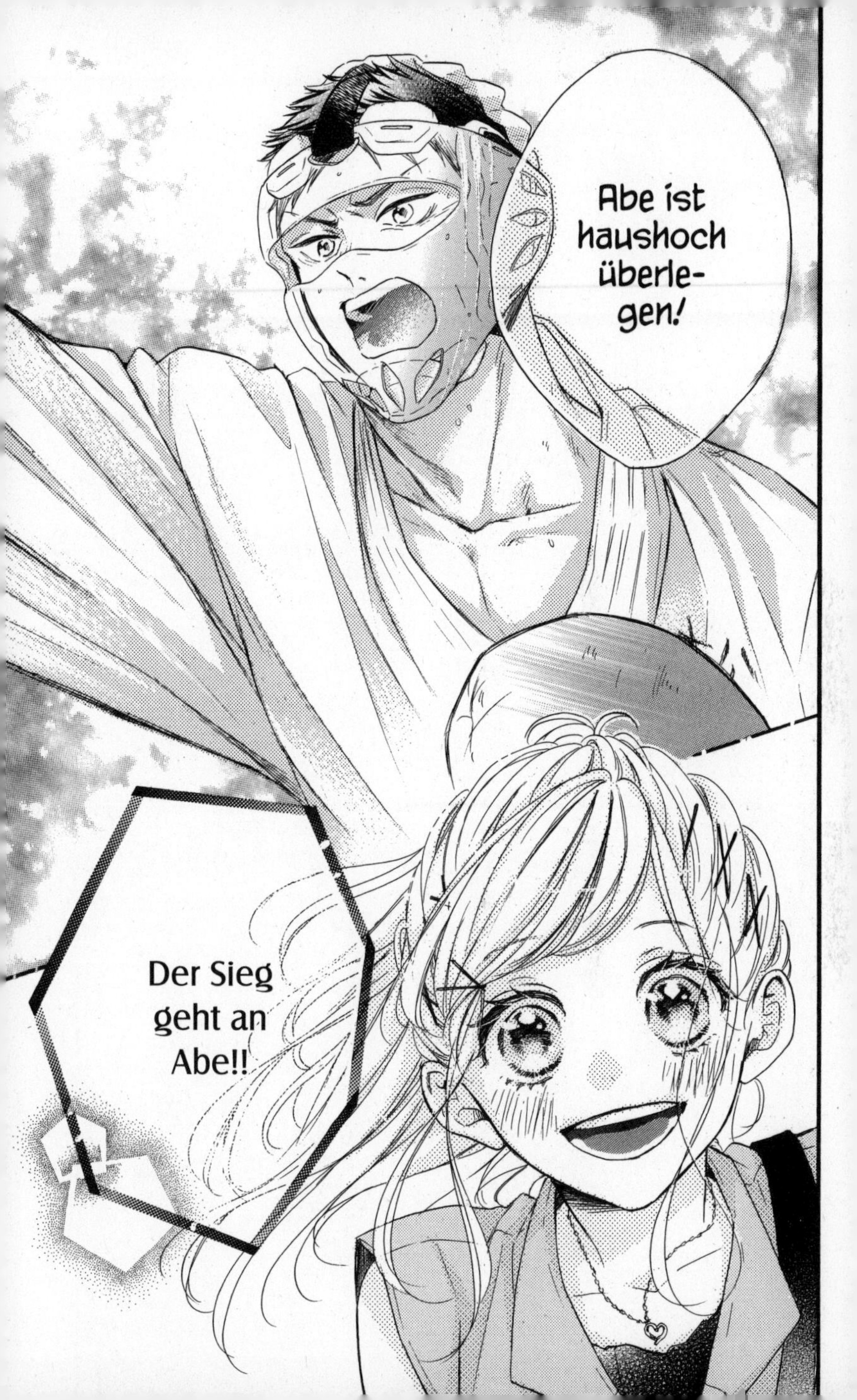
Abe ist haushoch überlegen!
Der Sieg geht an Abe!!

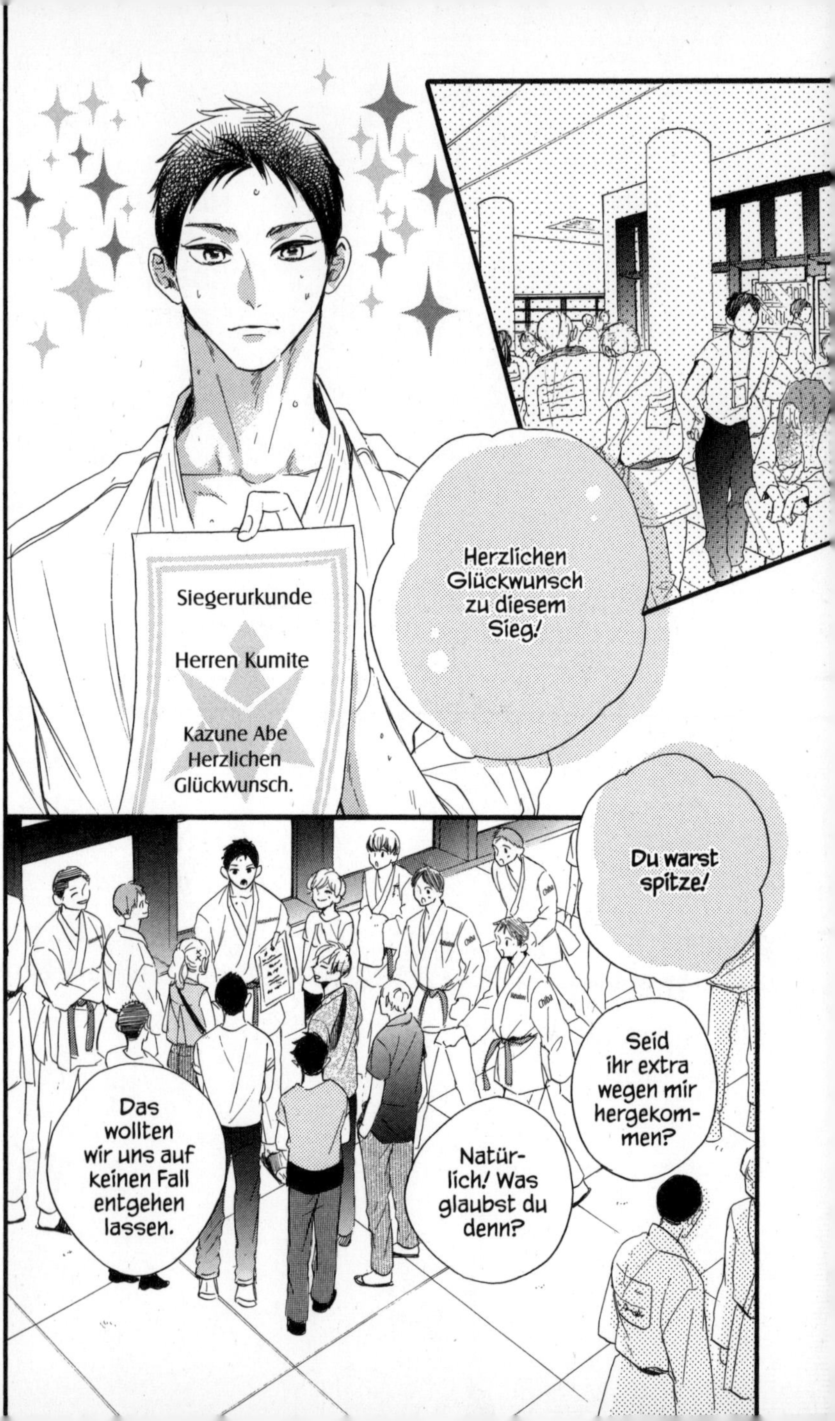
Herzlichen Glückwunsch zu diesem Sieg!
Siegerurkunde
Herren Kumite
Kazune Abe Herzlichen Glückwunsch.
Du warst spitze!
Seid ihr extra wegen mir hergekommen?
Natürlich! Was glaubst du denn?
Das wollten wir uns auf keinen Fall entgehen lassen.

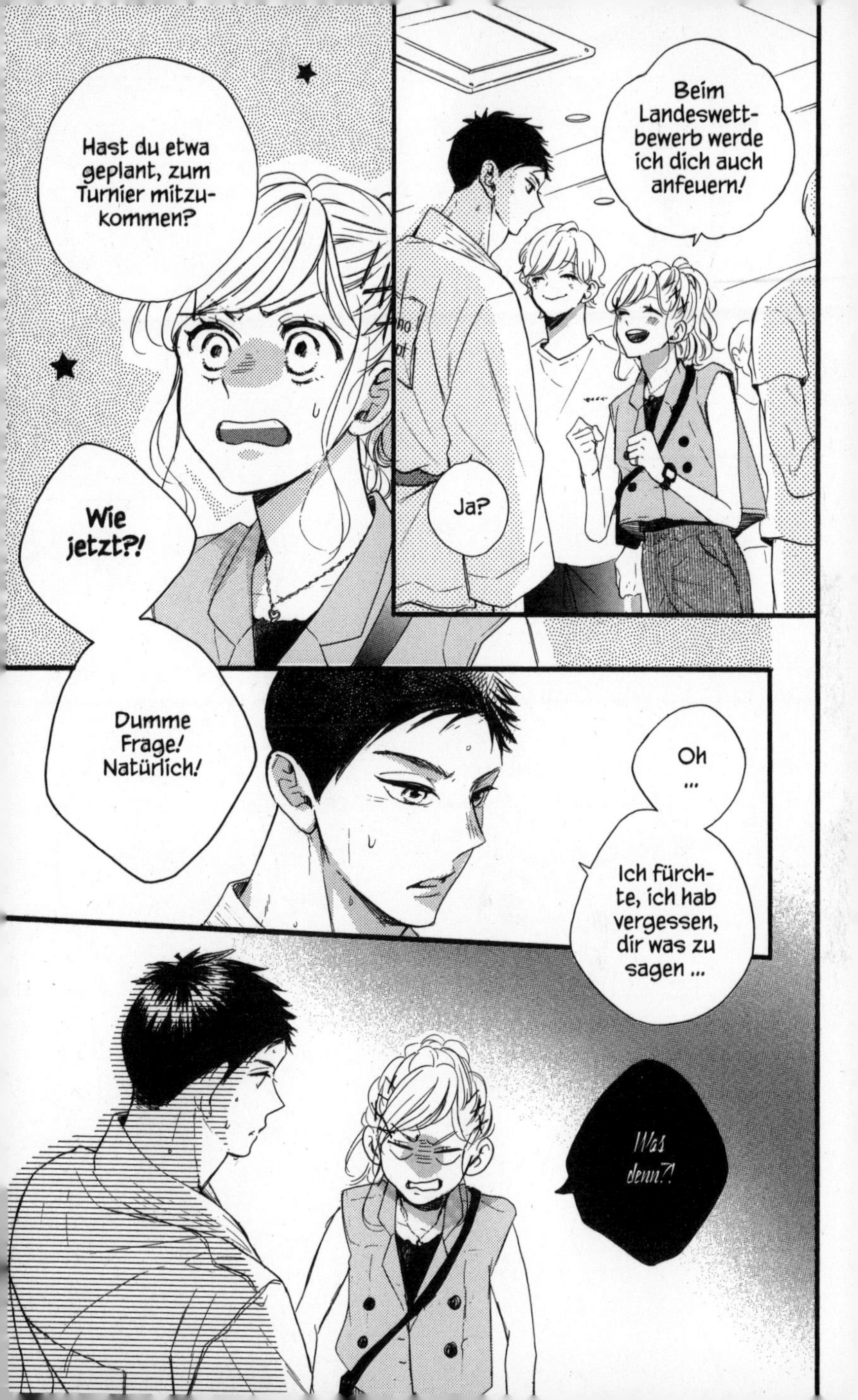

Beim Landeswett-bewerb werde ich dich auch anfeuern!
Ja?
Hast du etwa geplant, zum Turnier mitzu-kommen?
Wie jetzt?!
Dumme Frage! Natürlich!
Oh ...
Ich fürch-te, ich hab vergessen, dir was zu sagen ...
Was denn?!

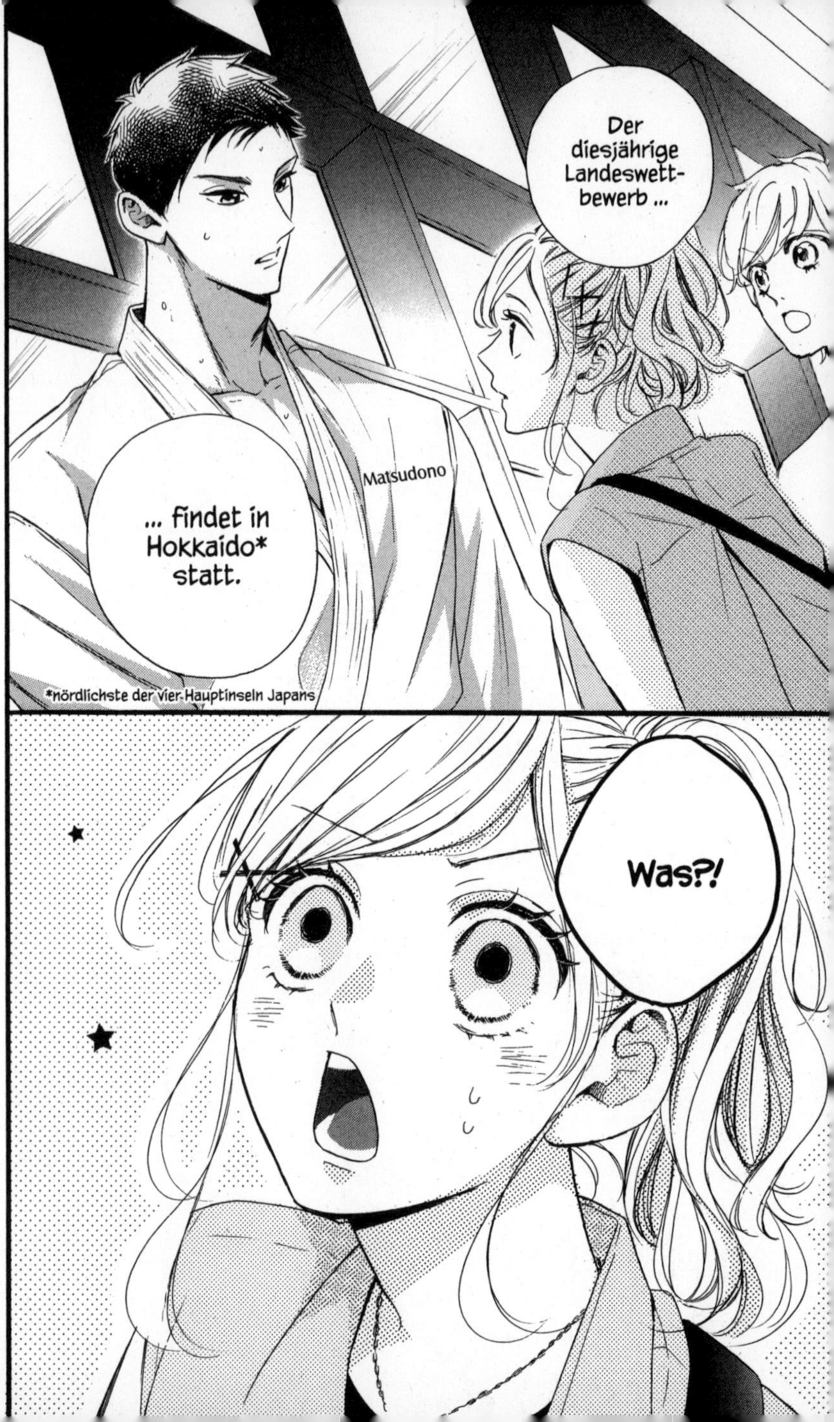
Der diesjährige Landeswett-bewerb ...
Matsudono
... findet in Hokkaido* statt.
*nördlichste der vier Hauptinseln Japans
Was?!

Liebe ist kein Wettkampf

Liebe ist kein Wettkampf

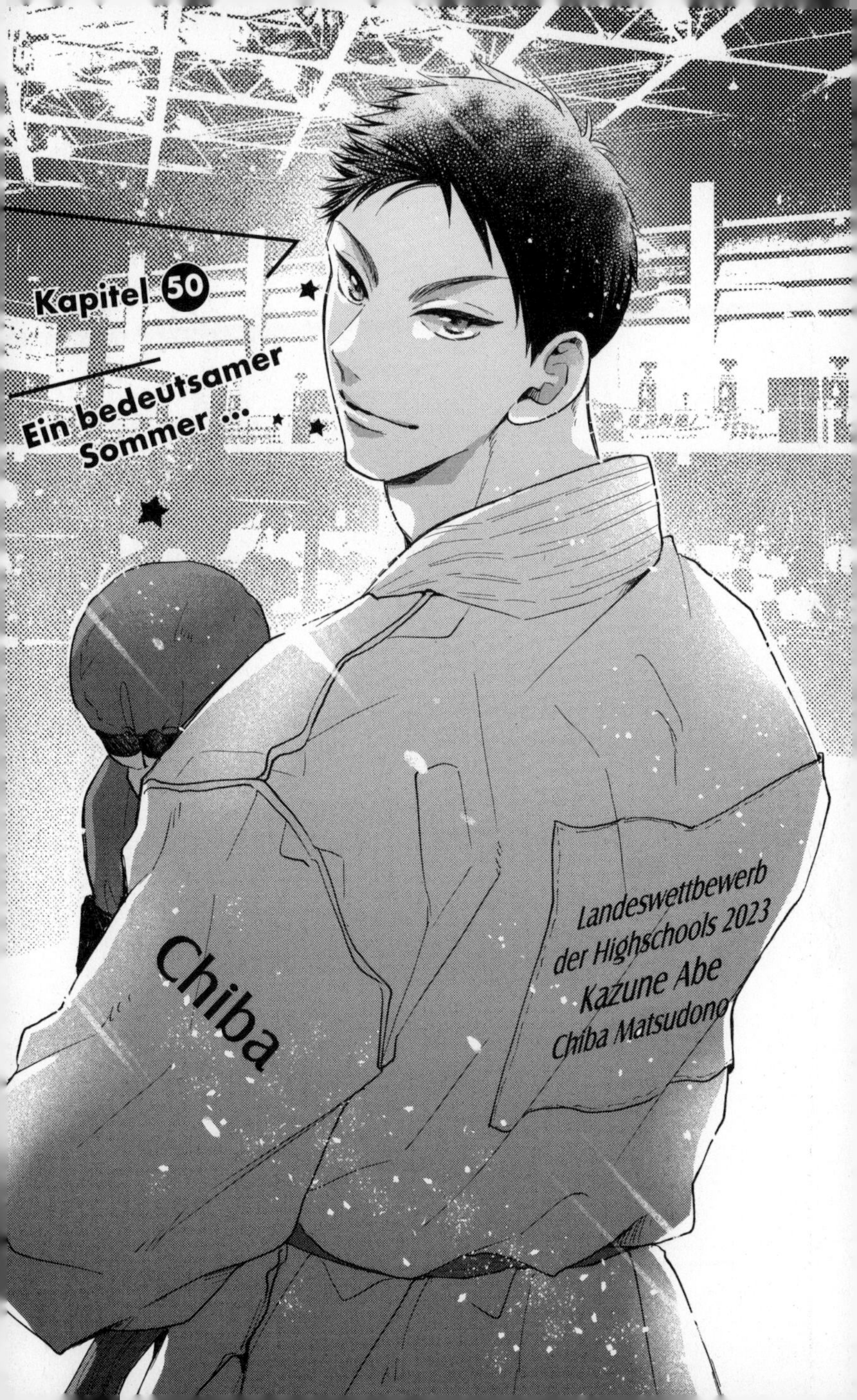
Kapitel 50
Ein bedeutsamer Sommer ...
Chiba
Landeswettbewerb der Highschools 2023 Kazune Abe Chiba Matsudono

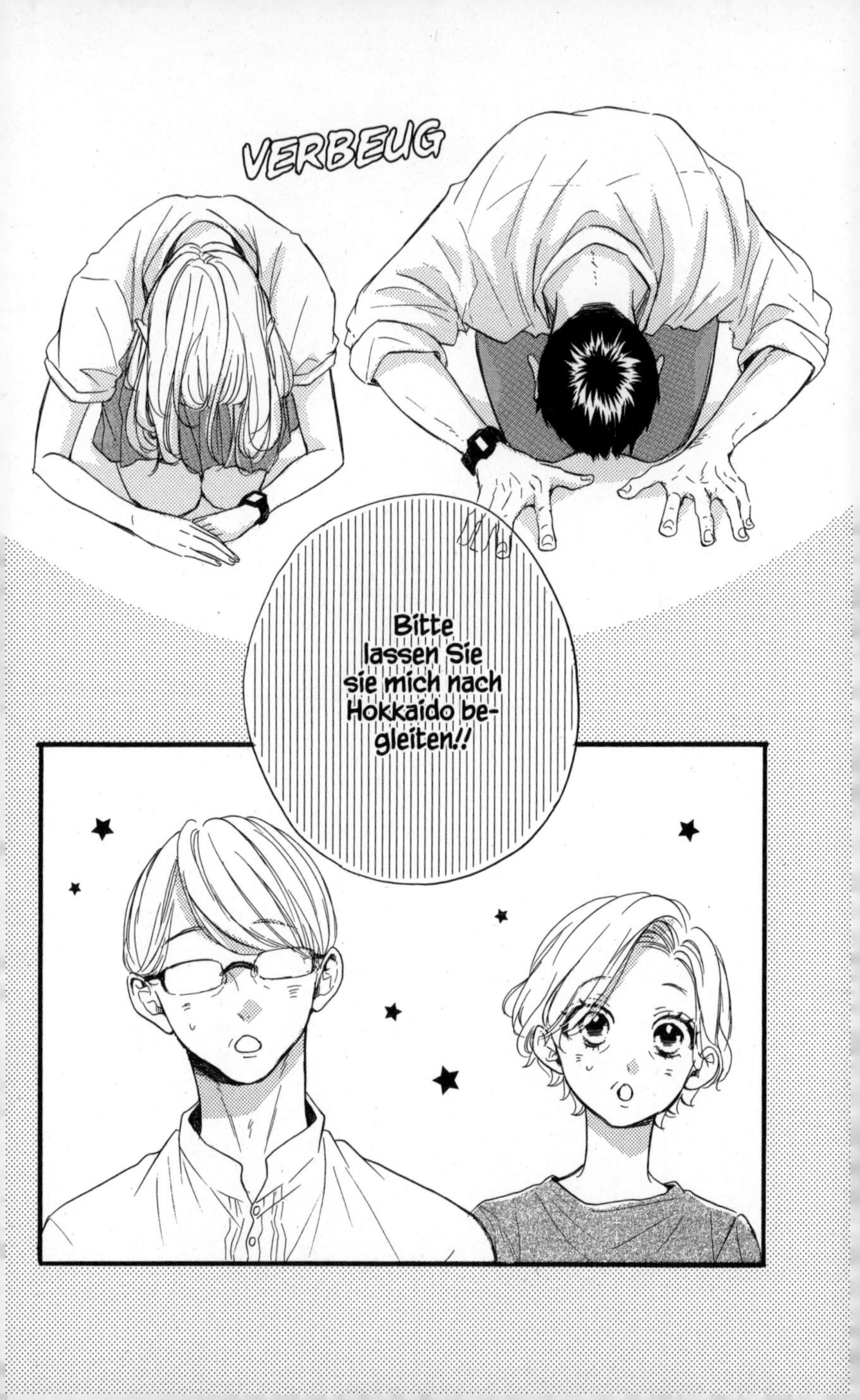
VERBEUG
Bitte lassen Sie sie mich nach Hokkaido be-gleiten!!

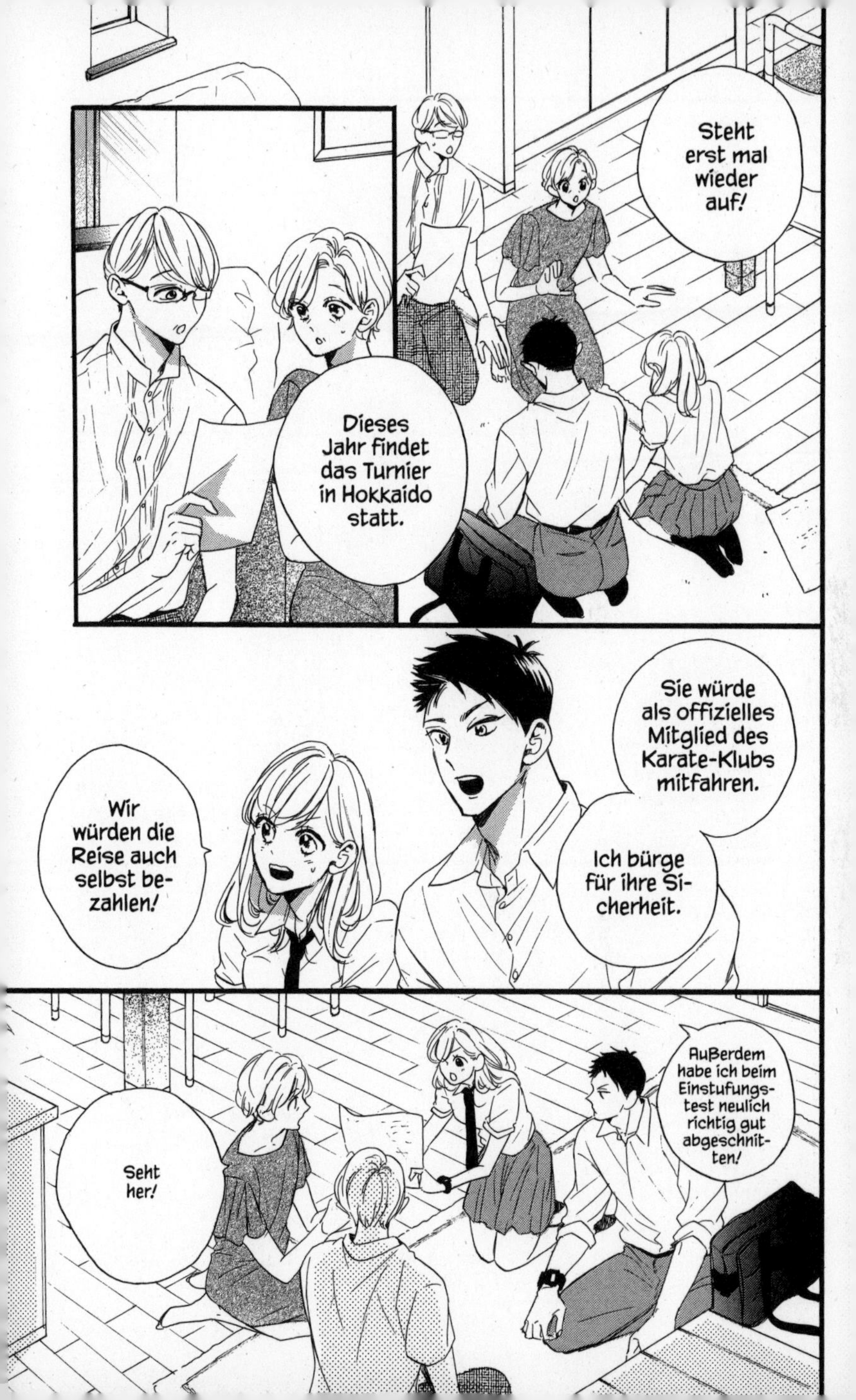

Steht erst mal wieder auf!
Dieses Jahr findet das Turnier in Hokkaido statt.
Sie würde als offizielles Mitglied des Karate-Klubs mitfahren.
Ich bürge für ihre Sicherheit.
Wir würden die Reise auch selbst bezahlen!
Außerdem habe ich beim Einstufungstest neulich richtig gut abgeschnitten!
Seht her!

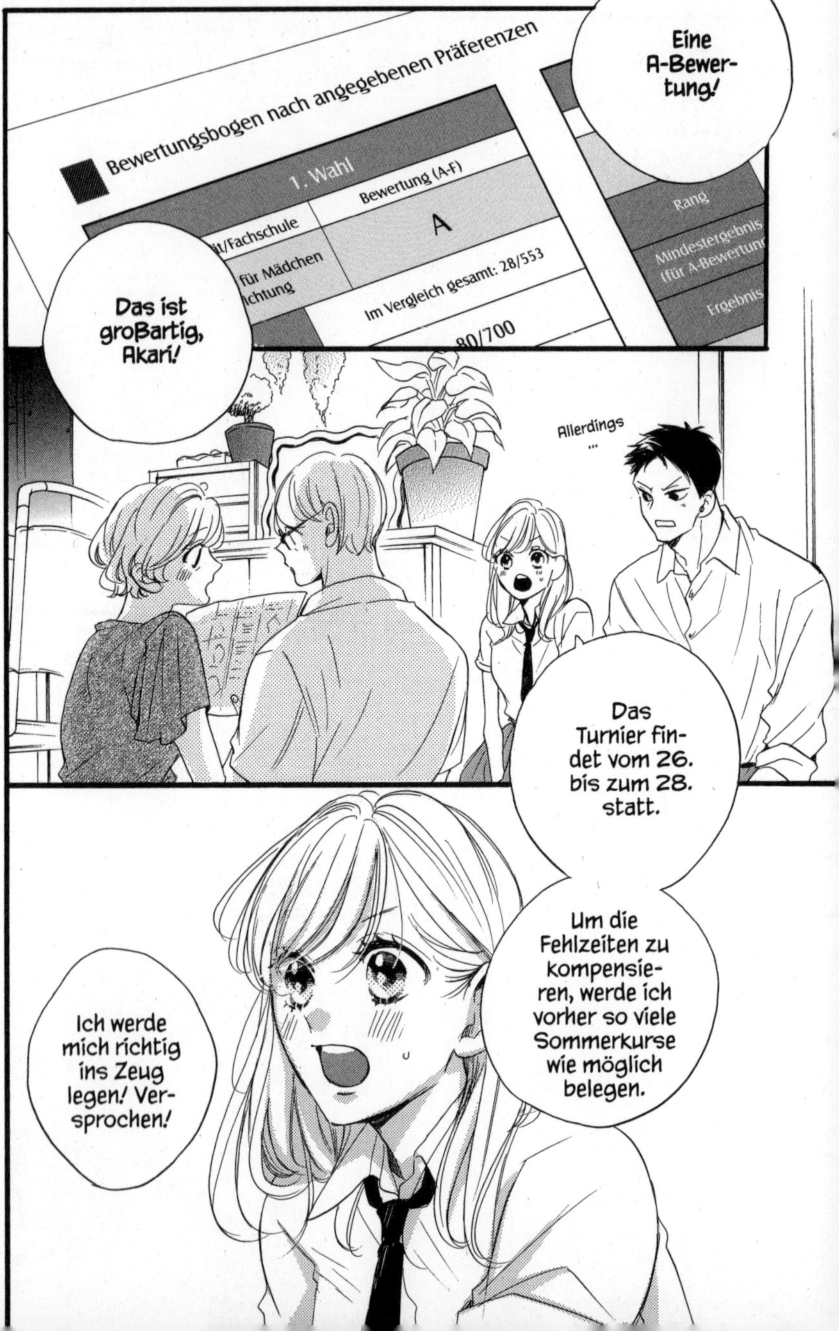
Bewertungsbogen nach angegebenen Präferenzen
1. Wahl
Bewertung (A-F)
A
für Mädchen
Im Vergleich gesamt: 28/553
Rang
Mindestergebnis
Ergebnis
Eine A-Bewertung!
Das ist großartig, Akari!
Allerdings ...
Das Turnier findet vom 26. bis zum 28. statt.
Um die Fehlzeiten zu kompensieren, werde ich vorher so viele Sommerkurse wie möglich belegen.
Ich werde mich richtig ins Zeug legen! Versprochen!

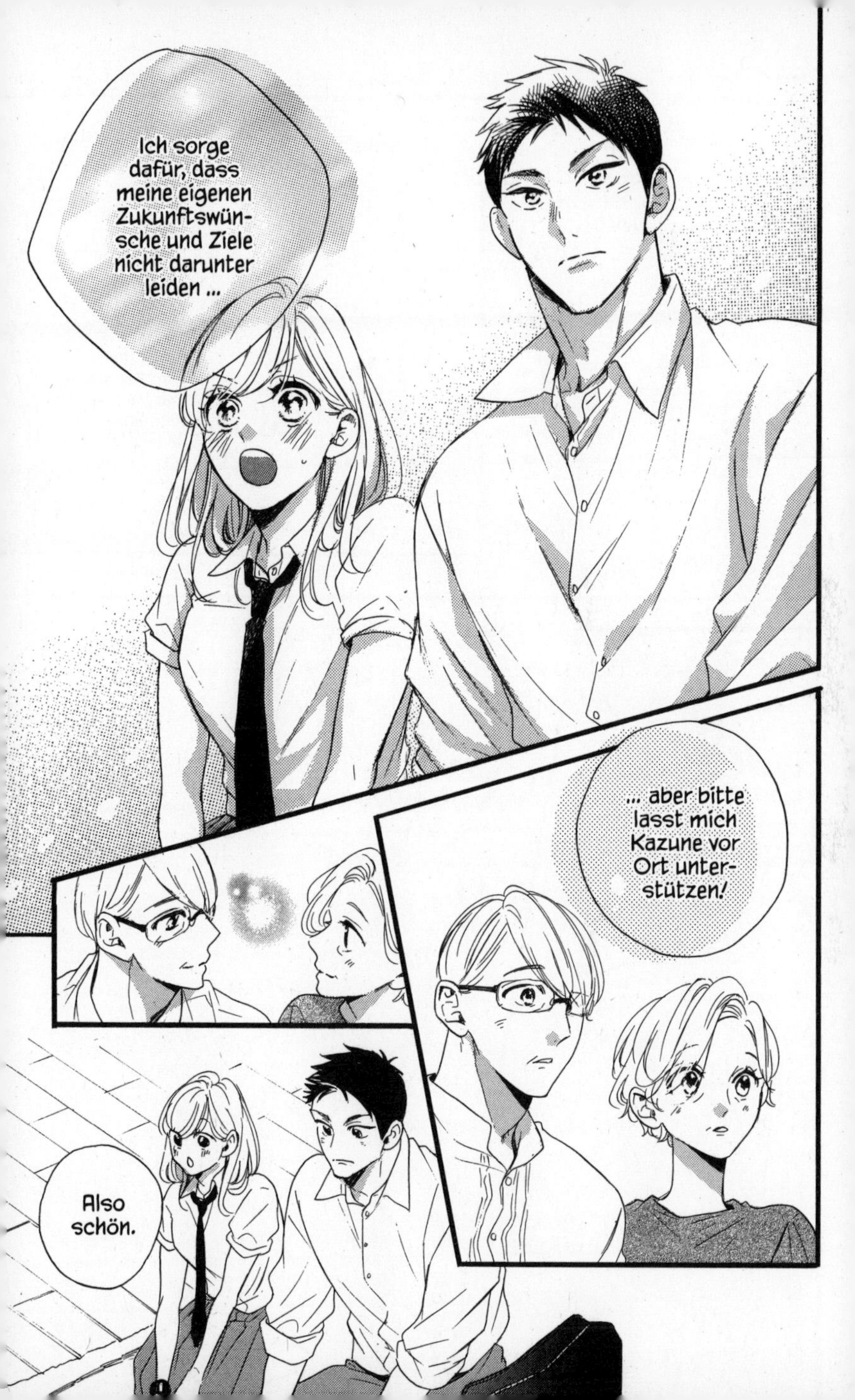
Ich sorge dafür, dass meine eigenen Zukunftswünsche und Ziele nicht darunter leiden ...
... aber bitte lasst mich Kazune vor Ort unterstützen!
Also schön.

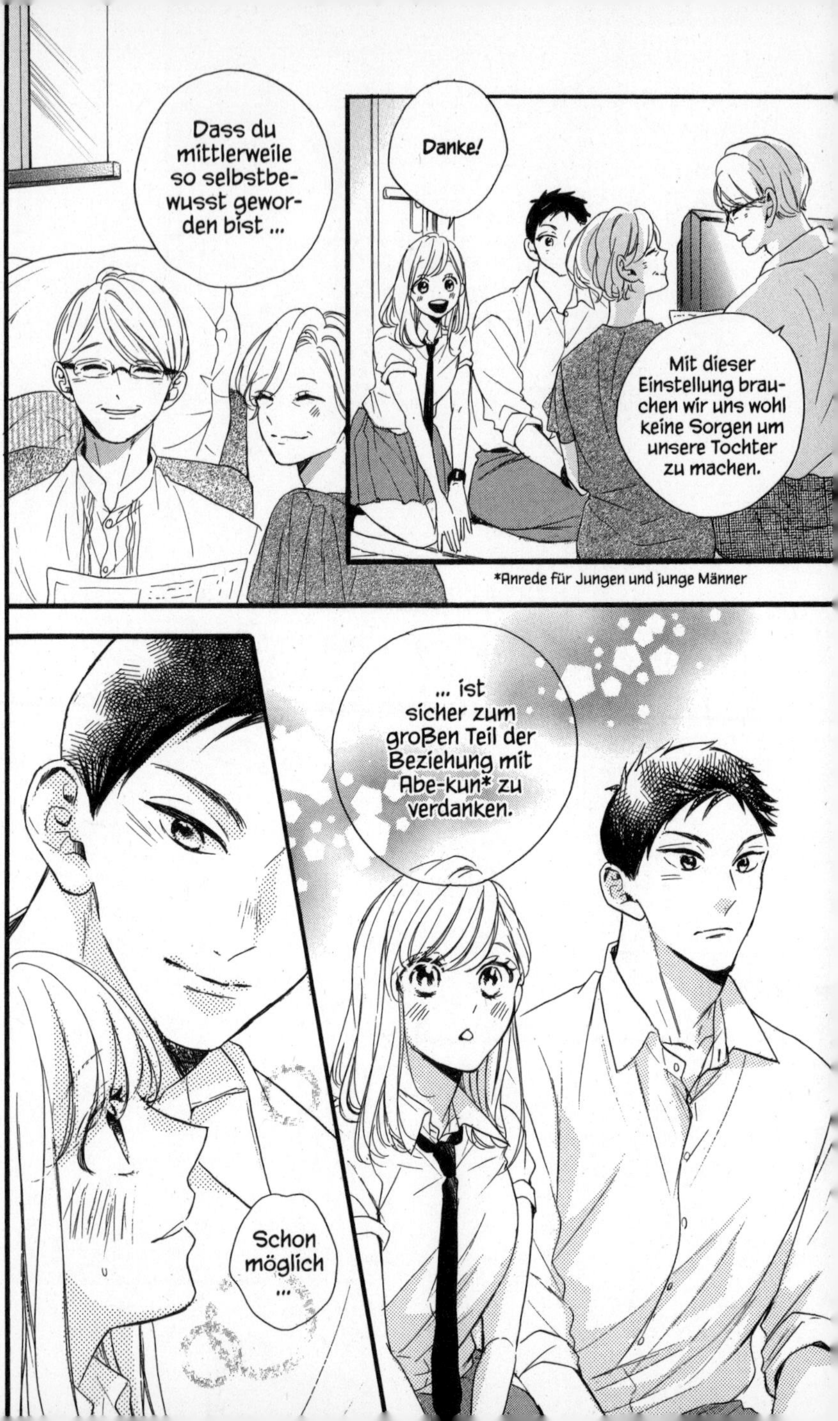
Dass du mittlerweile so selbstbewusst geworden bist ...
Danke!
Mit dieser Einstellung brauchen wir uns wohl keine Sorgen um unsere Tochter zu machen.
*Anrede für Jungen und junge Männer
... ist sicher zum großen Teil der Beziehung mit Abe-kun* zu verdanken.
Schon möglich ...

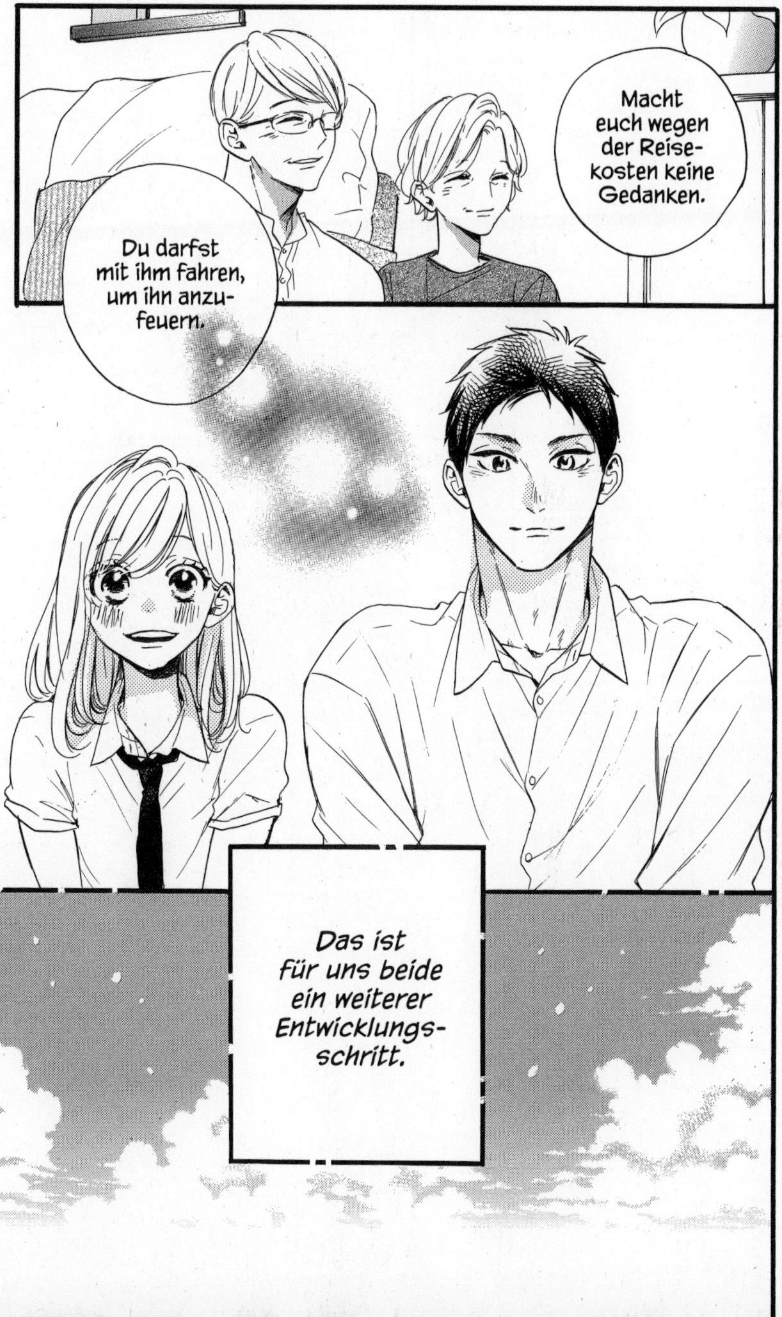
Macht euch wegen der Reise-kosten keine Gedanken.
Du darfst mit ihm fahren, um ihn anzu-feuern.
Das ist für uns beide ein weiterer Entwicklungs-schritt.

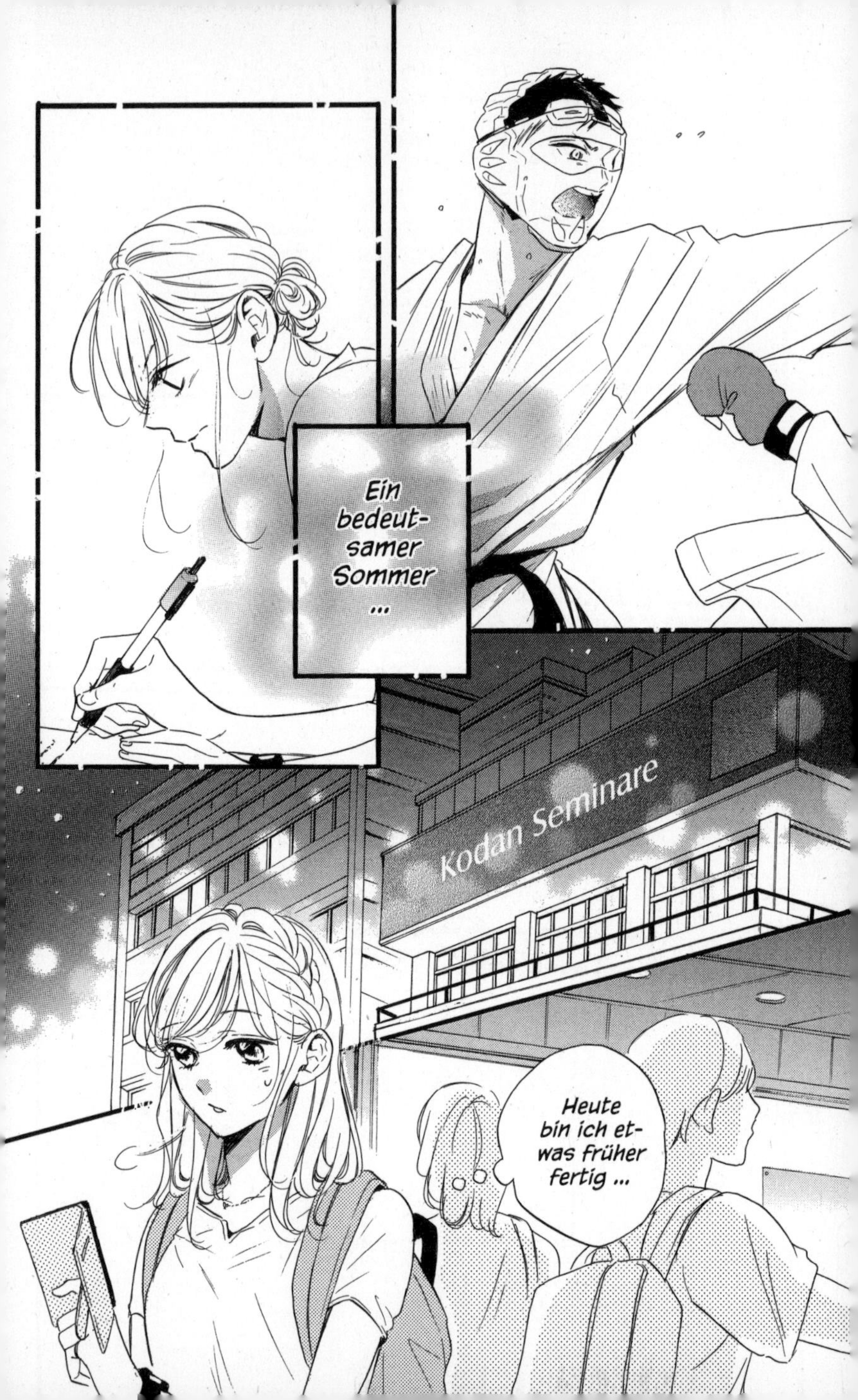
Ein bedeut-samer Sommer ...
Kodan Seminare
Heute bin ich et-was früher fertig ...

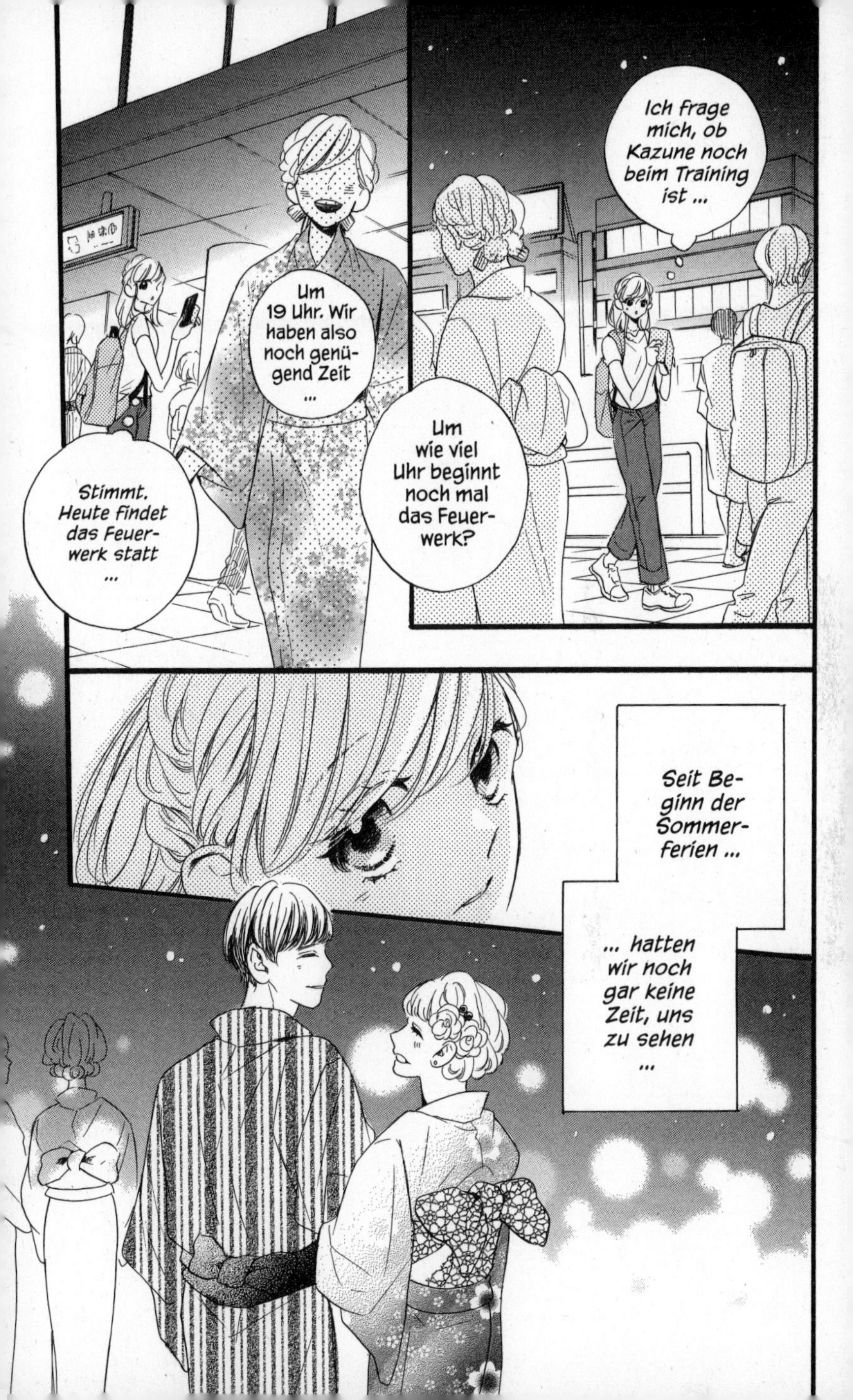
Ich frage mich, ob Kazune noch beim Training ist ...
Um wie viel Uhr beginnt noch mal das Feuerwerk?
Um 19 Uhr. Wir haben also noch genügend Zeit ...
Stimmt. Heute findet das Feuerwerk statt ...
Seit Beginn der Sommerferien ...
... hatten wir noch gar keine Zeit, uns zu sehen ...

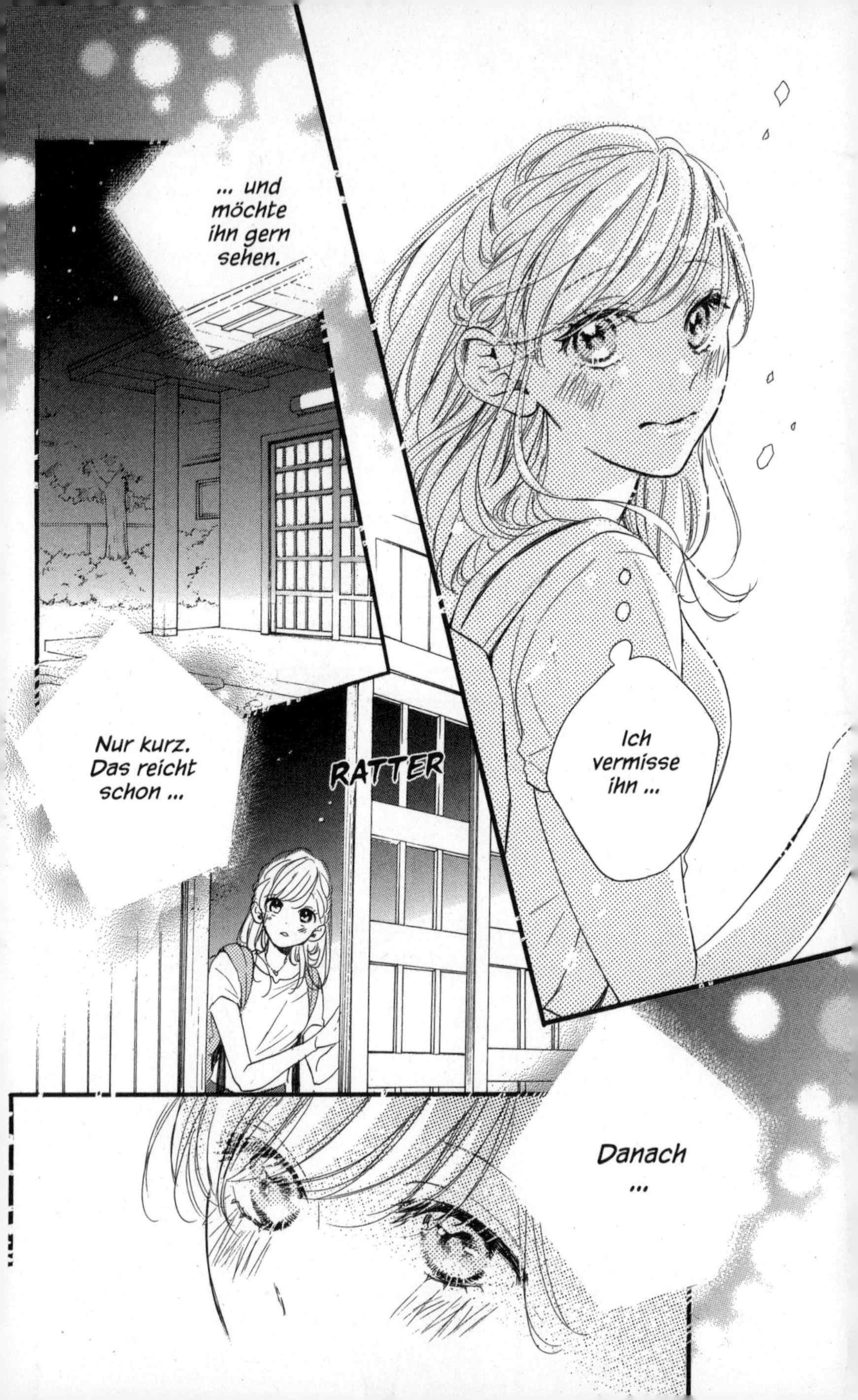
Ich vermisse ihn ...
... und möchte ihn gern sehen.
Nur kurz. Das reicht schon ...
RATTER
Danach ...

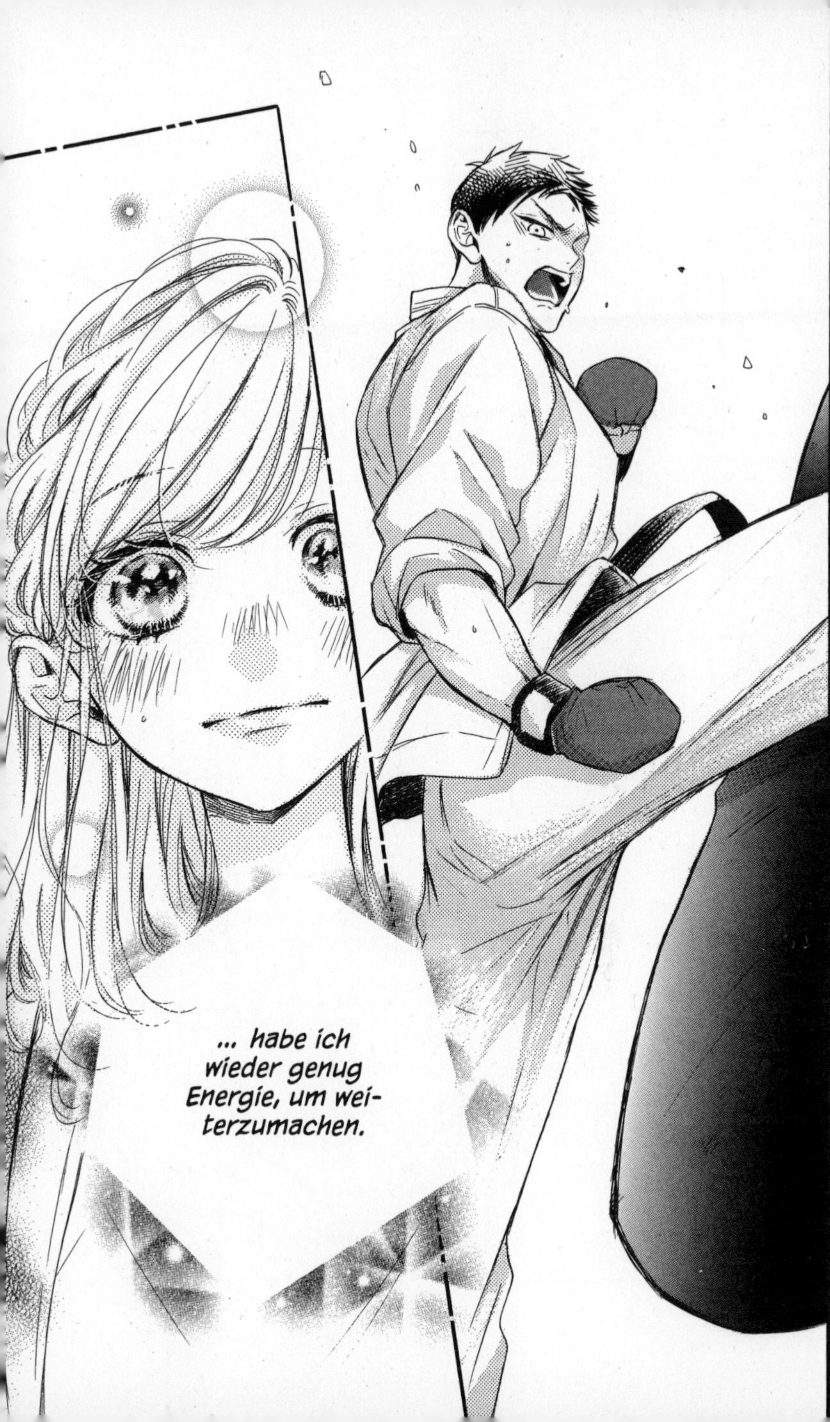
... habe ich wieder genug Energie, um weiterzumachen.

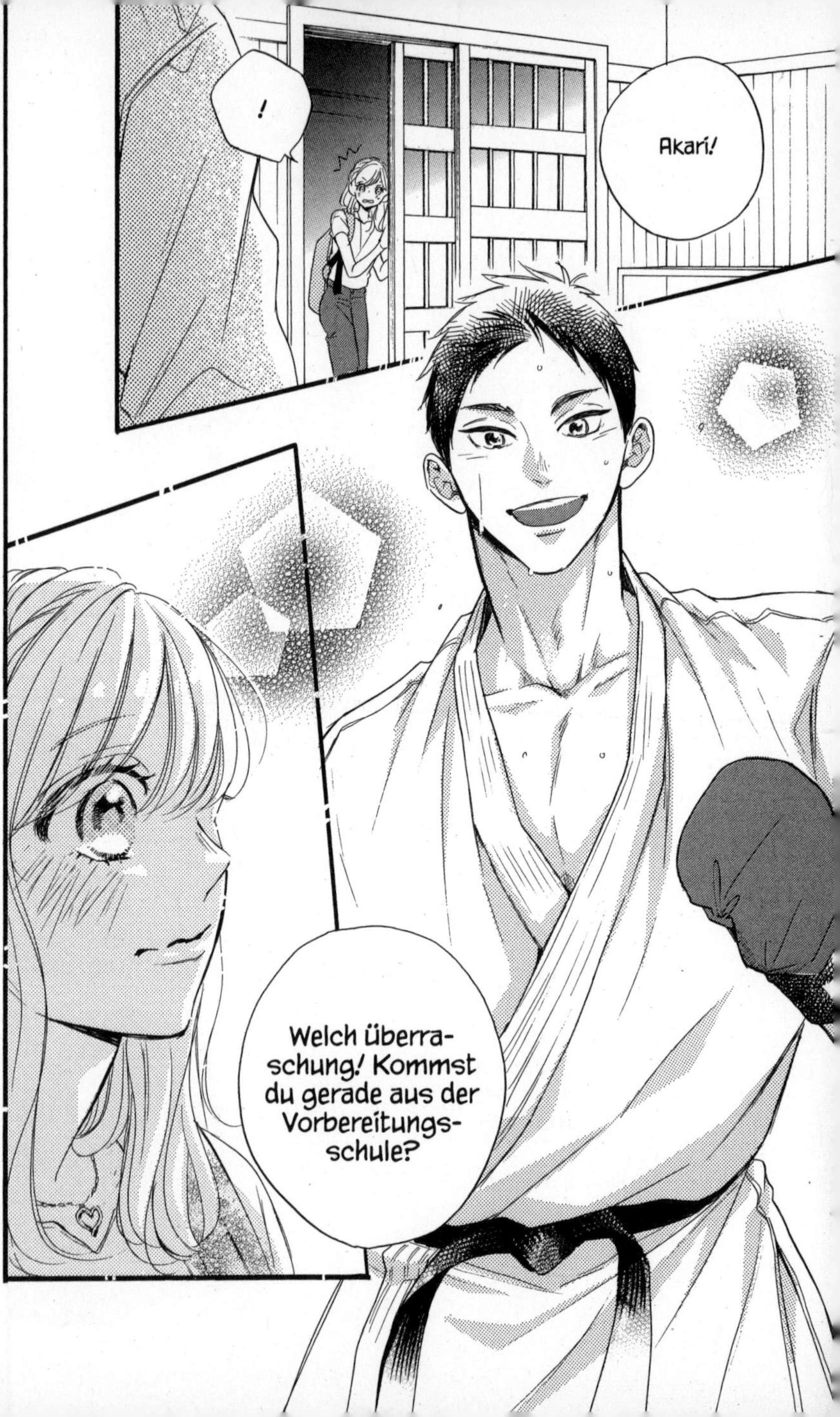
Akari!
!
Welch überraschung! Kommst du gerade aus der Vorbereitungsschule?

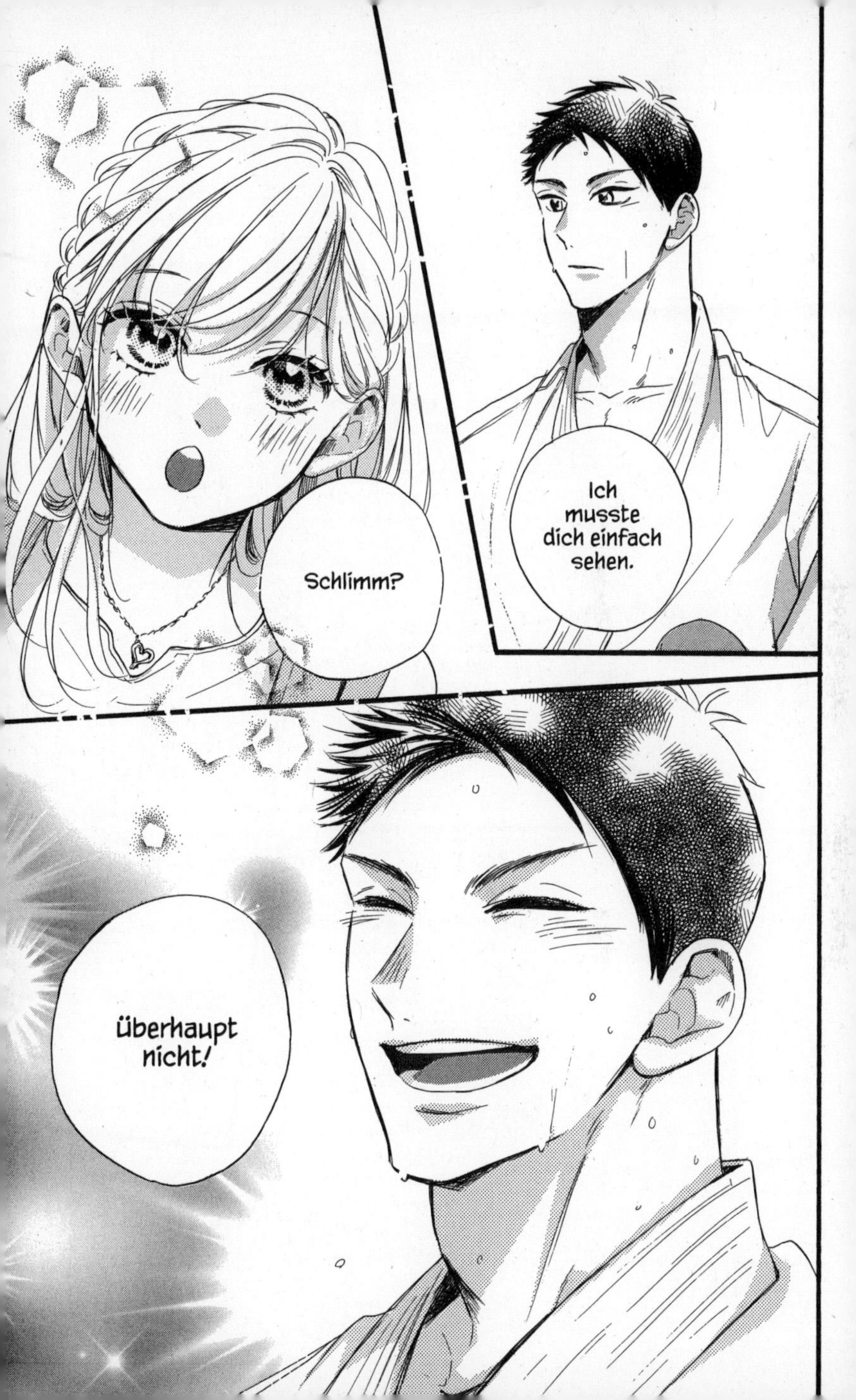
Ich musste dich einfach sehen.
Schlimm?
überhaupt nicht!

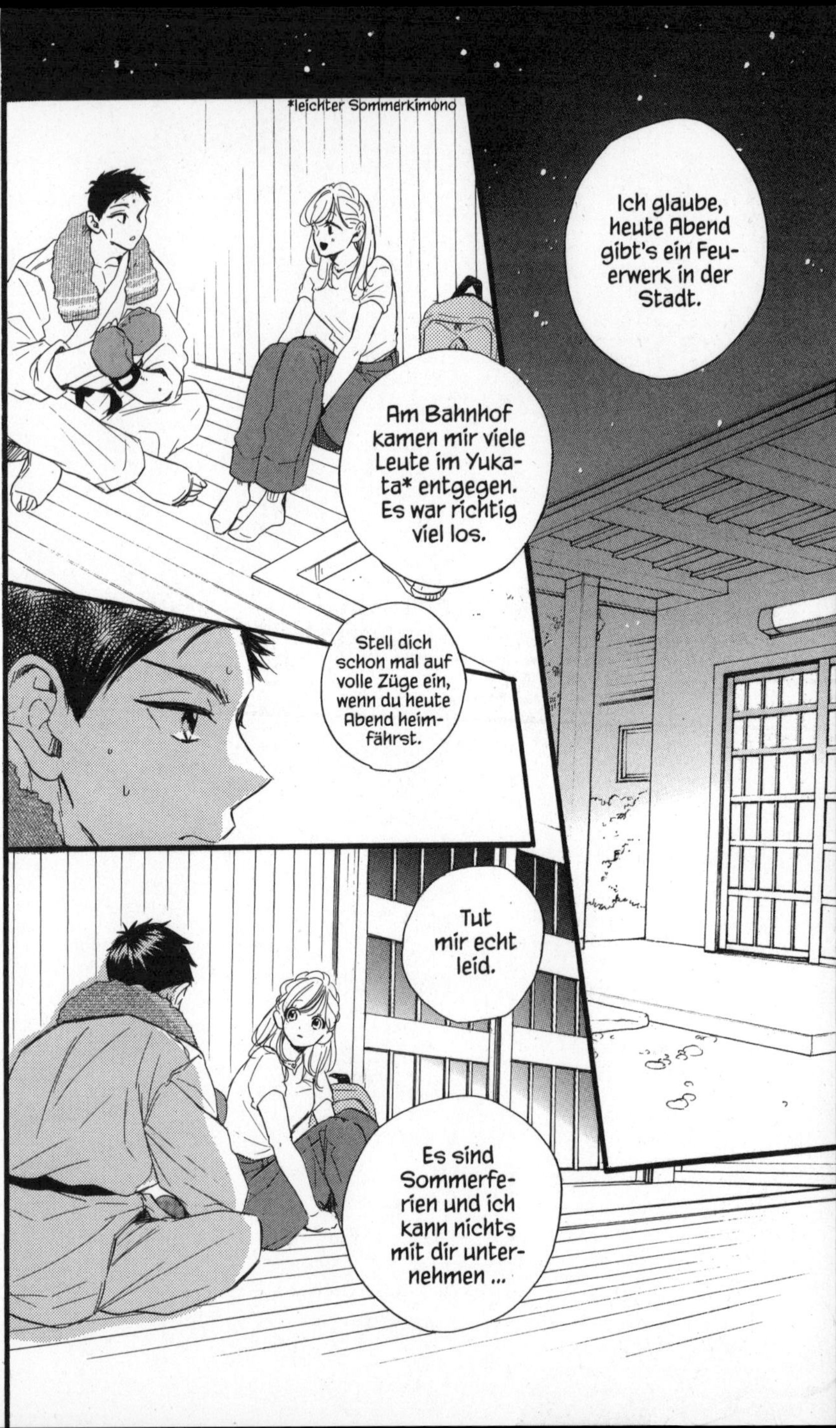
*leichter Sommerkimono
Ich glaube, heute Abend gibt's ein Feuerwerk in der Stadt.
Am Bahnhof kamen mir viele Leute im Yukata* entgegen. Es war richtig viel los.
Stell dich schon mal auf volle Züge ein, wenn du heute Abend heimfährst.
Tut mir echt leid.
Es sind Sommerferien und ich kann nichts mit dir unternehmen ...

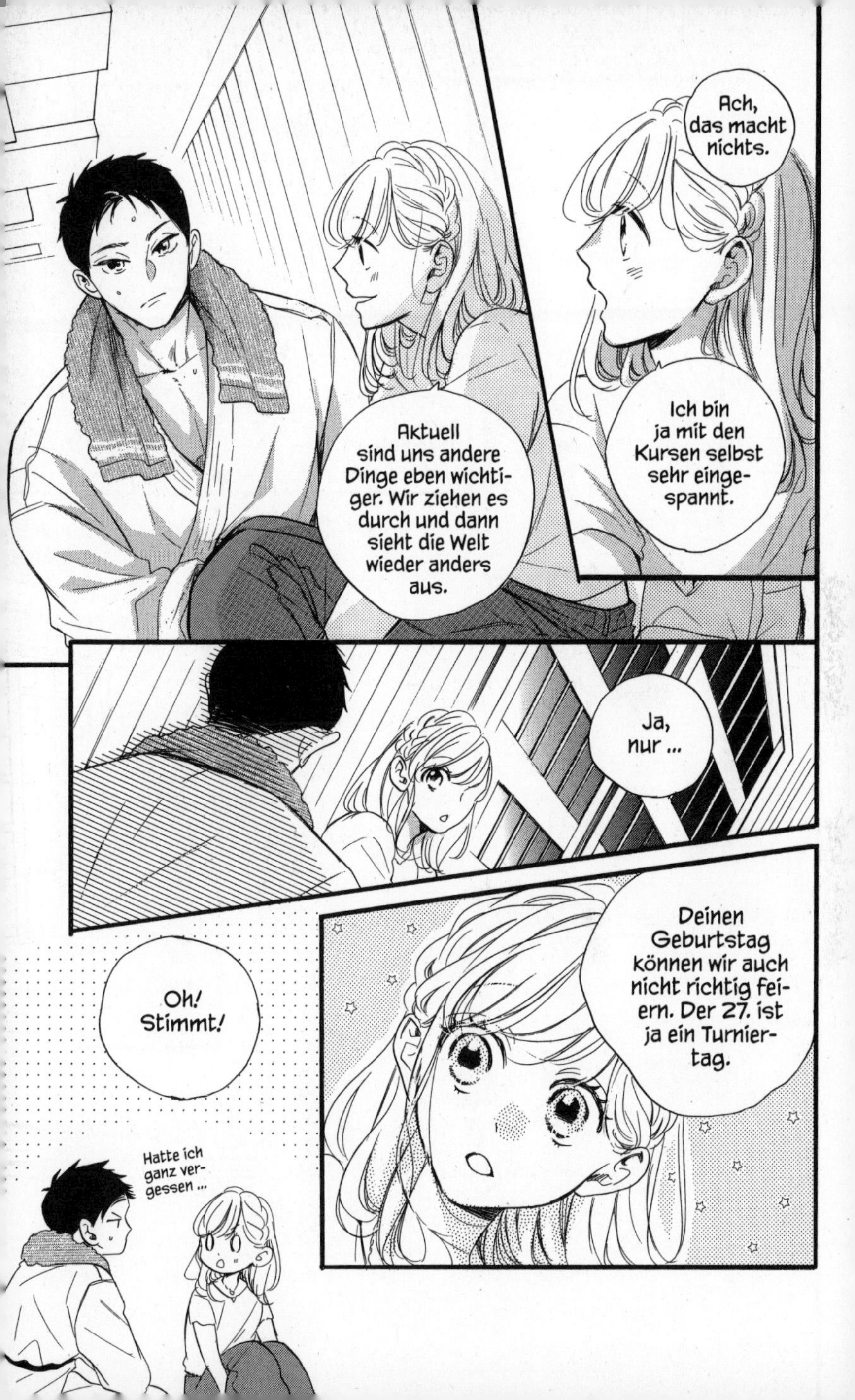
Ach, das macht nichts.
Ich bin ja mit den Kursen selbst sehr einge-spannt.
Aktuell sind uns andere Dinge eben wichti-ger. Wir ziehen es durch und dann sieht die Welt wieder anders aus.
Ja, nur ...
Deinen Geburtstag können wir auch nicht richtig fei-ern. Der 27. ist ja ein Turnier-tag.
Oh! Stimmt!
Hatte ich ganz ver-gessen ...

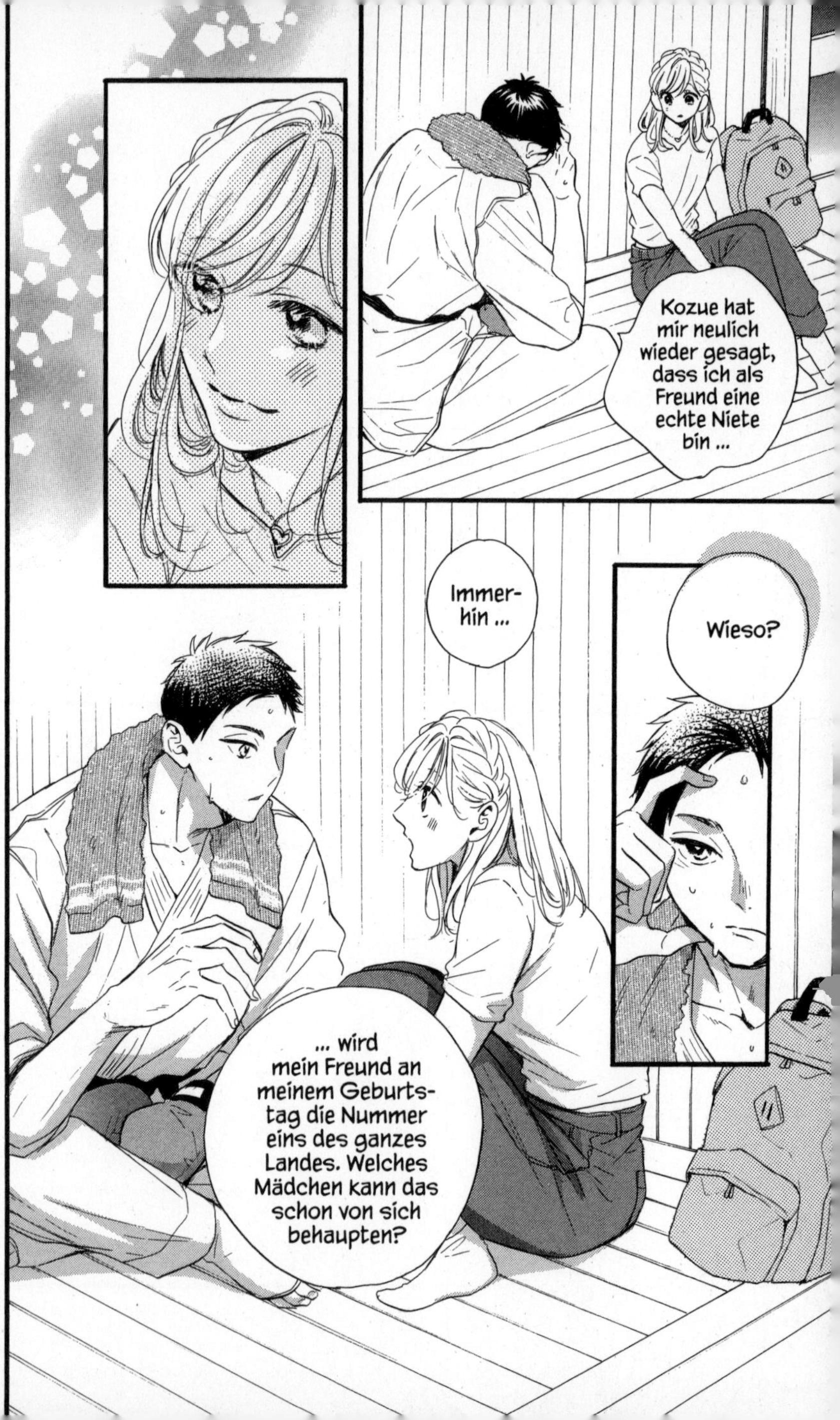
Kozue hat mir neulich wieder gesagt, dass ich als Freund eine echte Niete bin ...
Wieso?
Immerhin ...
... wird mein Freund an meinem Geburtstag die Nummer eins des ganzes Landes. Welches Mädchen kann das schon von sich behaupten?

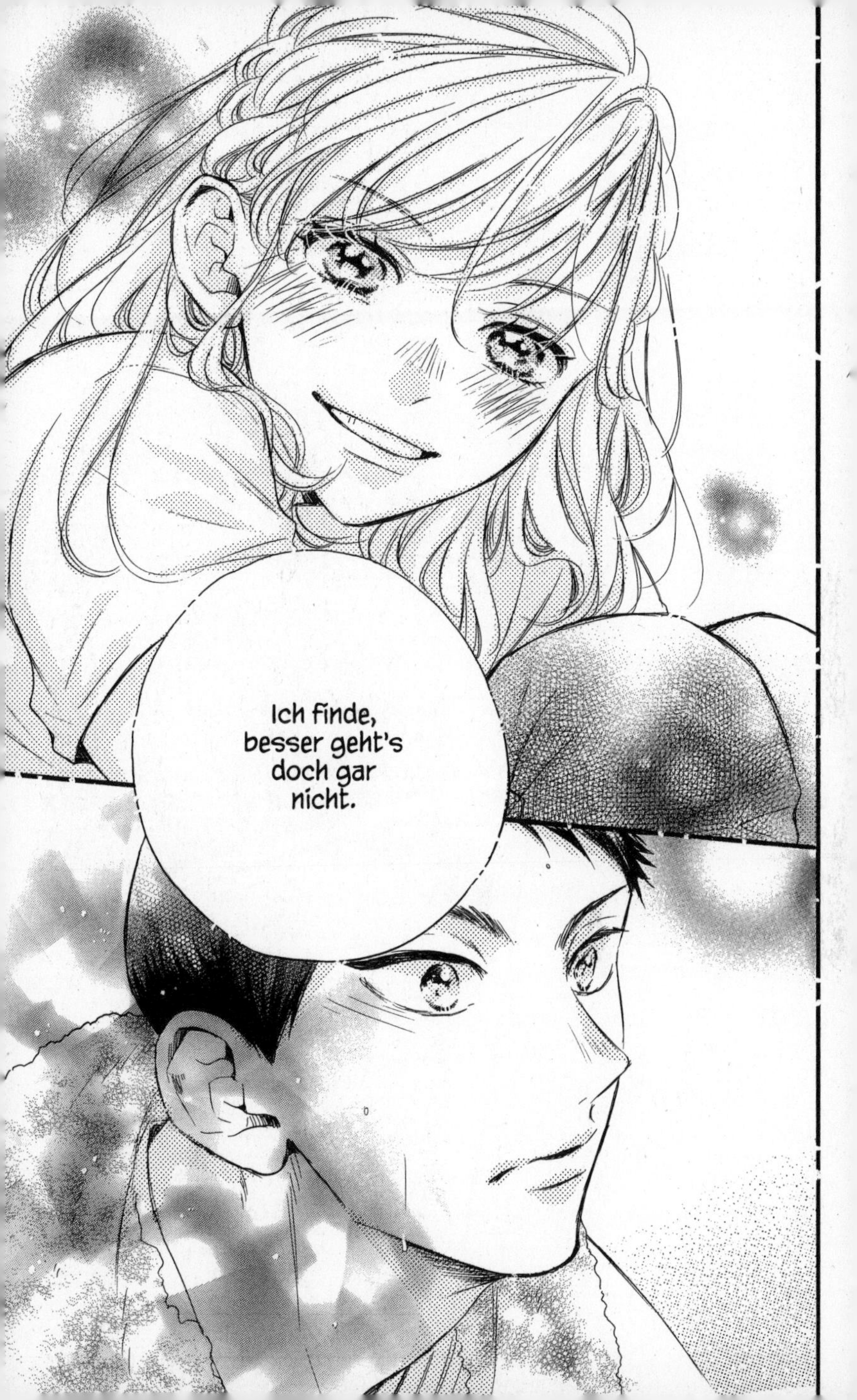
Ich finde, besser geht's doch gar nicht.

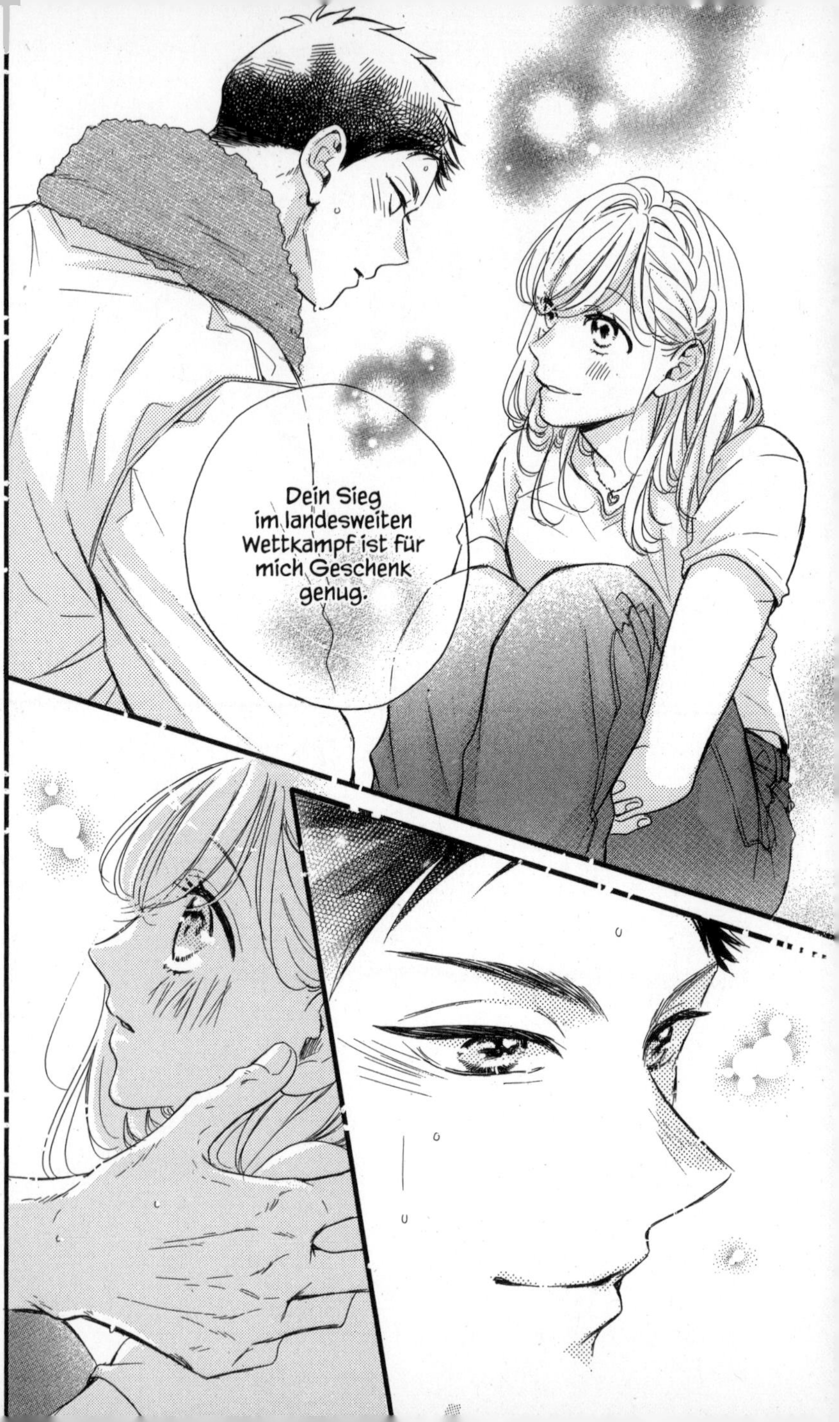
Dein Sieg im landesweiten Wettkampf ist für mich Geschenk genug.

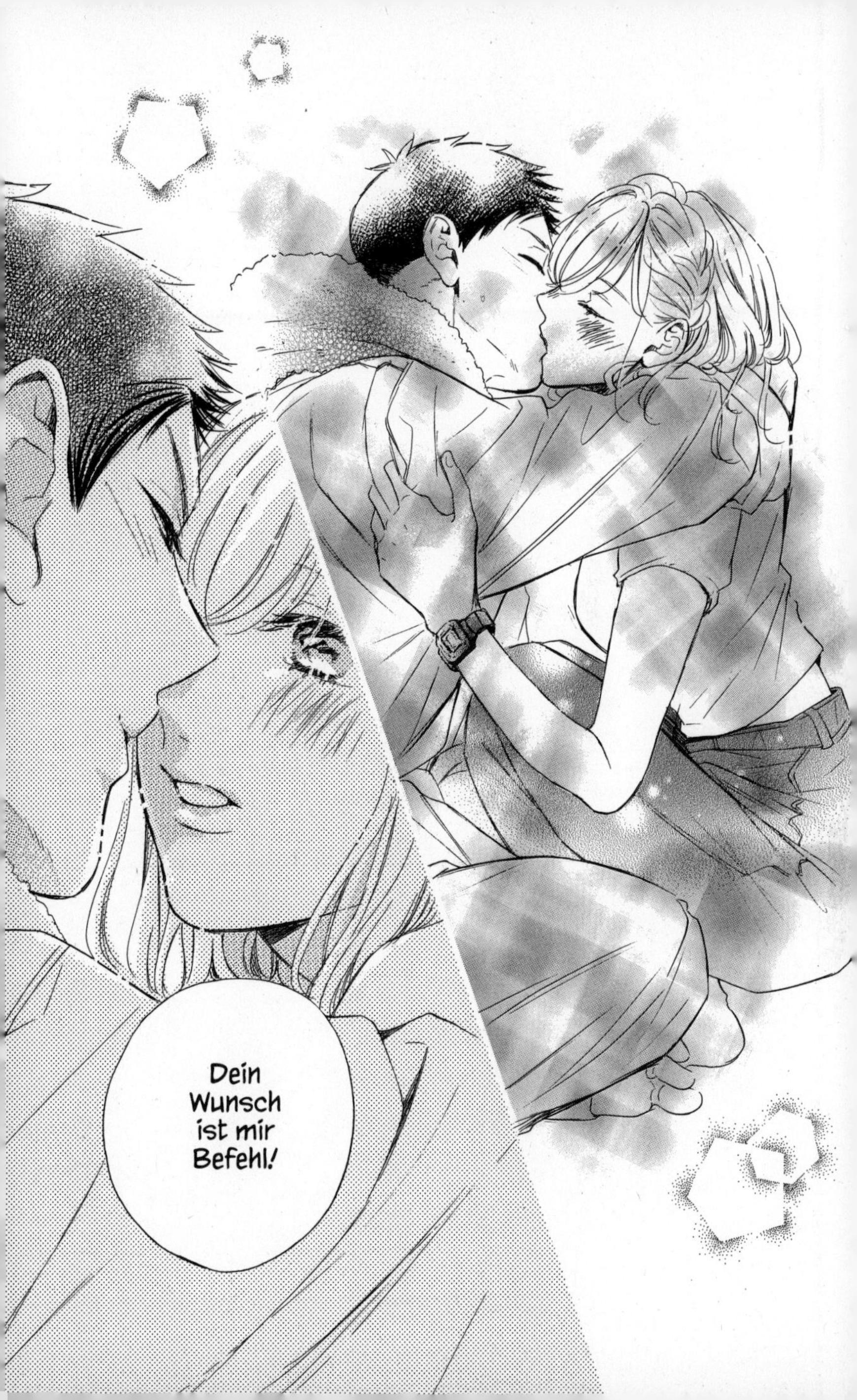
Dein Wunsch ist mir Befehl!

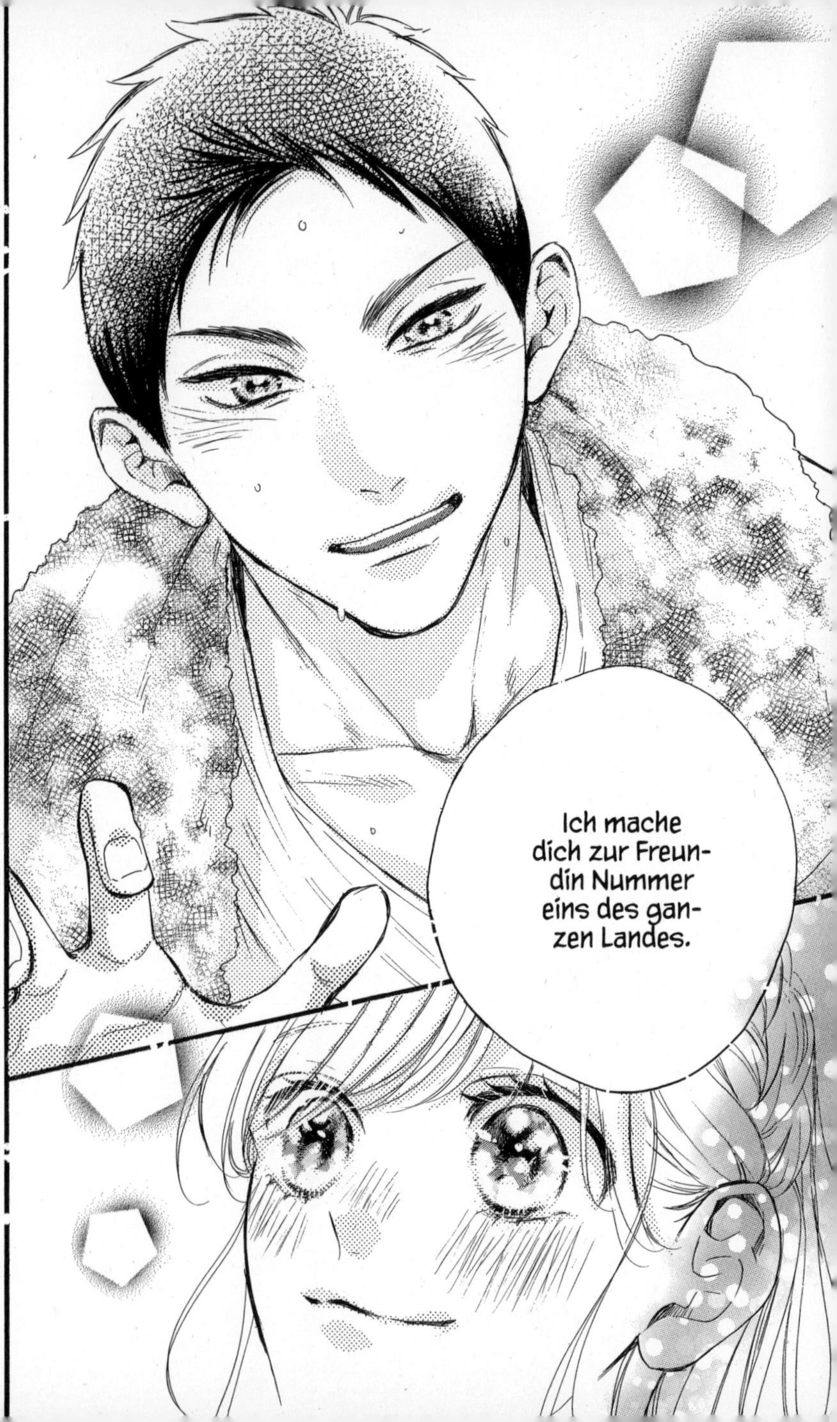
Ich mache dich zur Freundin Nummer eins des ganzen Landes.

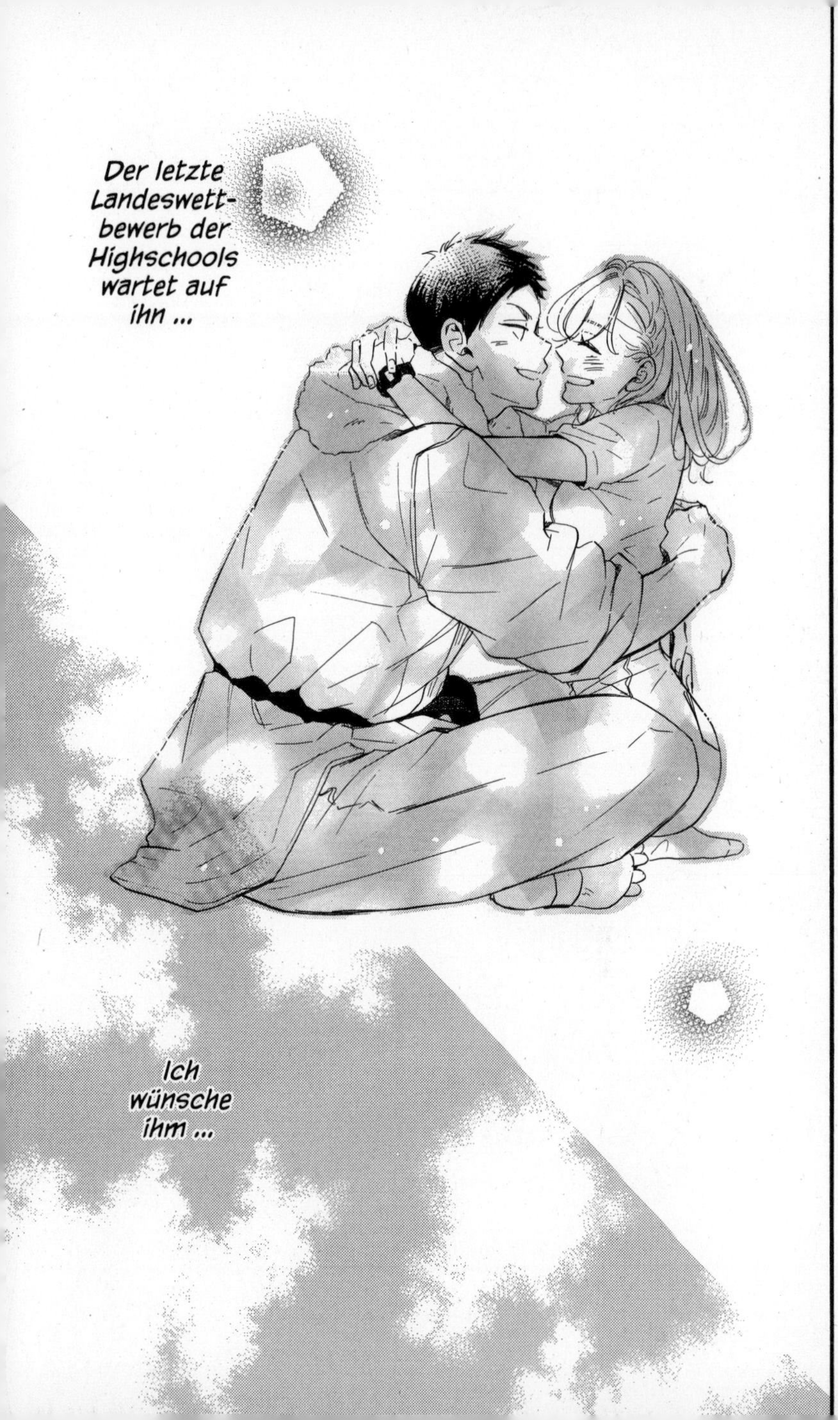
Der letzte Landeswett-bewerb der Highschools wartet auf ihn ...
Ich wünsche ihm ...

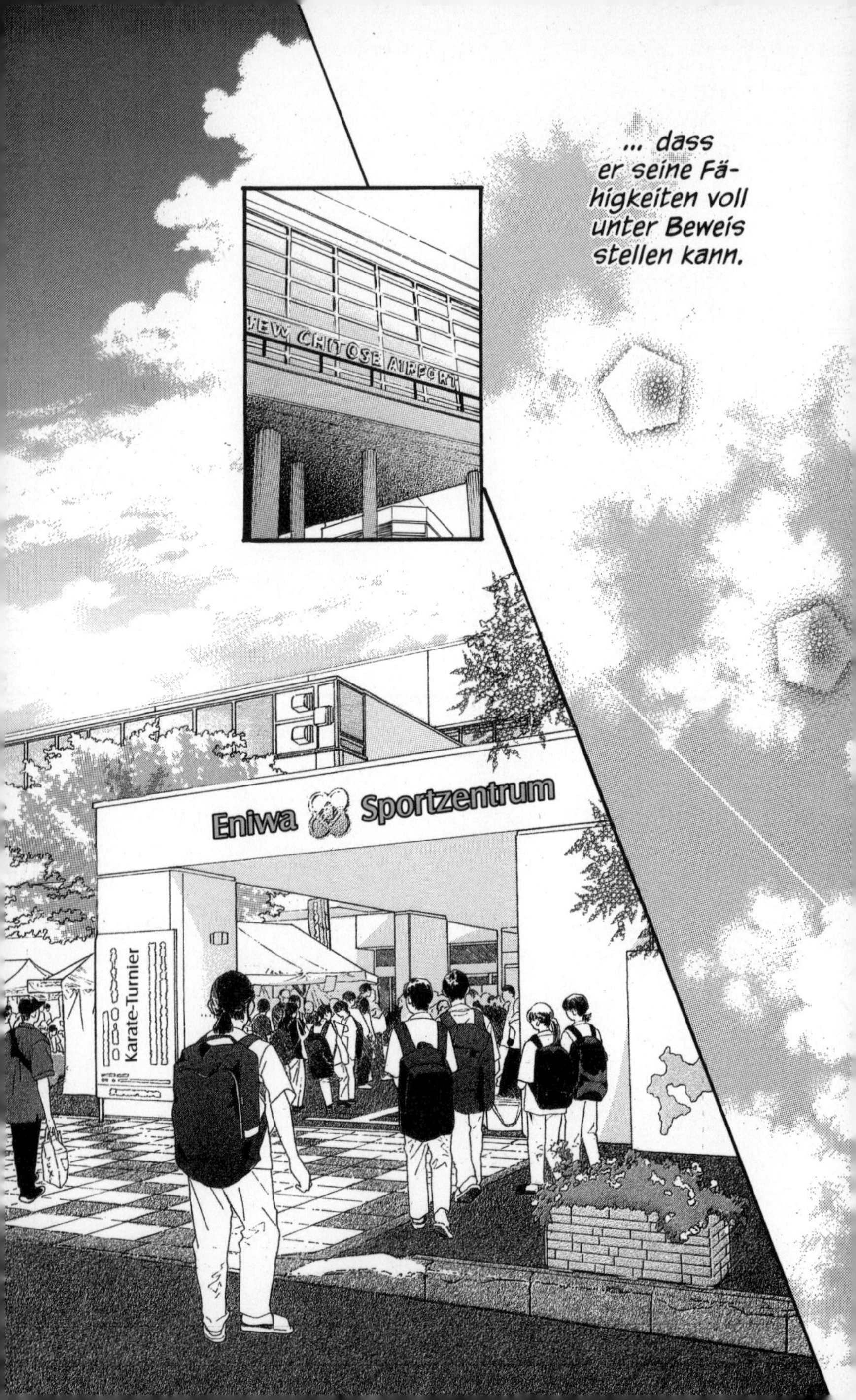
... dass er seine Fähigkeiten voll unter Beweis stellen kann.
NEW CHITOSE AIRPORT
Eniwa Sportzentrum
Karate-Turnier

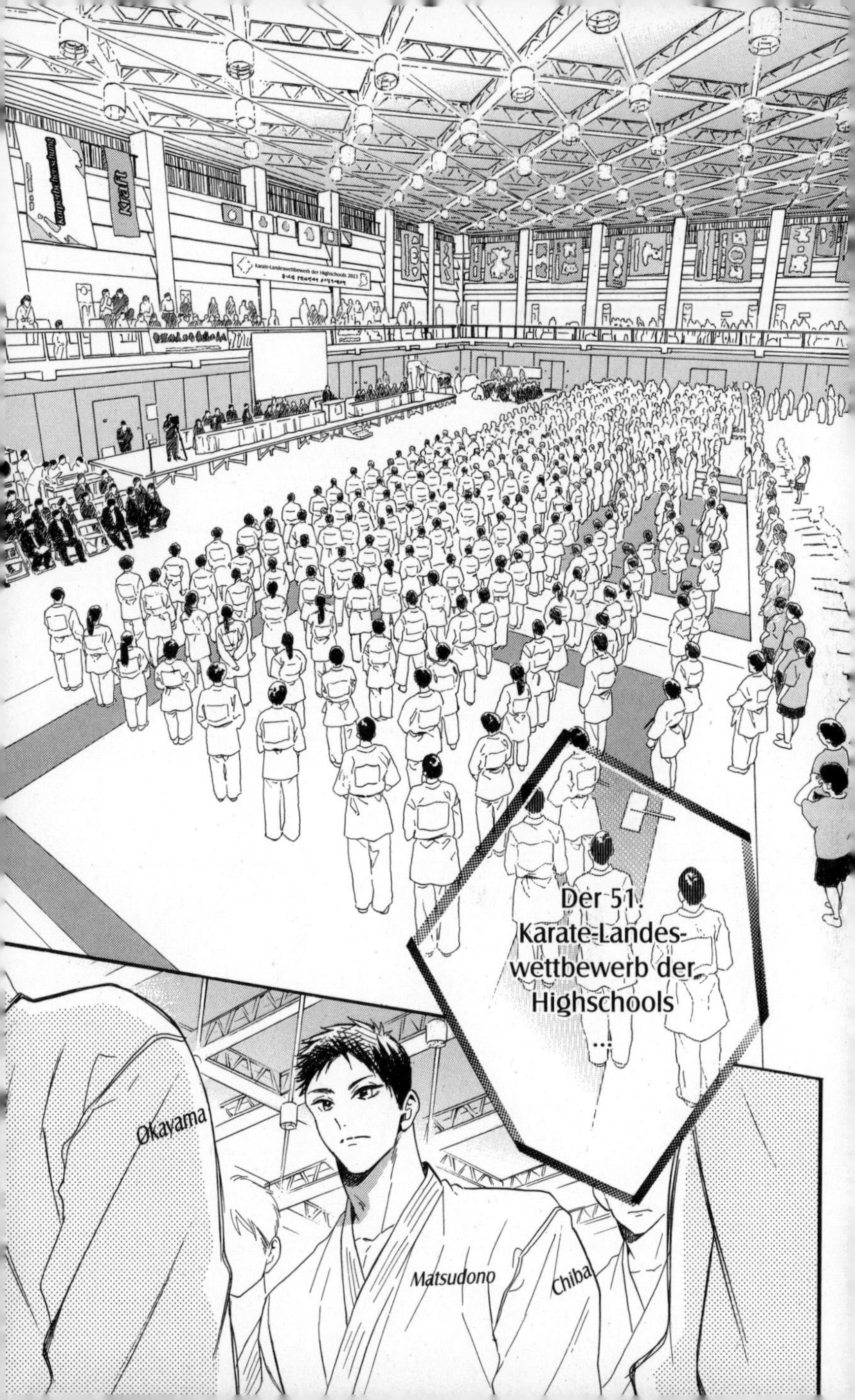
Der 51. Karate-Landeswettbewerb der Highschools …
Körperbeherrschung
Kraft
Karate-Landeswettbewerb der Highschools 2023
Okayama
Matsudono
Chiba

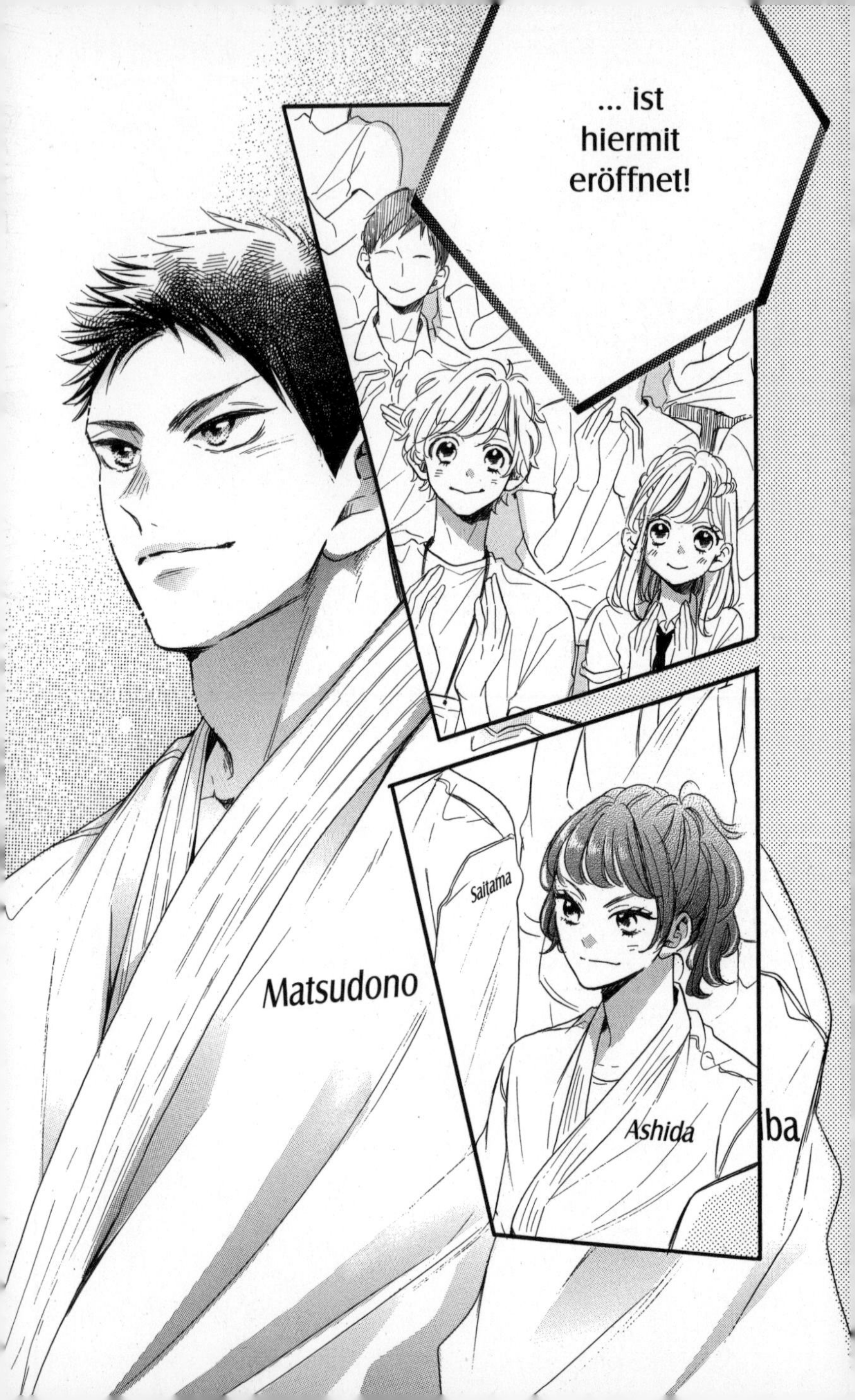
... ist
hiermit
eröffnet!
Matsudono
Saitama
Ashida
iba

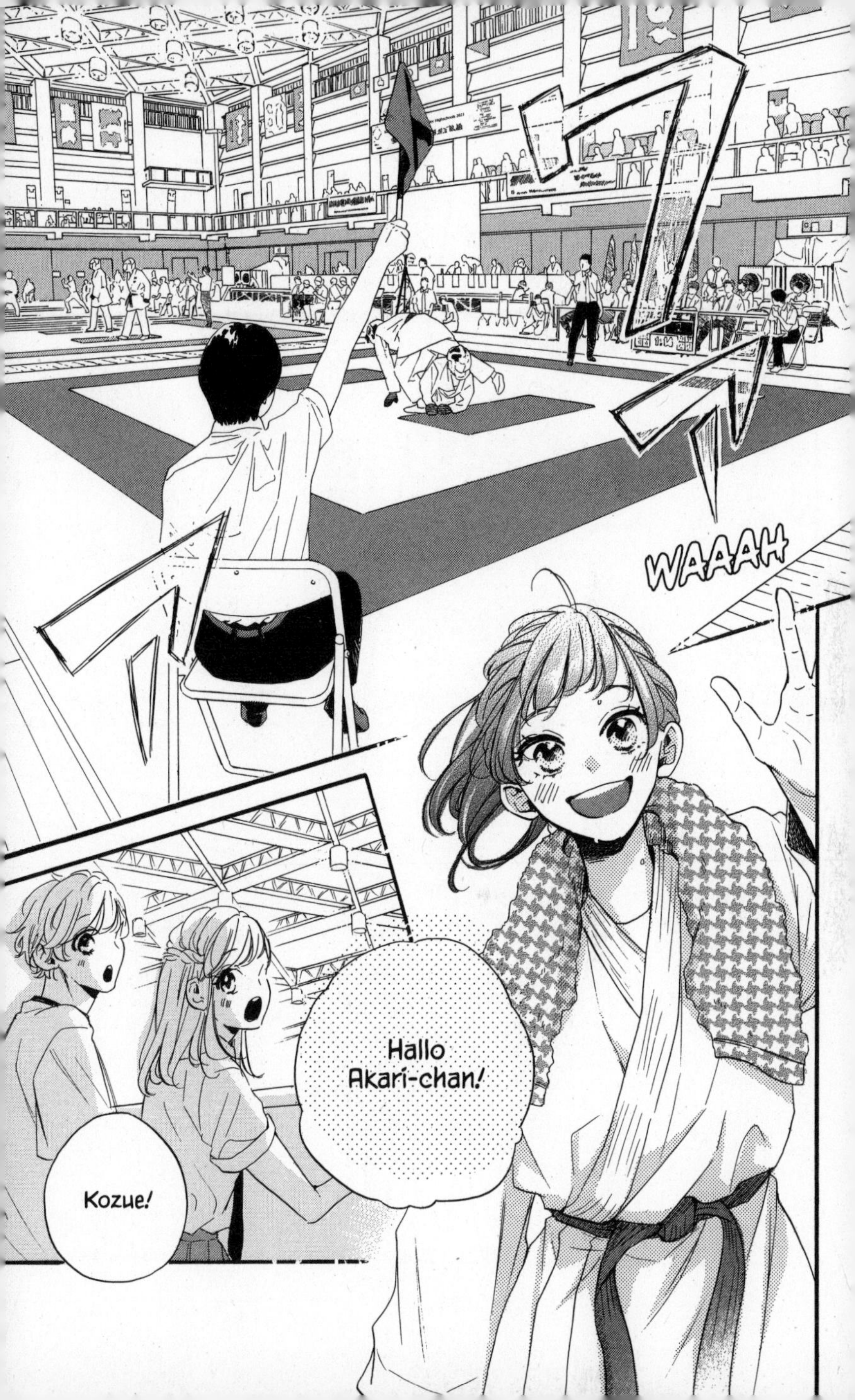
WAAAH
Hallo Akari-chan!
Kozue!

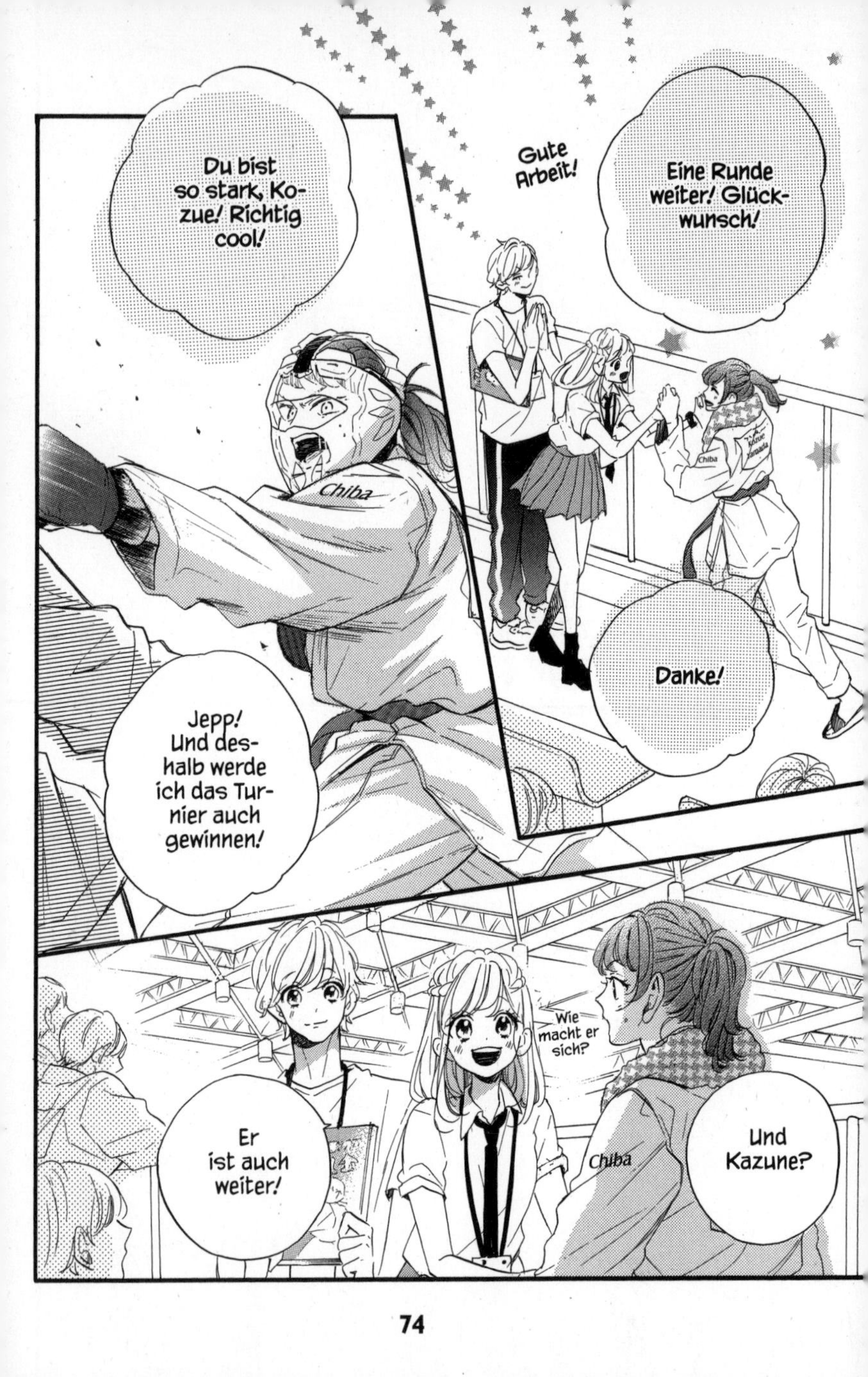

Gute Arbeit!
Eine Runde weiter! Glückwunsch!
Danke!
Du bist so stark, Kozue! Richtig cool!
Chiba
Jepp! Und deshalb werde ich das Turnier auch gewinnen!
Und Kazune?
Wie macht er sich?
Chiba
Er ist auch weiter!

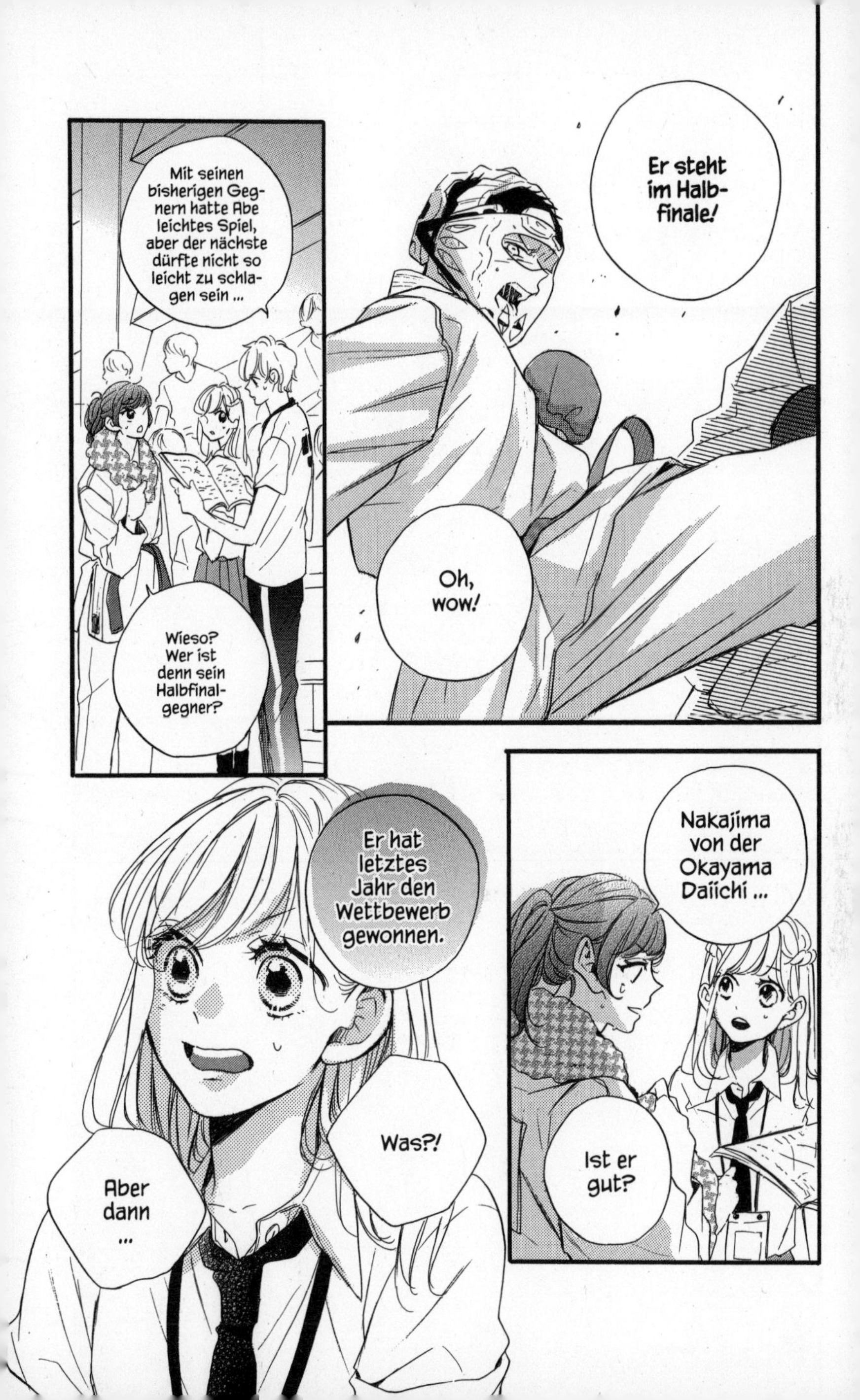
Er steht im Halbfinale!
Oh, wow!
Mit seinen bisherigen Gegnern hatte Abe leichtes Spiel, aber der nächste dürfte nicht so leicht zu schlagen sein ...
Wieso? Wer ist denn sein Halbfinalgegner?
Nakajima von der Okayama Daiichi ...
Ist er gut?
Er hat letztes Jahr den Wettbewerb gewonnen.
Was?!
Aber dann ...

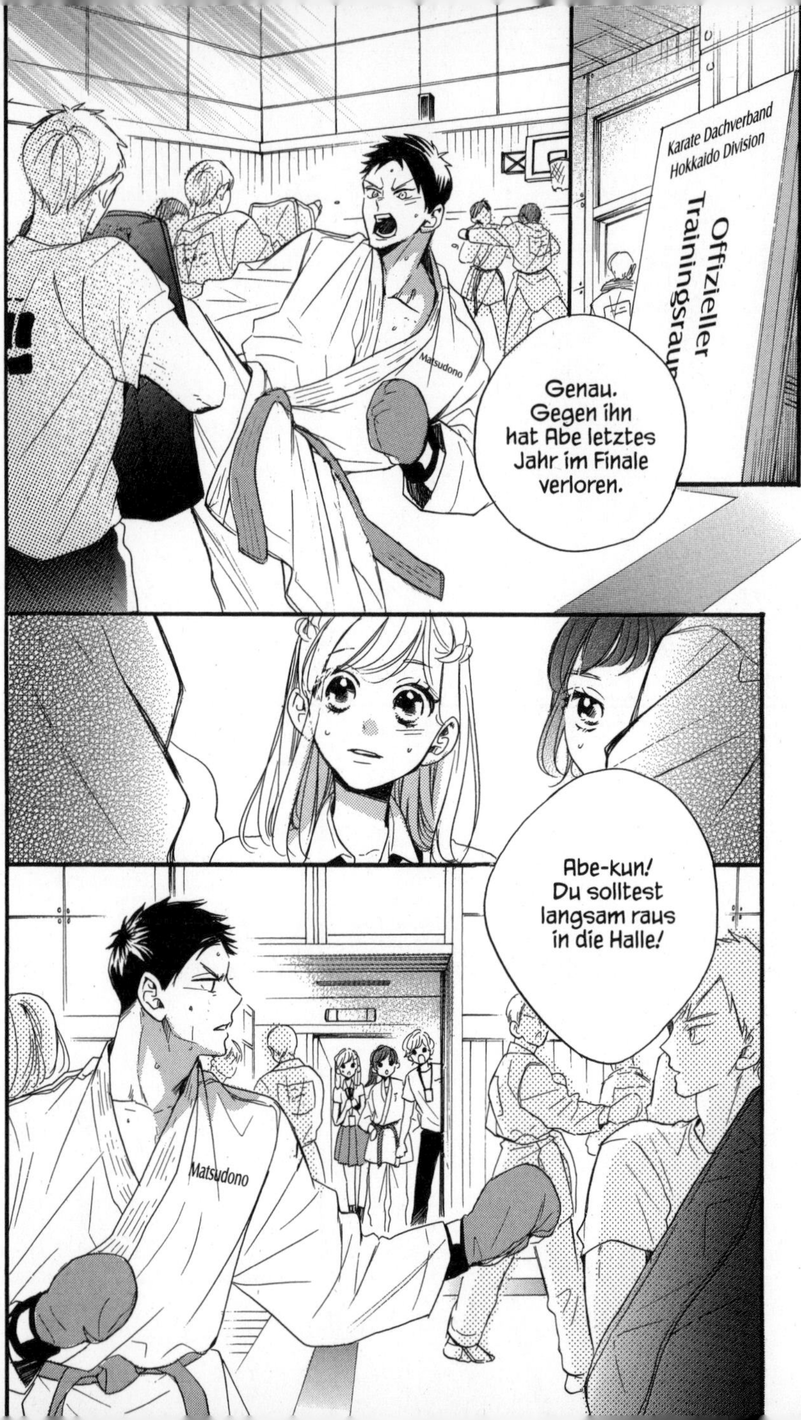

Karate Dachverband
Hokkaido Division
Offizieller Trainingsrau
Matsudono
Genau. Gegen ihn hat Abe letztes Jahr im Finale verloren.
Abe-kun! Du solltest langsam raus in die Halle!
Matsudono

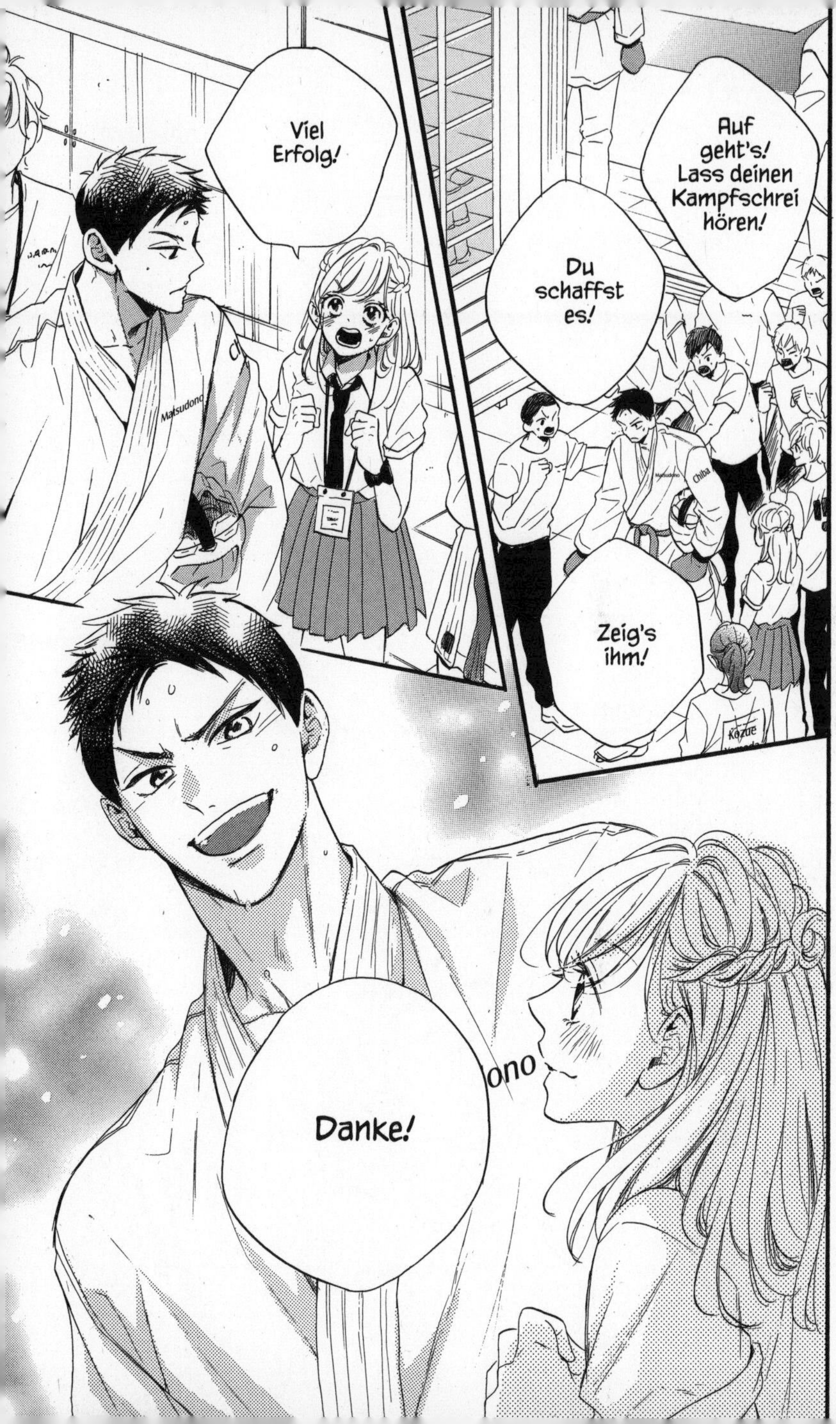
Auf geht's! Lass deinen Kampfschrei hören!
Du schaffst es!
Zeig's ihm!
Viel Erfolg!
Danke!

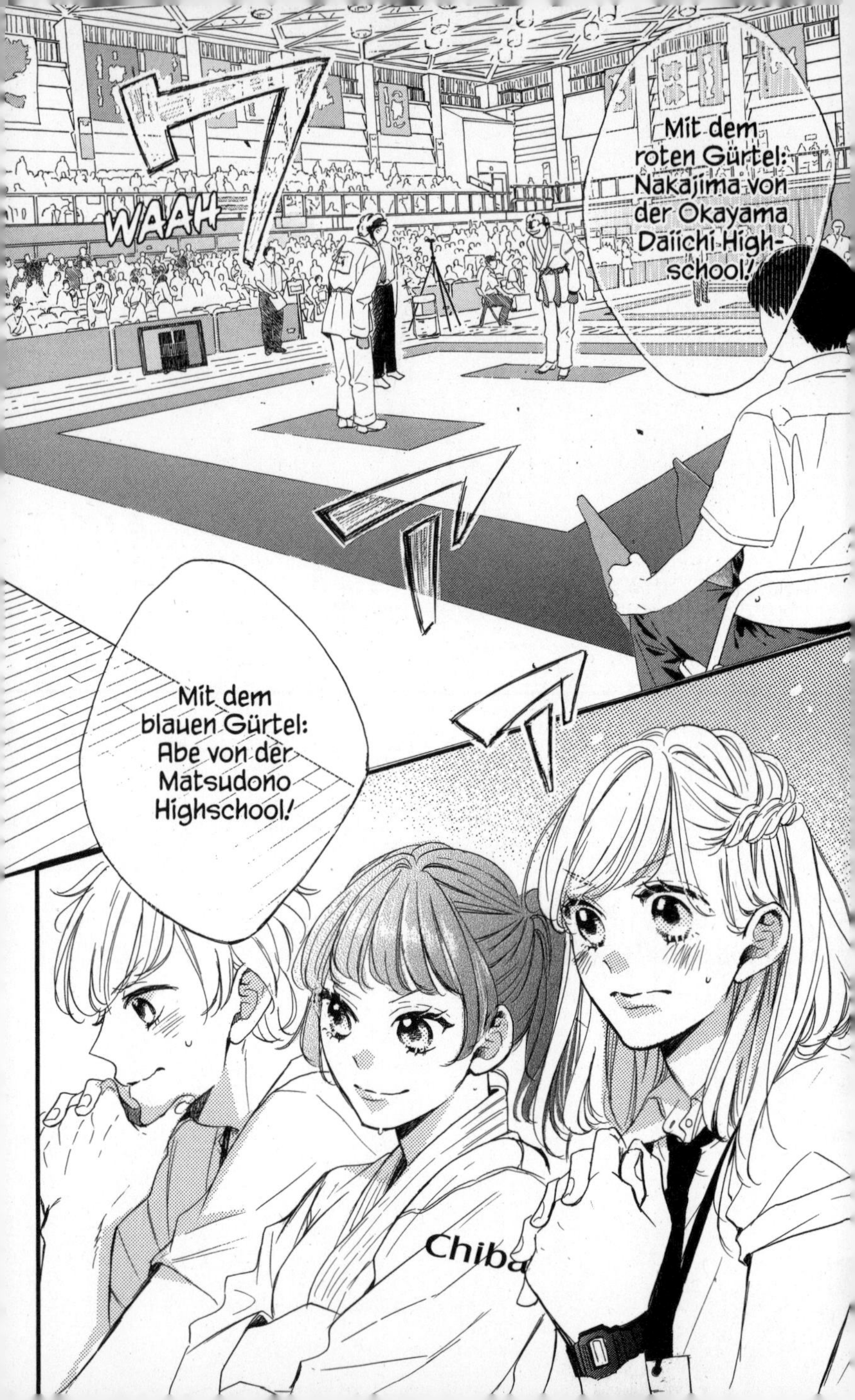
WAAH
Mit dem roten Gürtel: Nakajima von der Okayama Daiichi Highschool!
Mit dem blauen Gürtel: Abe von der Matsudono Highschool!
Chiba

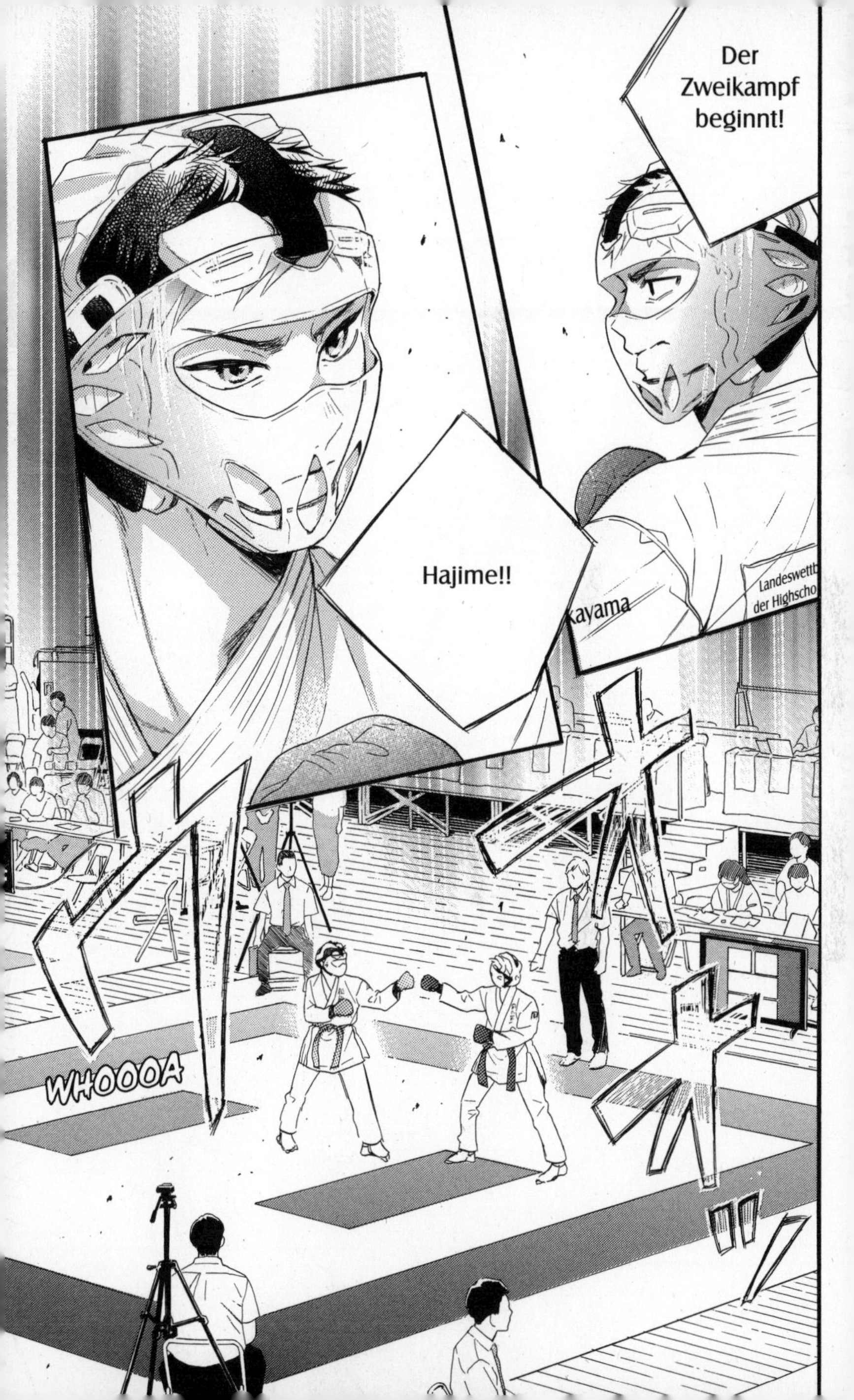

Der Zweikampf beginnt!
Hajime!!
Kayama
Landeswettb
der Highscho
WHOOOA

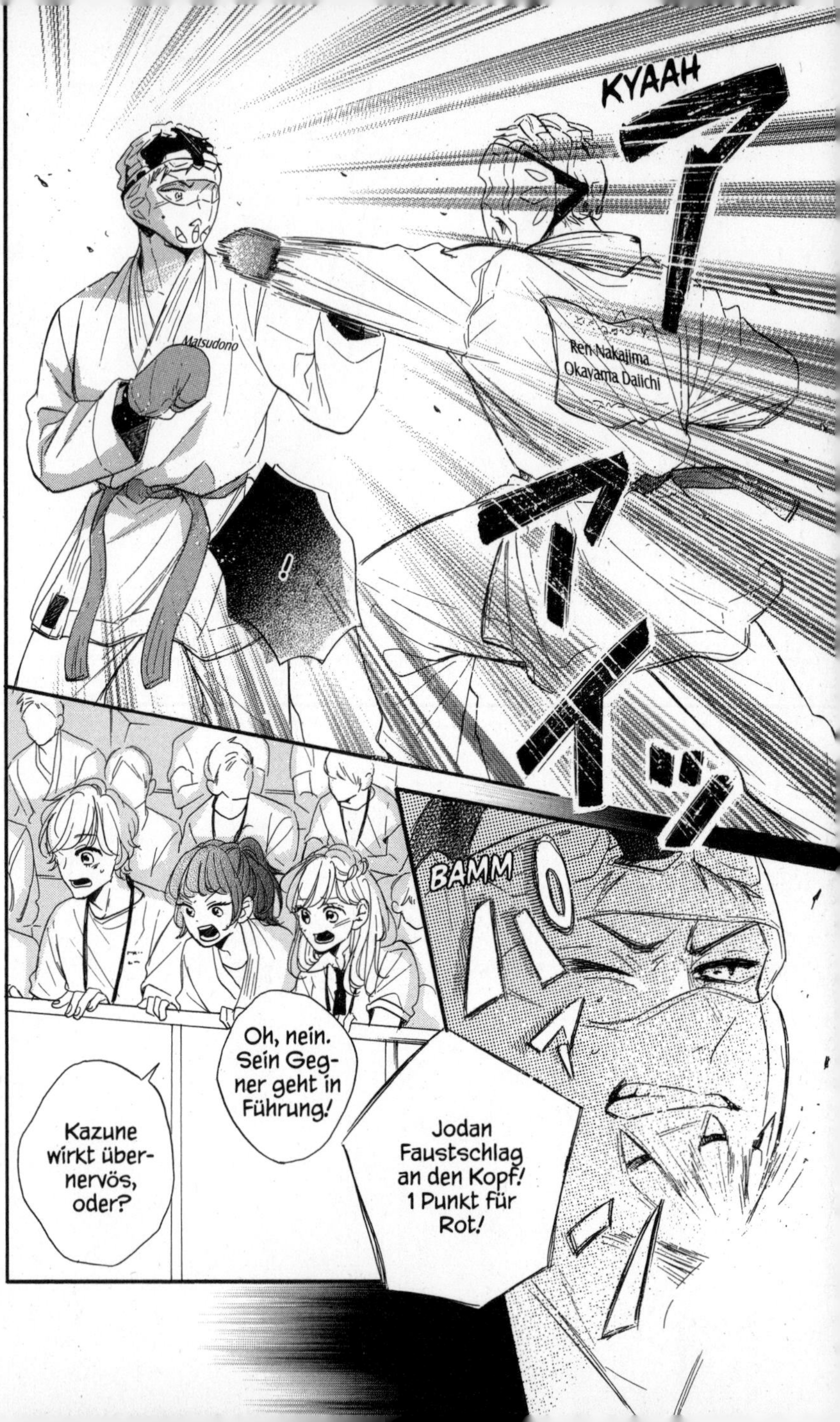
KYAAH
Matsudono
Ren Nakajima
Okayama Daiichi
BAMM
Jodan Faustschlag an den Kopf! 1 Punkt für Rot!
Oh, nein. Sein Gegner geht in Führung!
Kazune wirkt übernervös, oder?

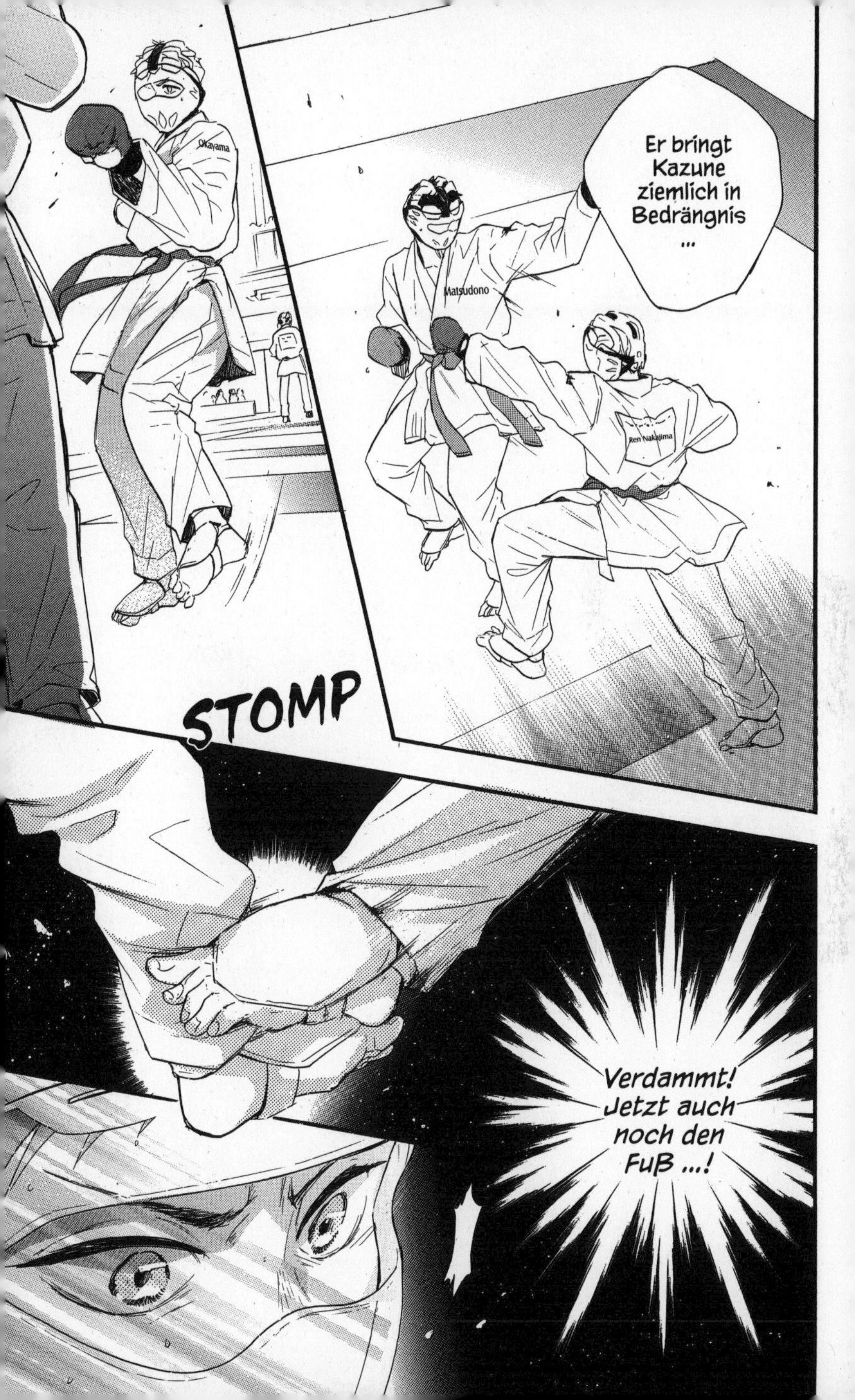
Er bringt Kazune ziemlich in Bedrängnis ...
Okayama
Matsudono
Ren Nakajima
STOMP
Verdammt! Jetzt auch noch den Fuß ...!

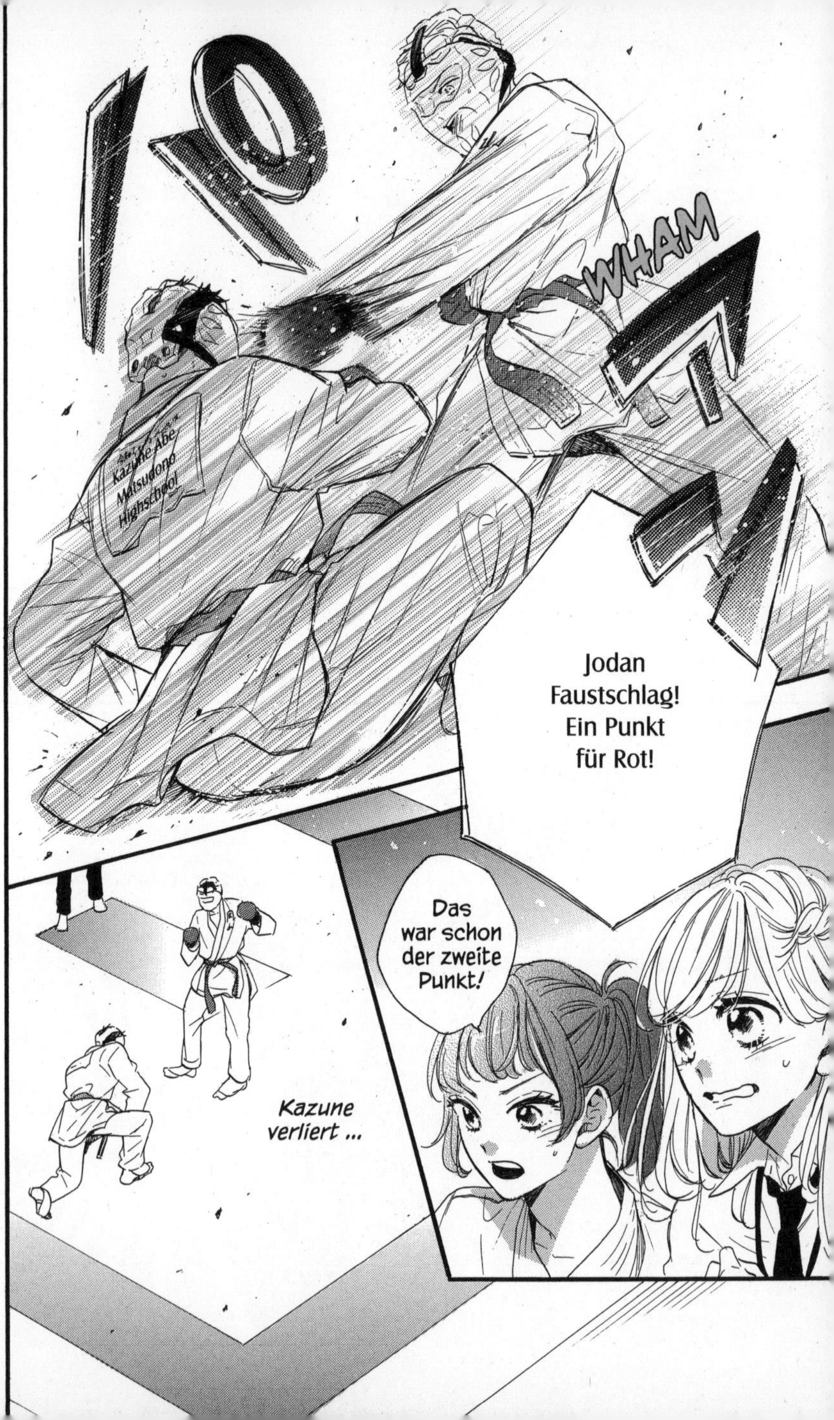
WHAM
Kazune Abe
Matsudono
Highschool
Jodan Faustschlag! Ein Punkt für Rot!
Das war schon der zweite Punkt!
Kazune verliert ...

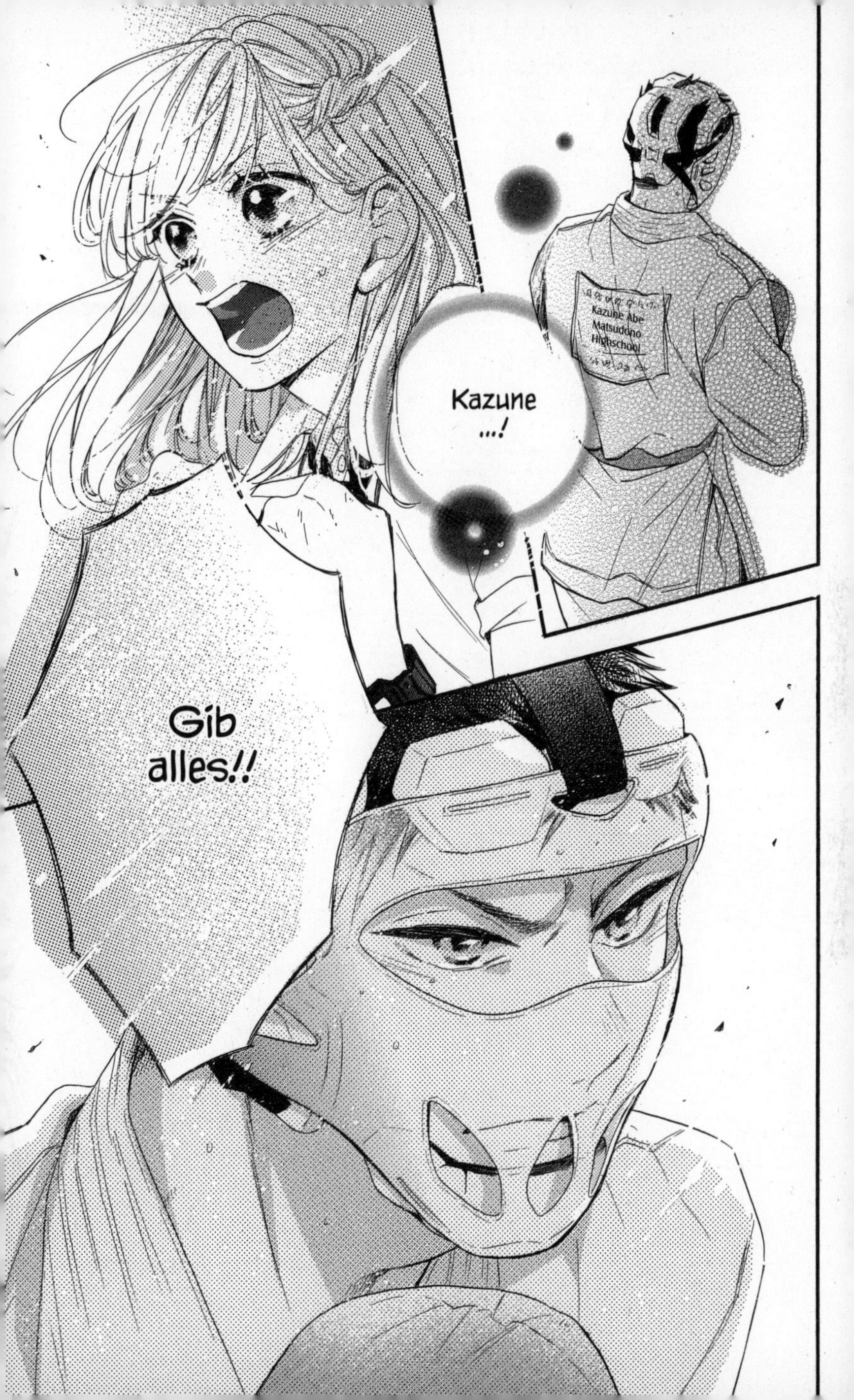
Kazune Abe
Matsudono
Highschool
Kazune
...!
Gib
alles!!

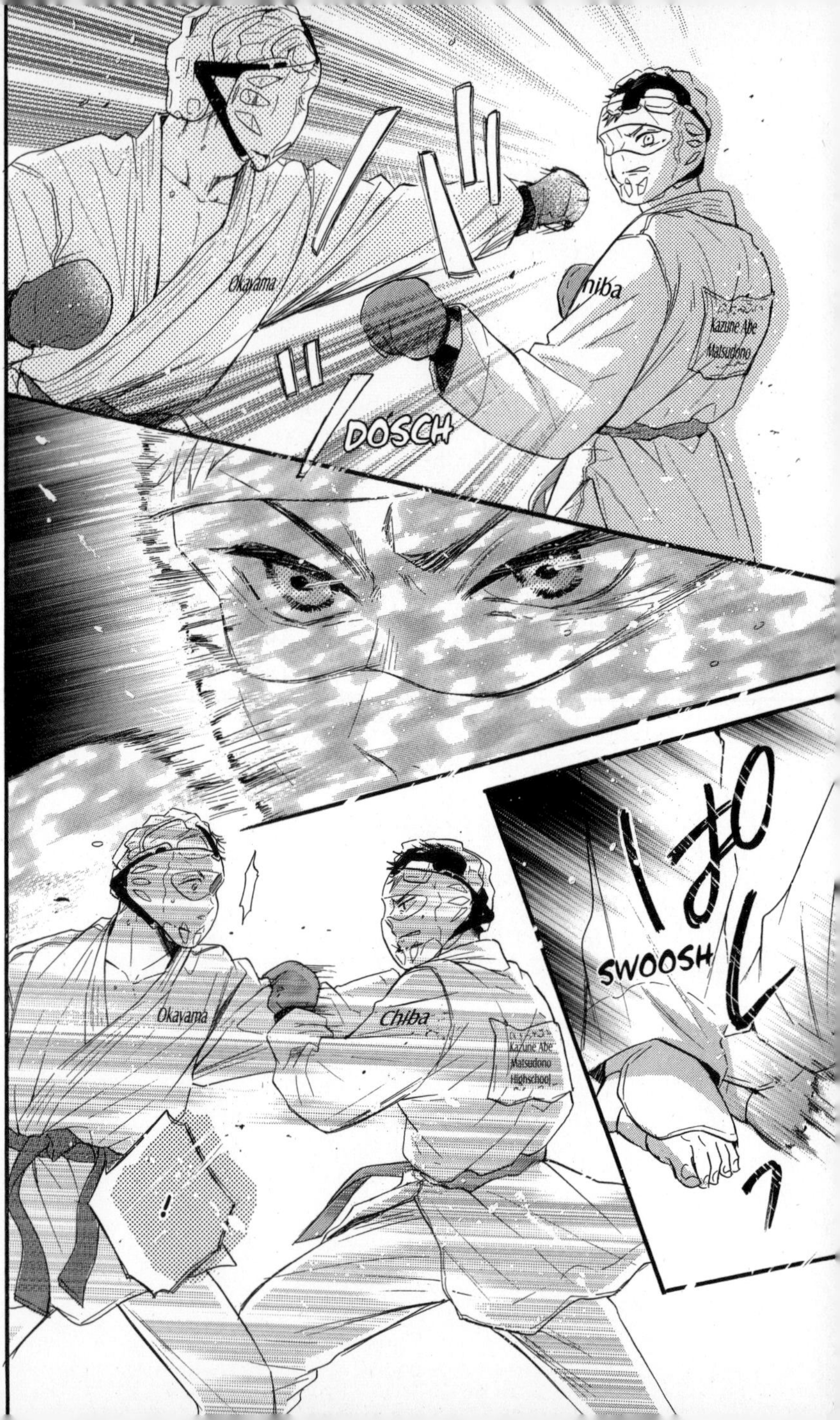
Okayama
hiba
Kazune Abe
Matsudono
DOSCH
SWOOSH
Okayama
Chiba
Kazune Abe
Matsudono
Highschool
!

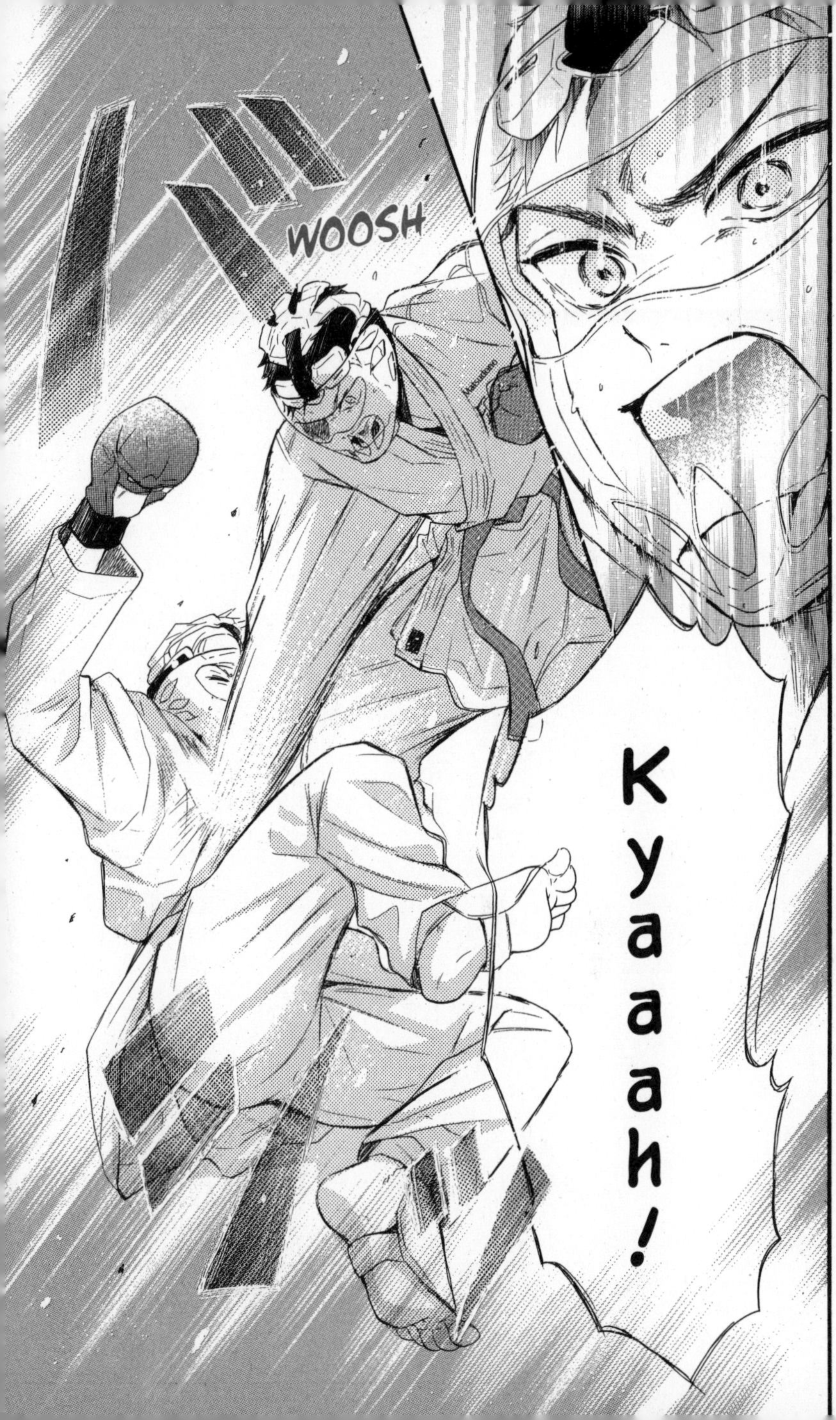
WOOSH
Kyaaah!

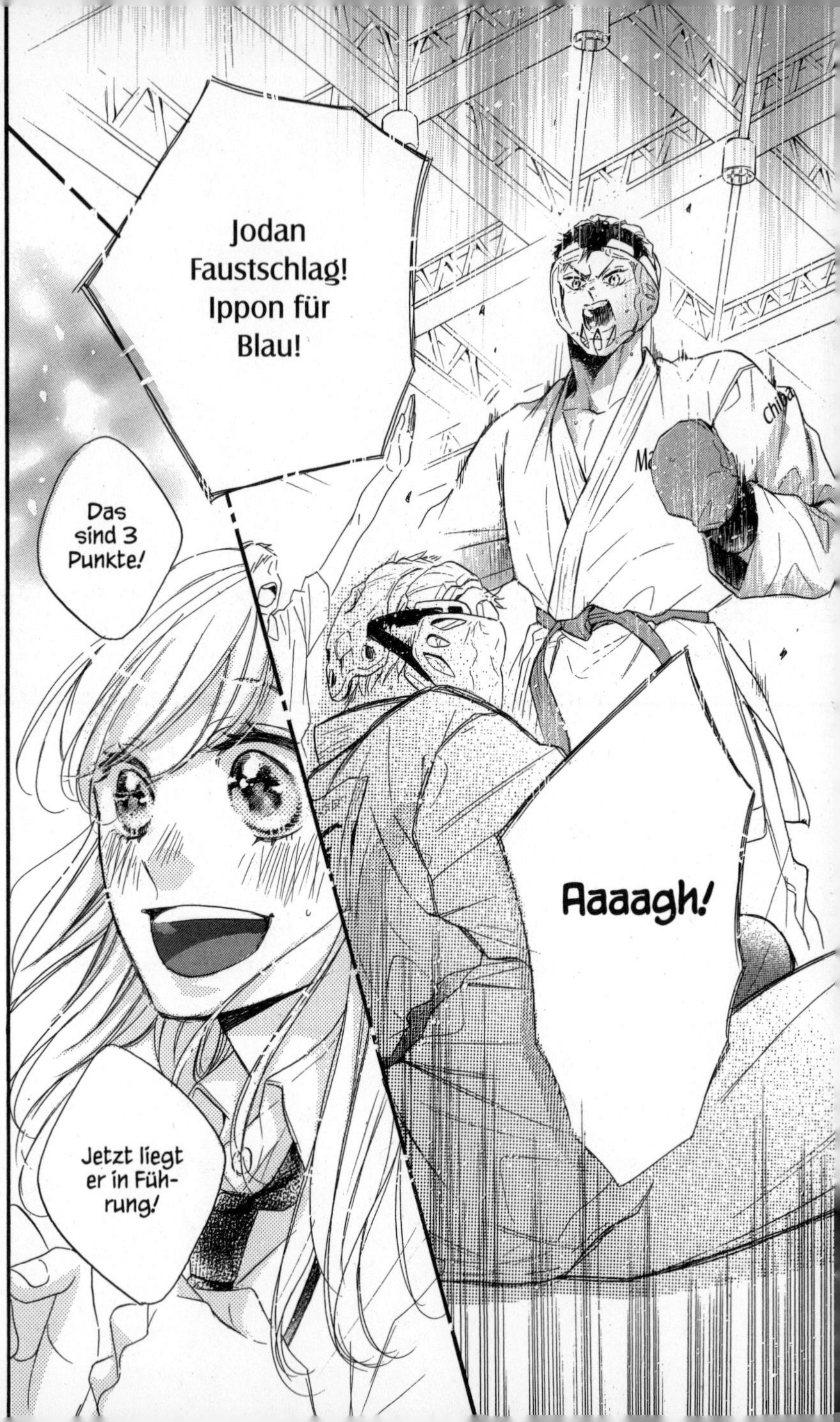
Jodan Faustschlag! Ippon für Blau!
Chiba
Das sind 3 Punkte!
Aaaagh!
Jetzt liegt er in Führung!

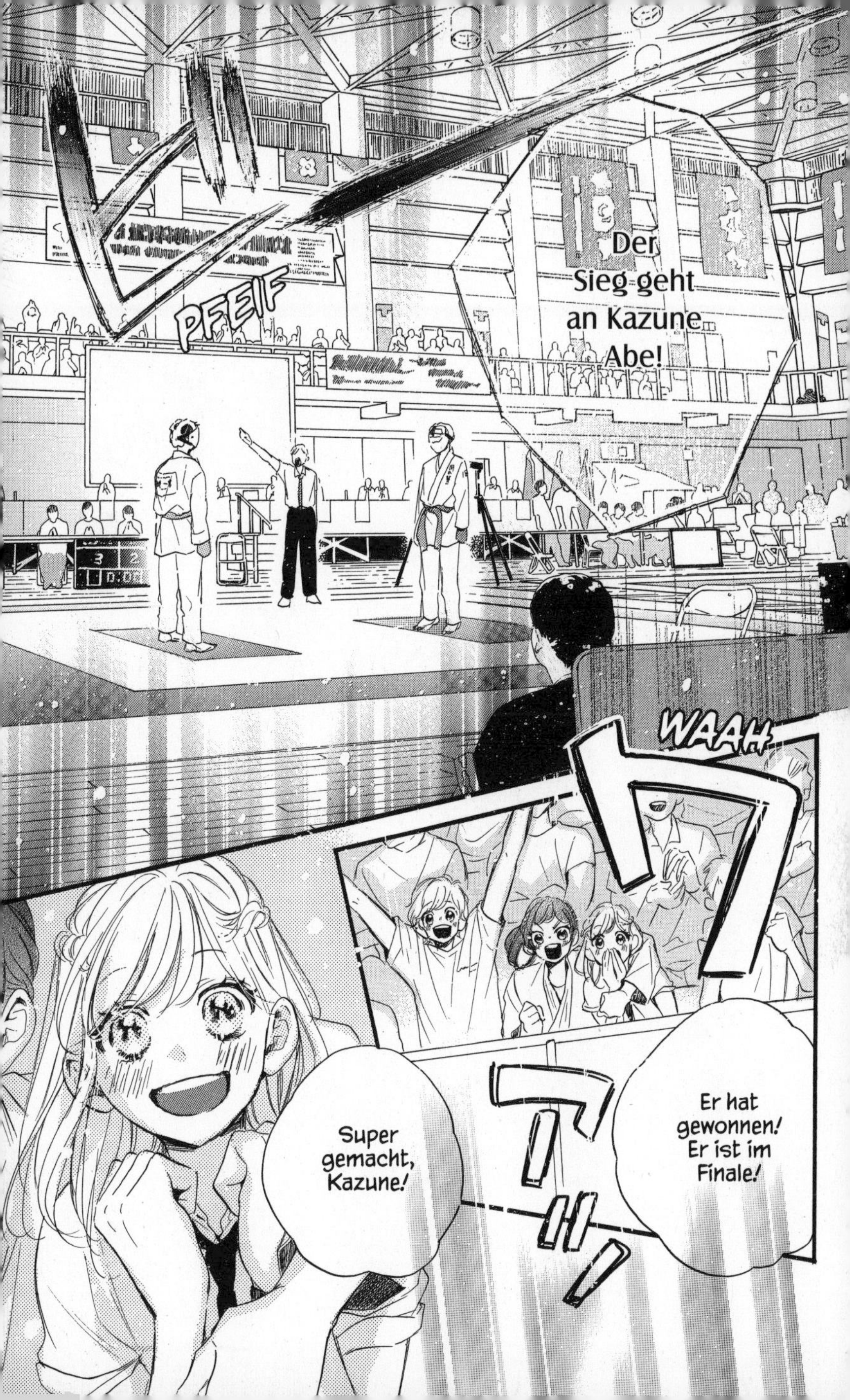
PFEIF
Der Sieg geht an Kazune Abe!
WAAH
Er hat gewonnen! Er ist im Finale!
Super gemacht, Kazune!

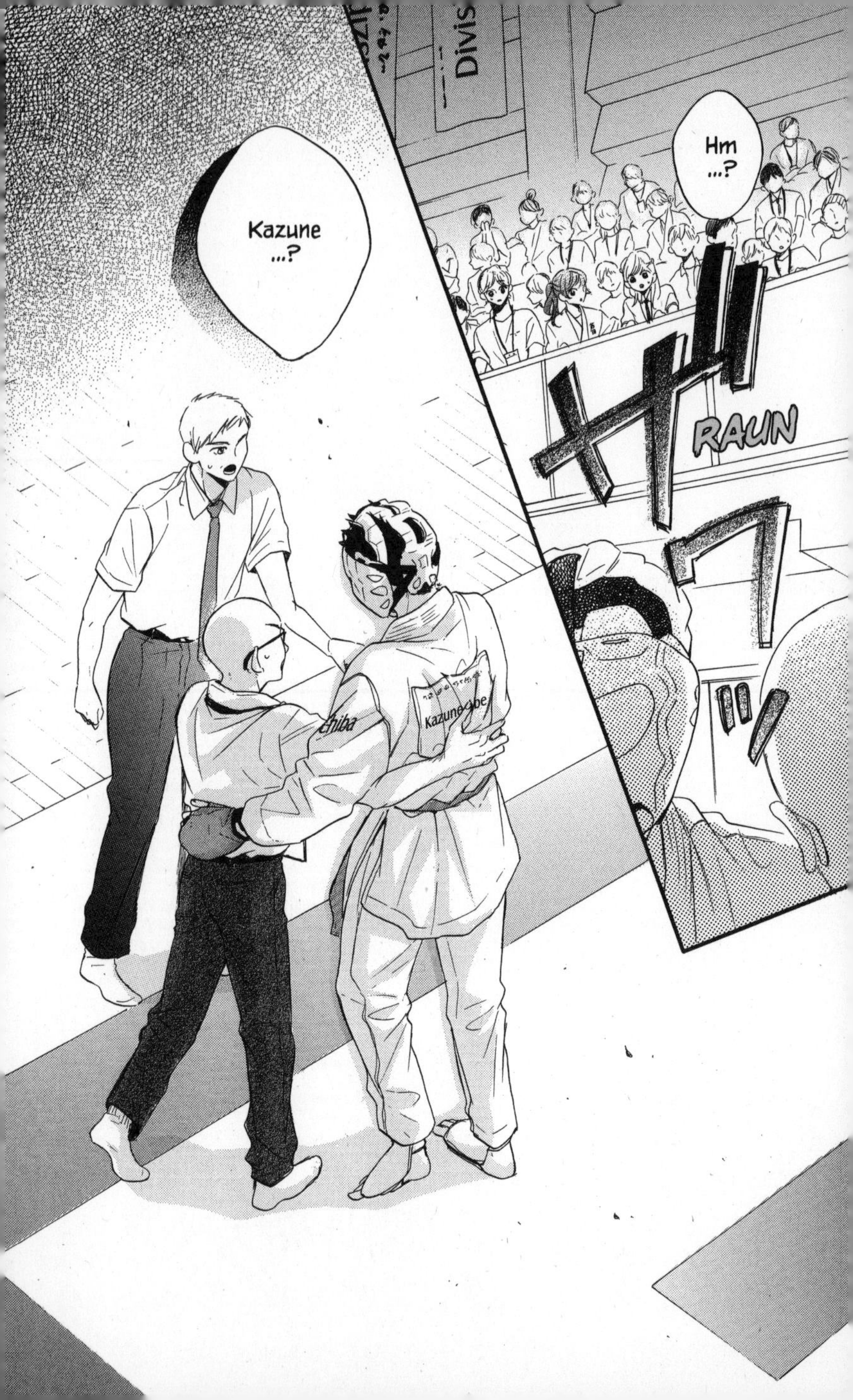
Hm ...?
RAUN
Kazune ...?
Chiba

Liebe ist kein Wettkampf

Liebe ist kein Wettkampf

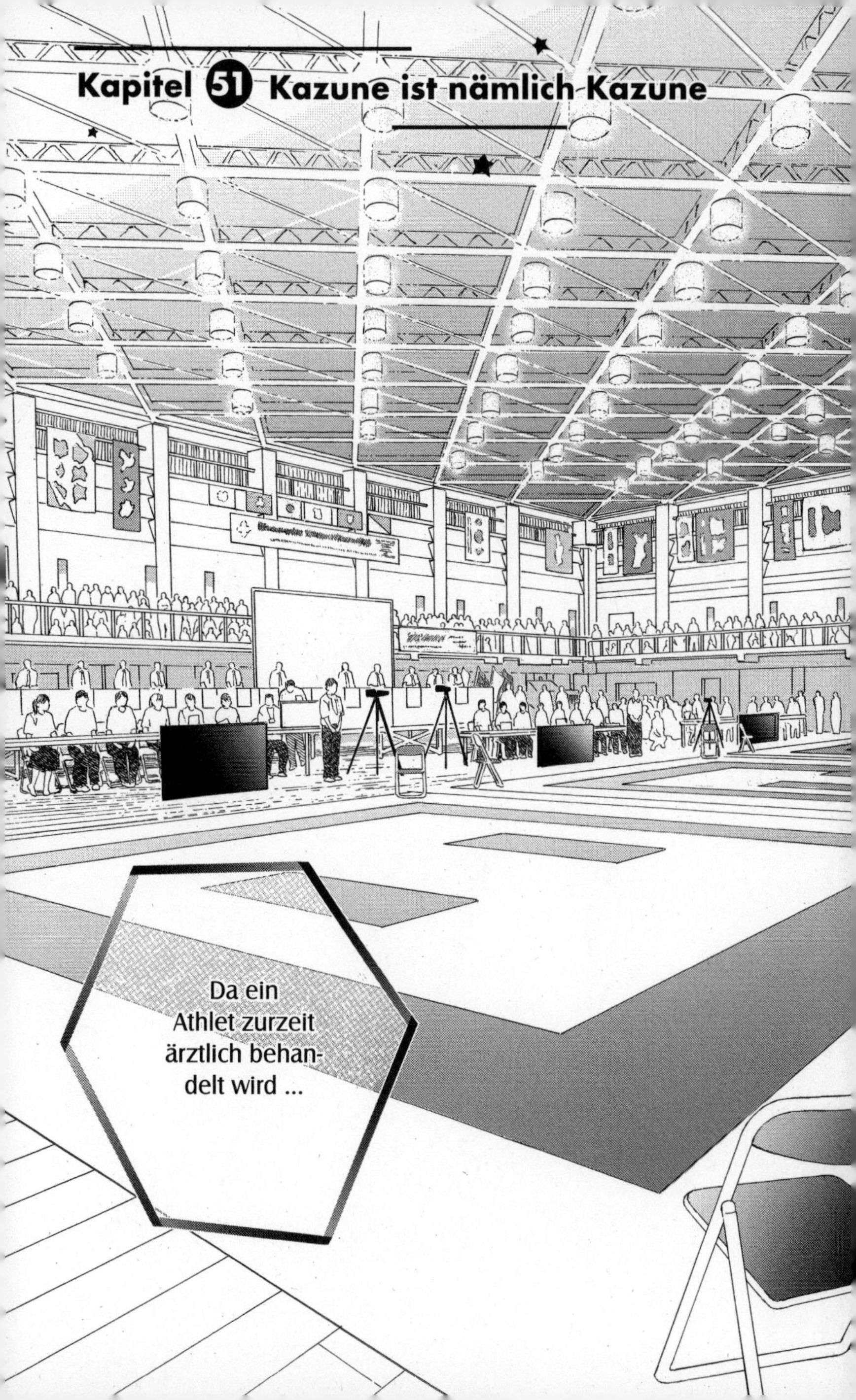
Kapitel 51 Kazune ist nämlich Kazune
Da ein Athlet zurzeit ärztlich behandelt wird ...

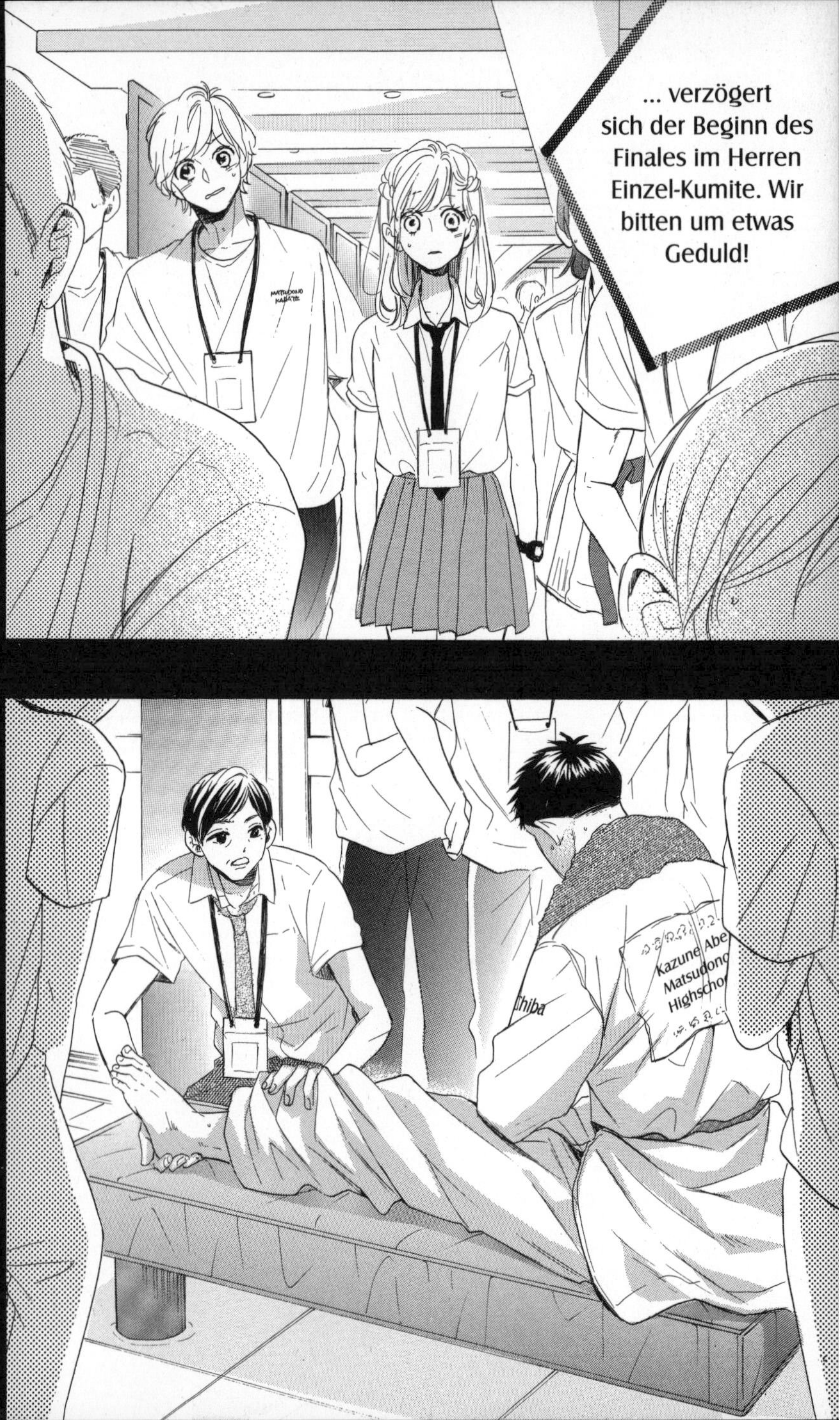
... verzögert sich der Beginn des Finales im Herren Einzel-Kumite. Wir bitten um etwas Geduld!
Kazune Abe

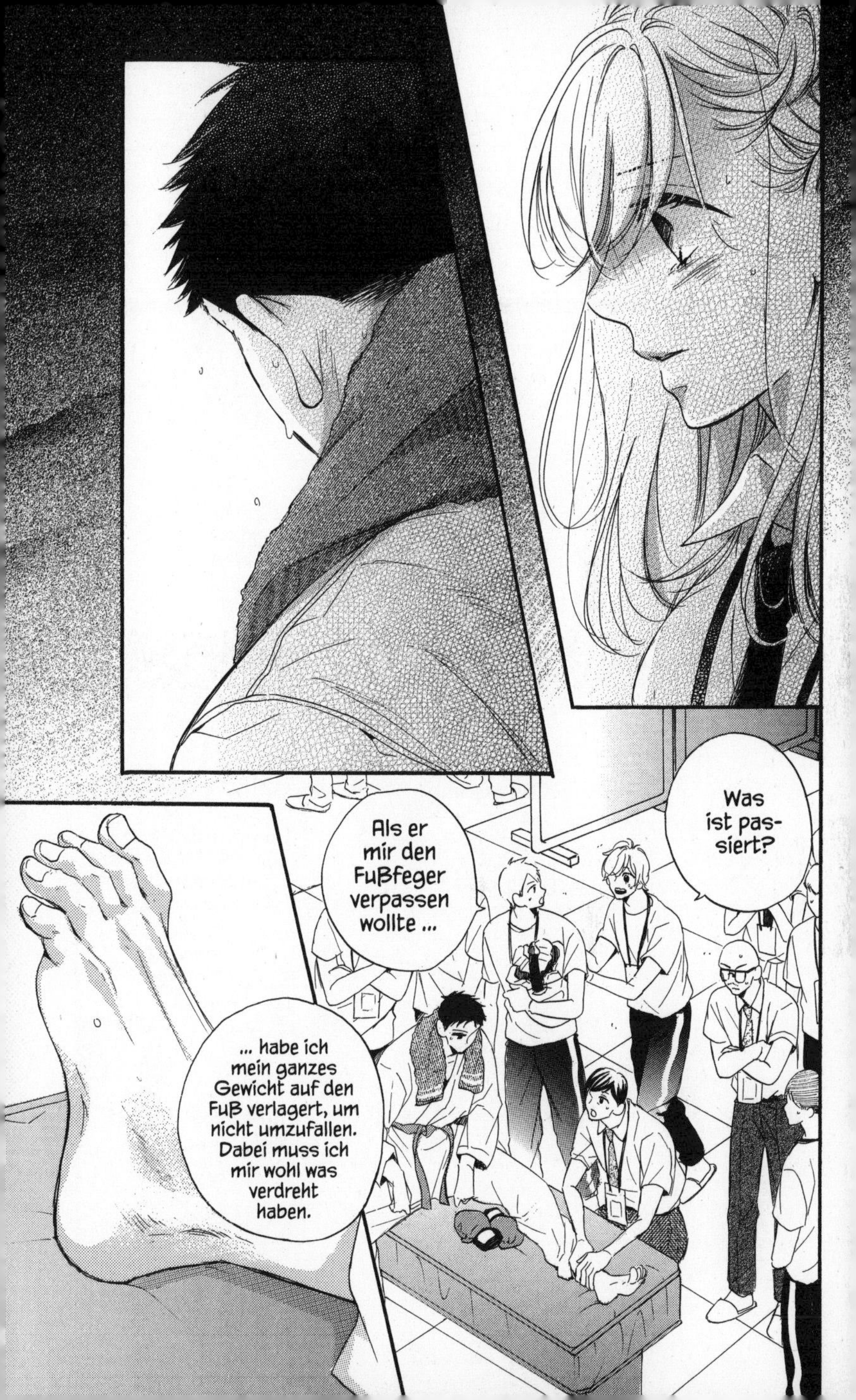
Was ist pas-siert?
Als er mir den Fußfeger verpassen wollte ...
... habe ich mein ganzes Gewicht auf den Fuß verlagert, um nicht umzufallen. Dabei muss ich mir wohl was verdreht haben.

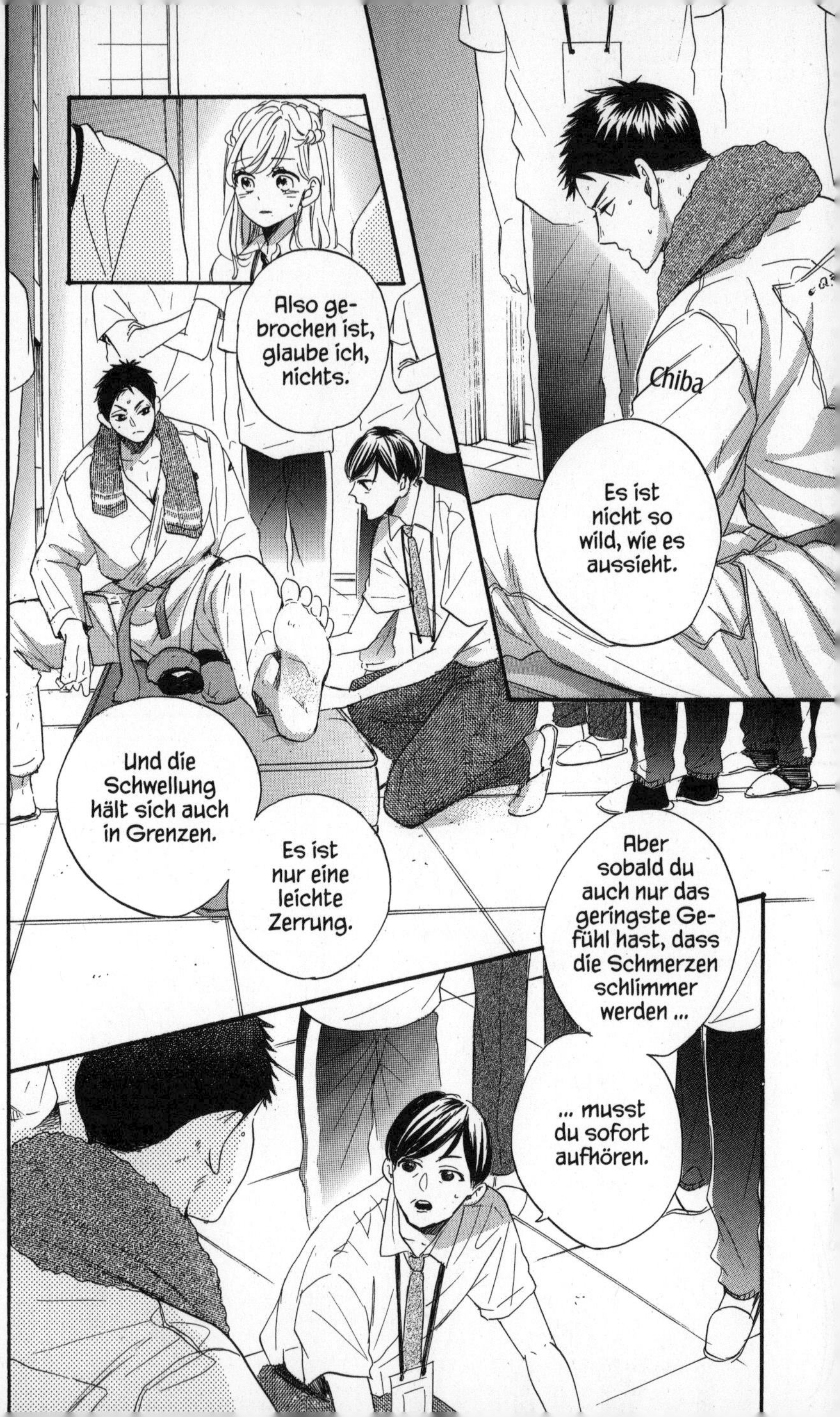
Chiba
Es ist nicht so wild, wie es aussieht.
Also gebrochen ist, glaube ich, nichts.
Und die Schwellung hält sich auch in Grenzen.
Es ist nur eine leichte Zerrung.
Aber sobald du auch nur das geringste Gefühl hast, dass die Schmerzen schlimmer werden ...
... musst du sofort aufhören.

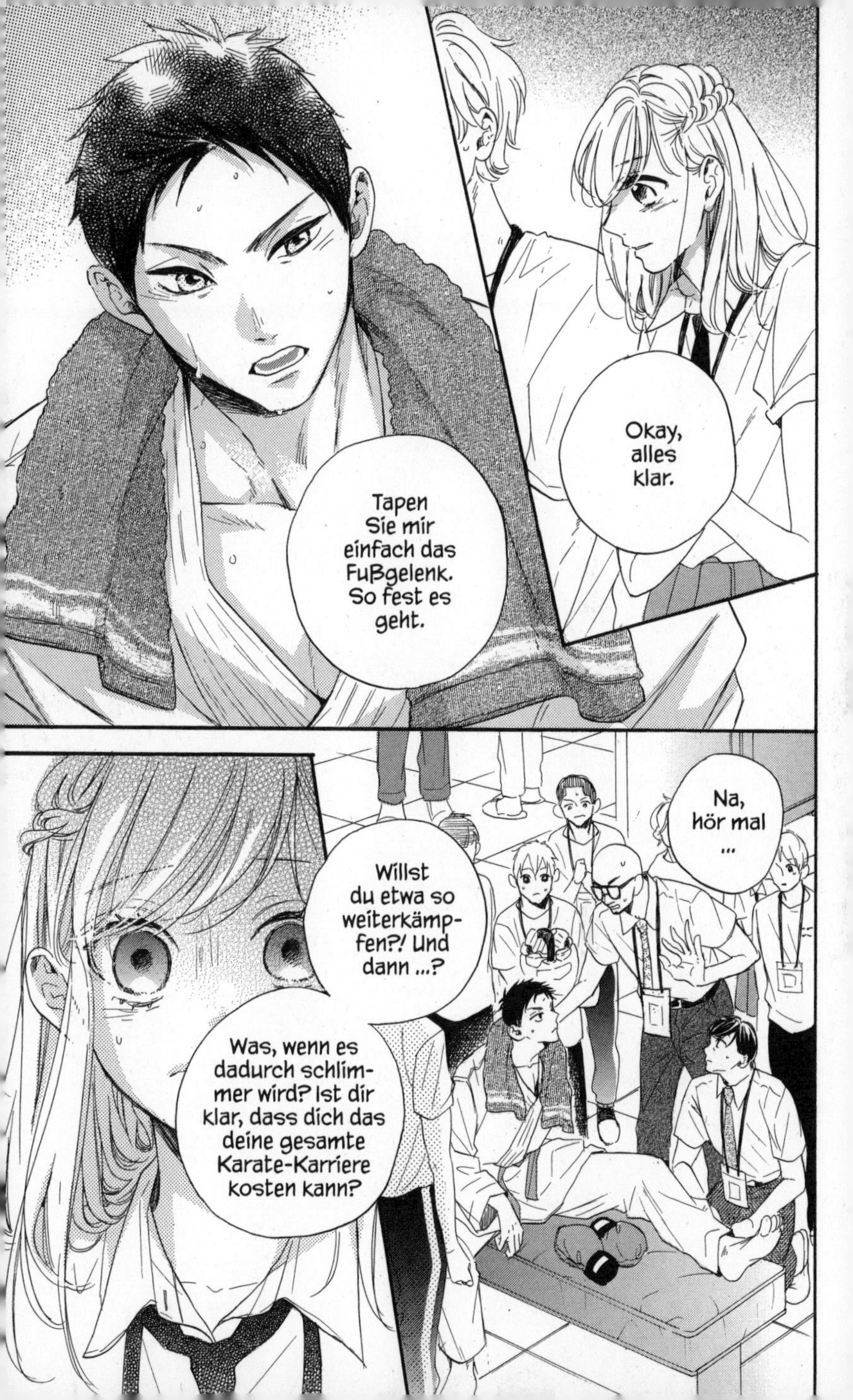
Tapen Sie mir einfach das Fußgelenk. So fest es geht.
Okay, alles klar.
Na, hör mal ...
Willst du etwa so weiterkämpfen?! Und dann ...?
Was, wenn es dadurch schlimmer wird? Ist dir klar, dass dich das deine gesamte Karate-Karriere kosten kann?

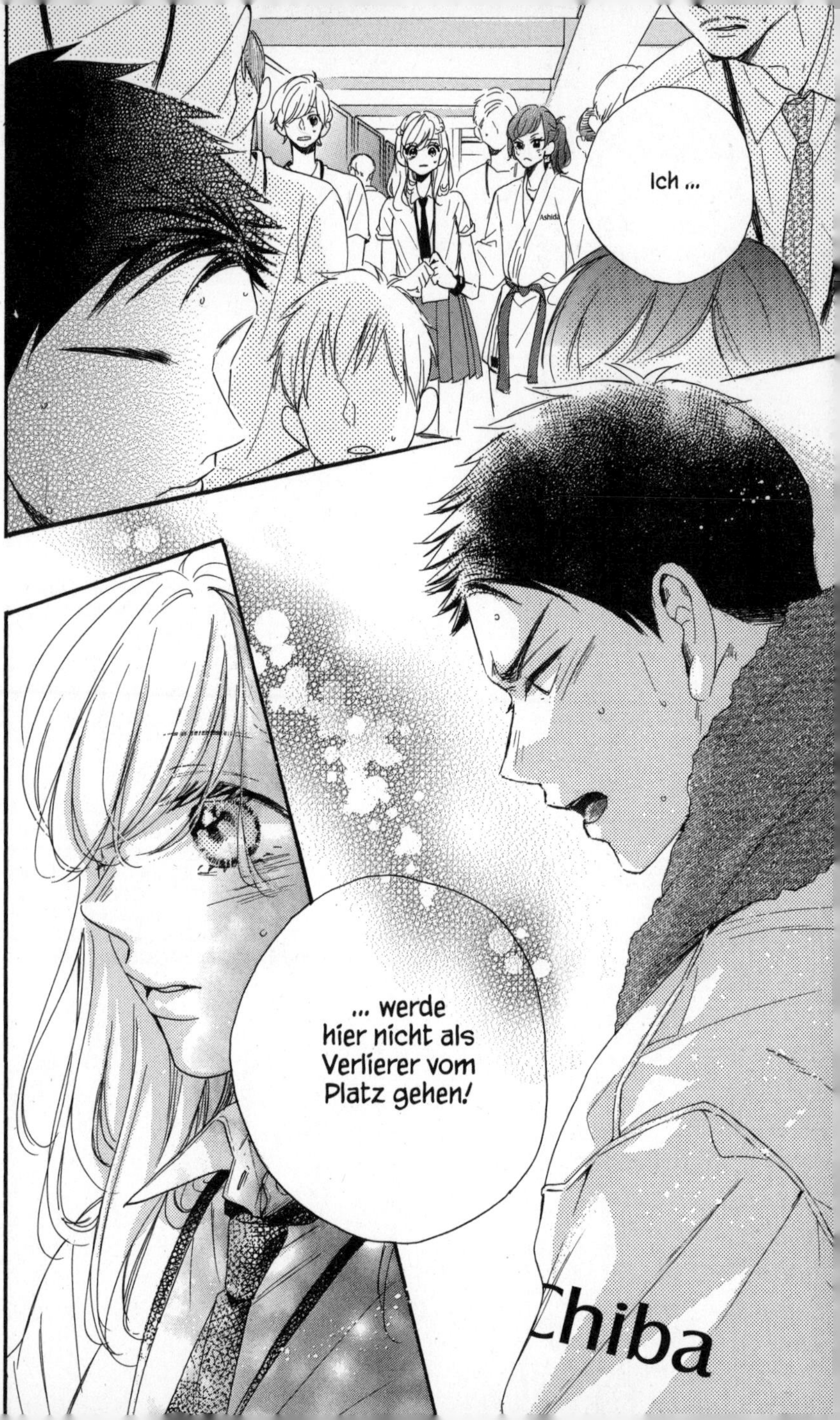
Ich ...
Ashida
... werde hier nicht als Verlierer vom Platz gehen!
Chiba

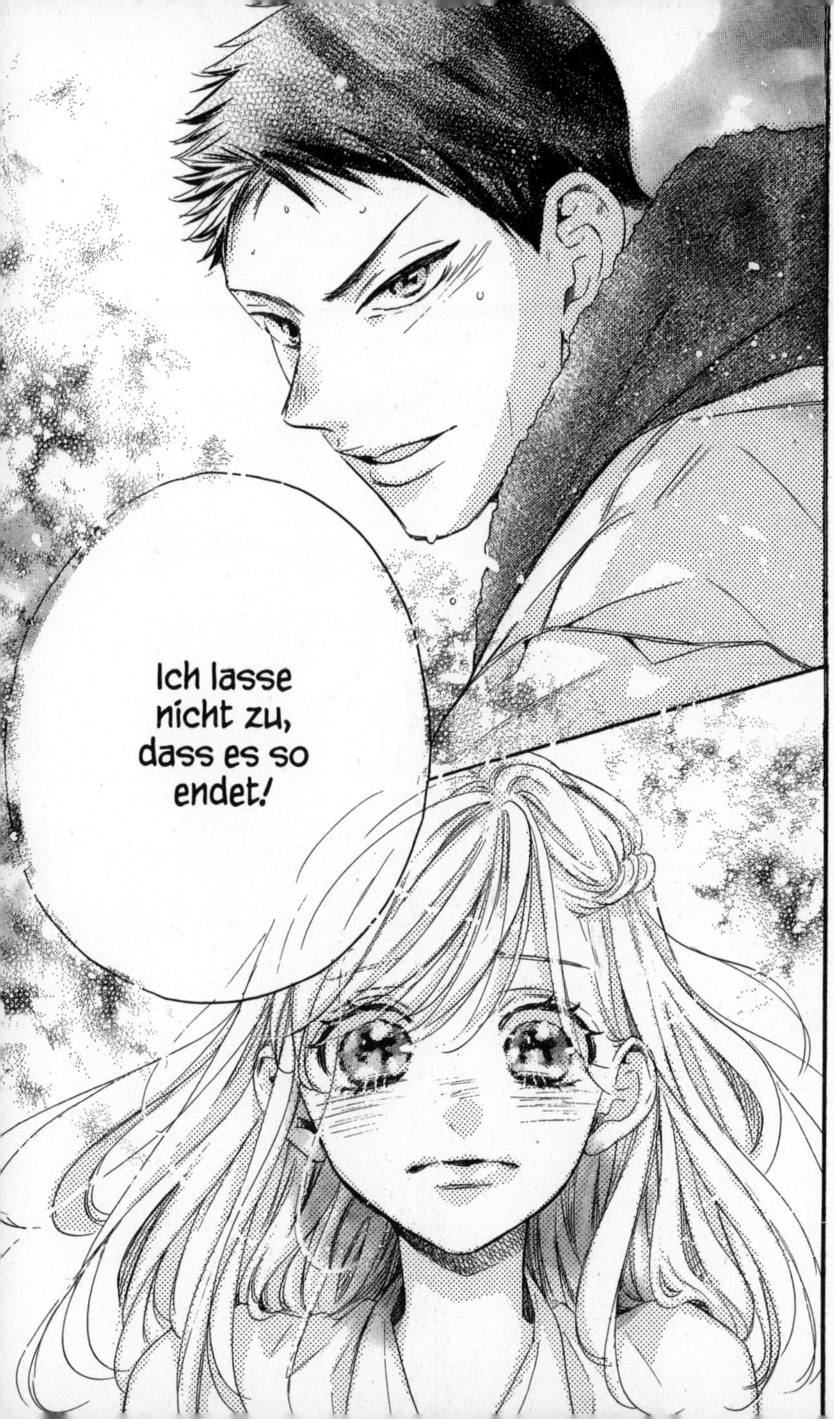
Ich lasse nicht zu, dass es so endet!

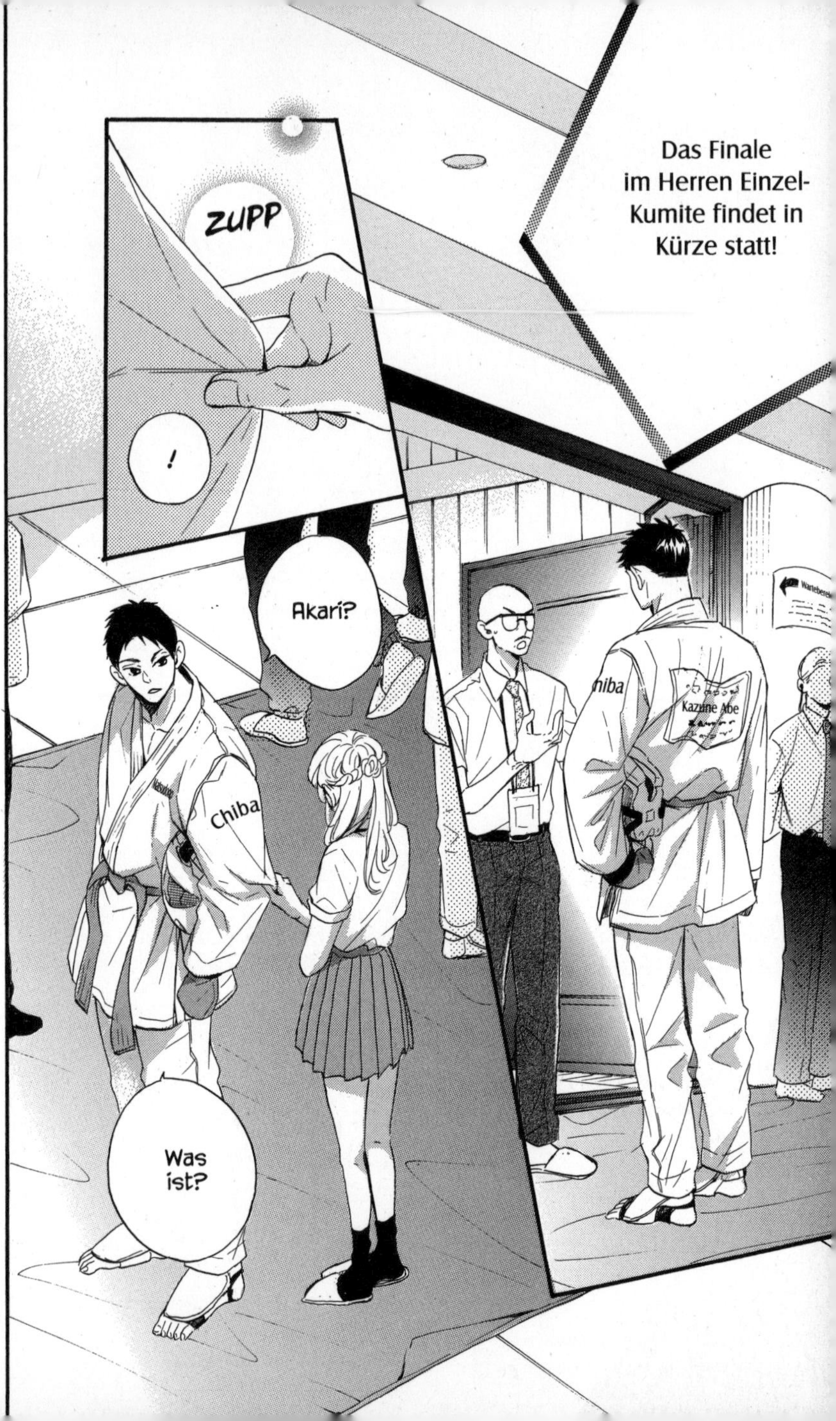
Das Finale
im Herren Einzel-
Kumite findet in
Kürze statt!
ZUPP
!
Akari?
Was
ist?

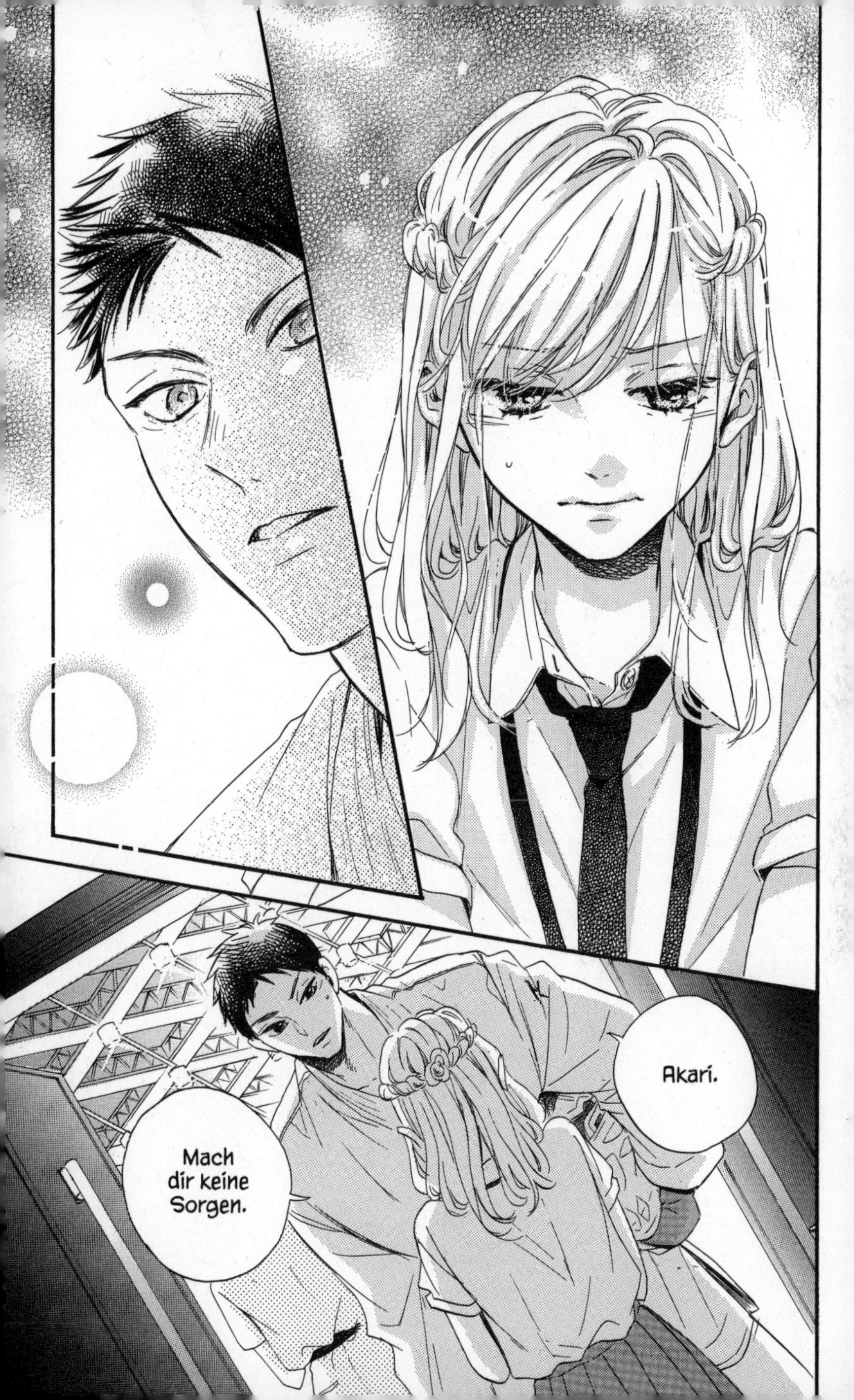
Akari.
Mach dir keine Sorgen.

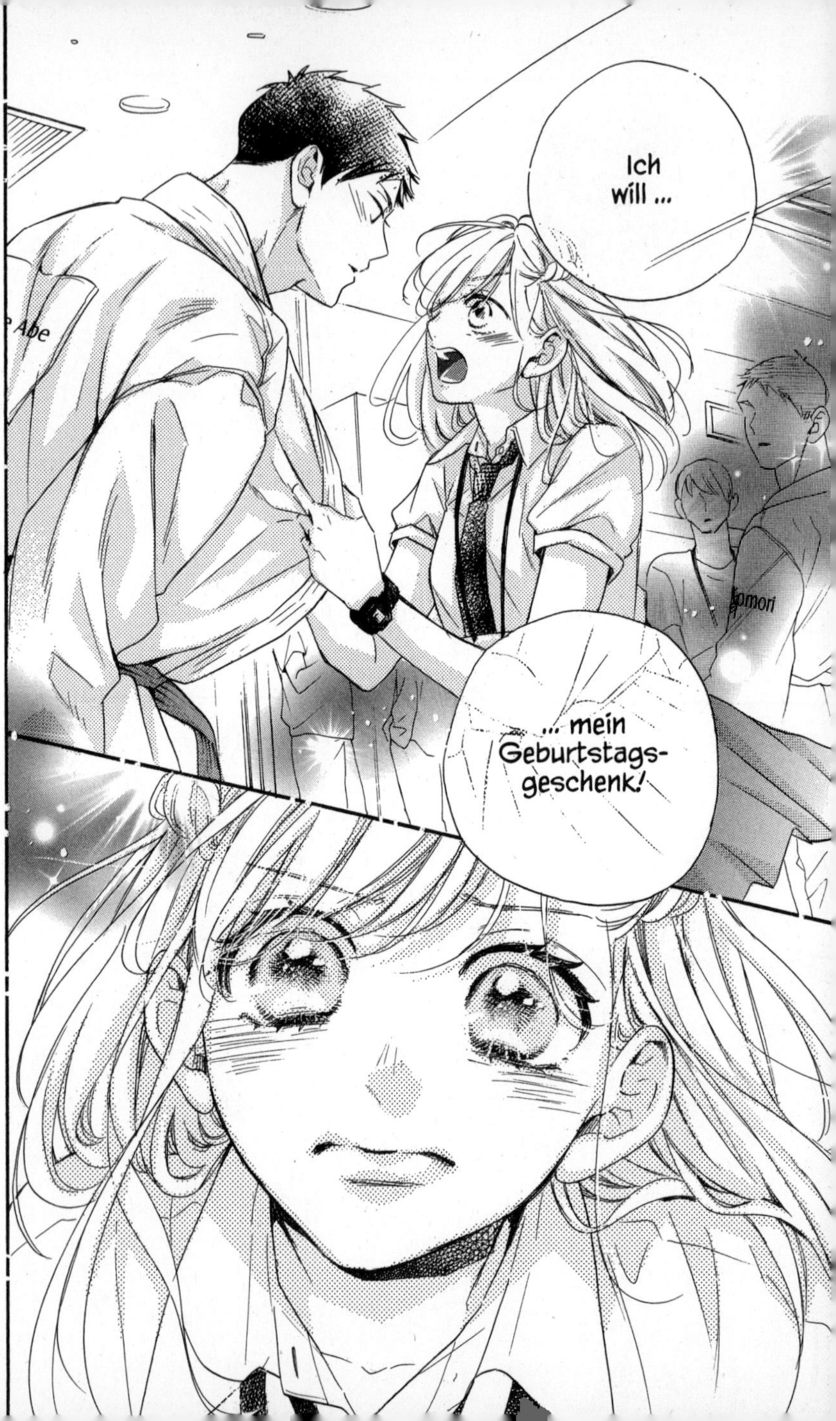
Ich will ...
... mein Geburtstags-geschenk!

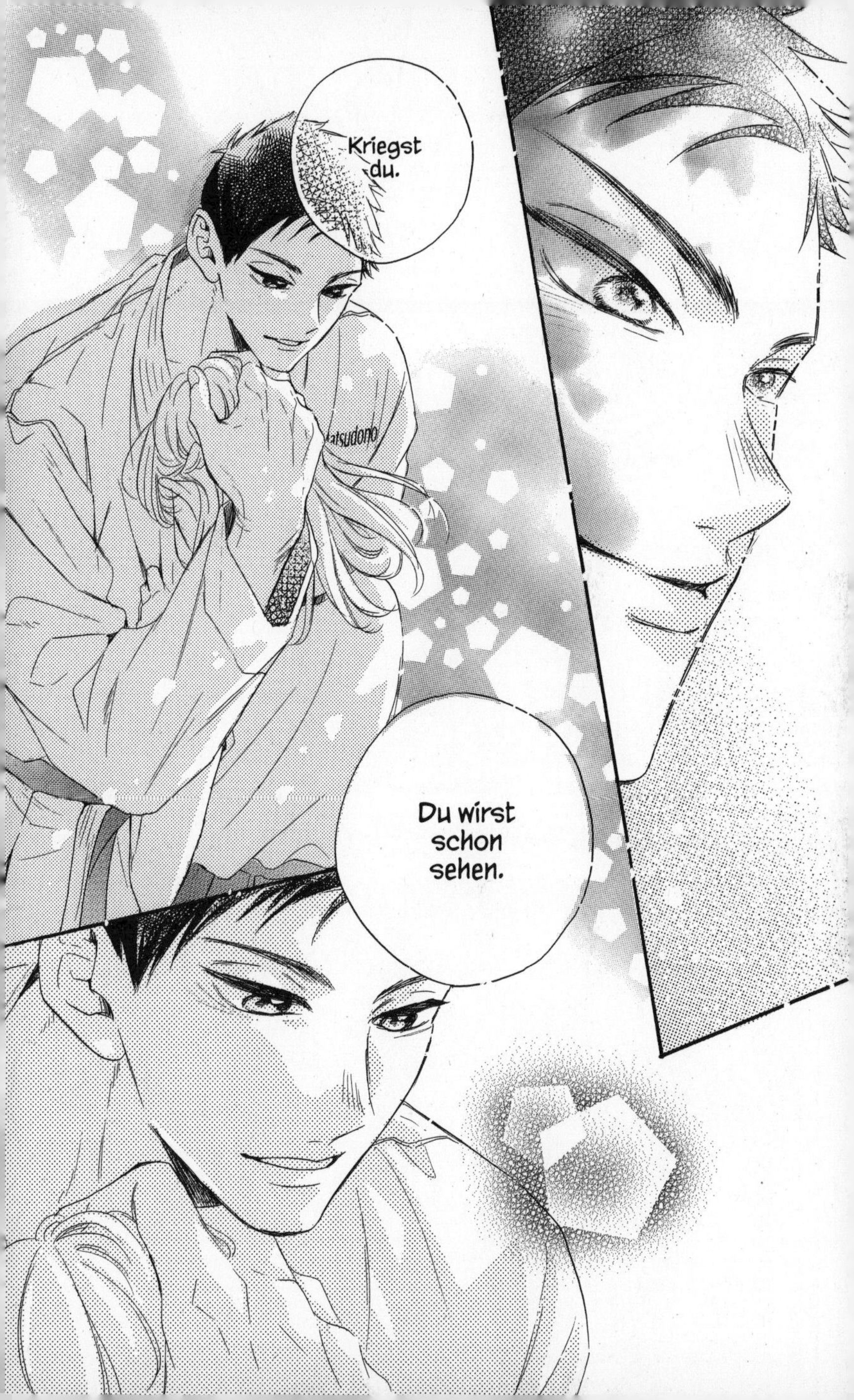
Kriegst du.
Du wirst schon sehen.

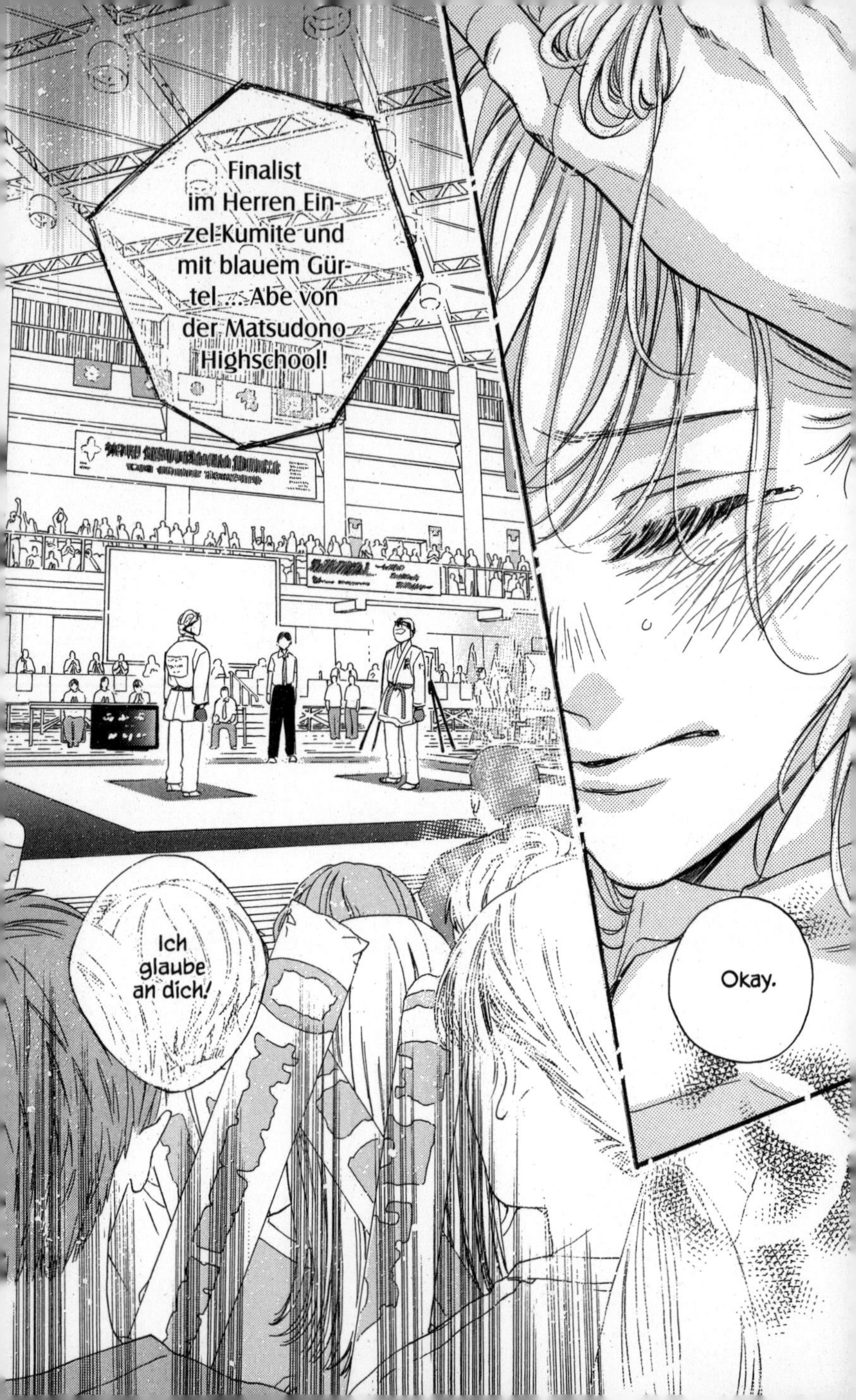
Finalist im Herren Einzel-Kumite und mit blauem Gürtel ... Abe von der Matsudono Highschool!
Okay.
Ich glaube an dich!

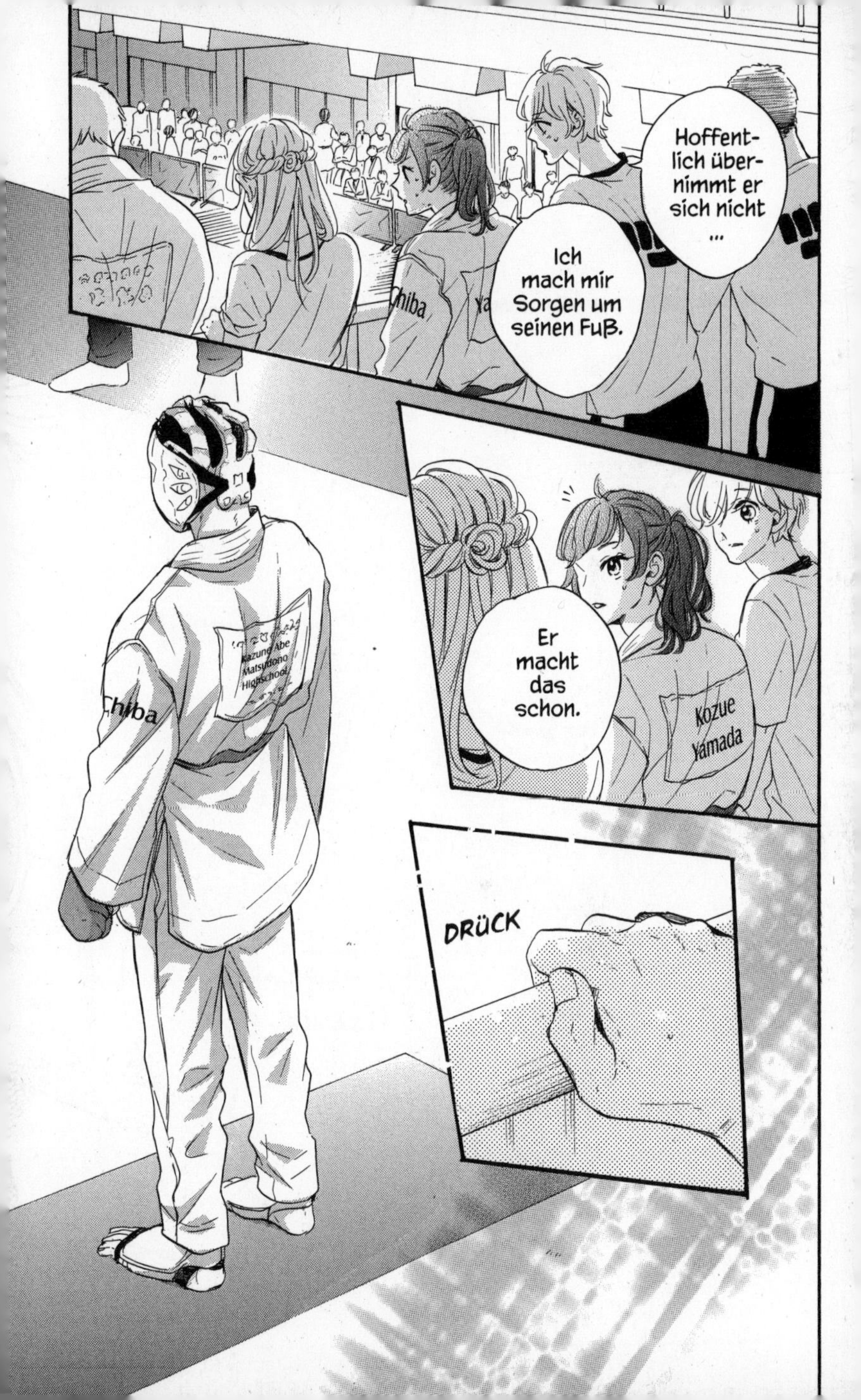
Hoffentlich übernimmt er sich nicht ...
Ich mach mir Sorgen um seinen Fuß.
Chiba
Er macht das schon.
Kozue Yamada
Chiba
DRÜCK

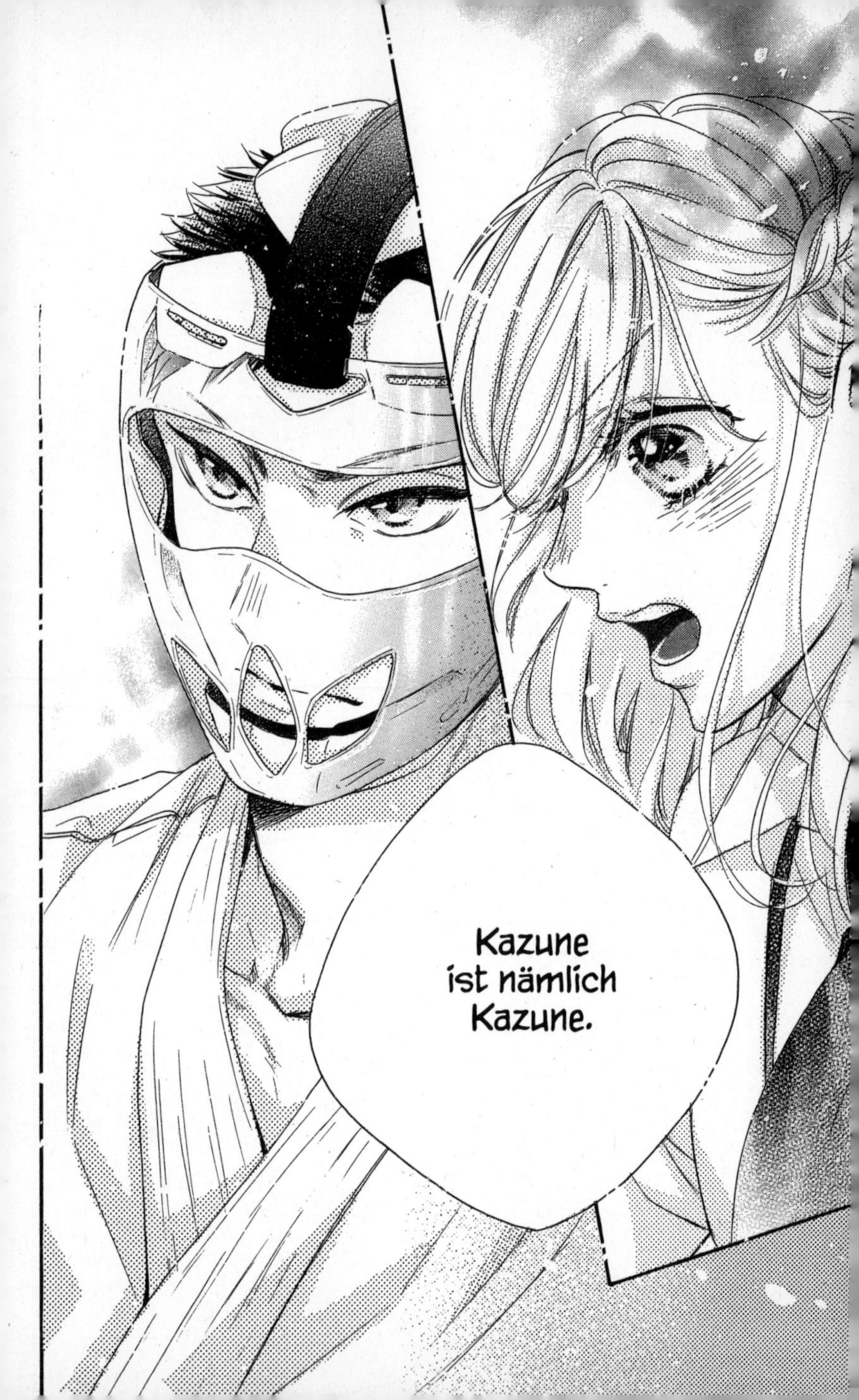
Kazune ist nämlich Kazune.

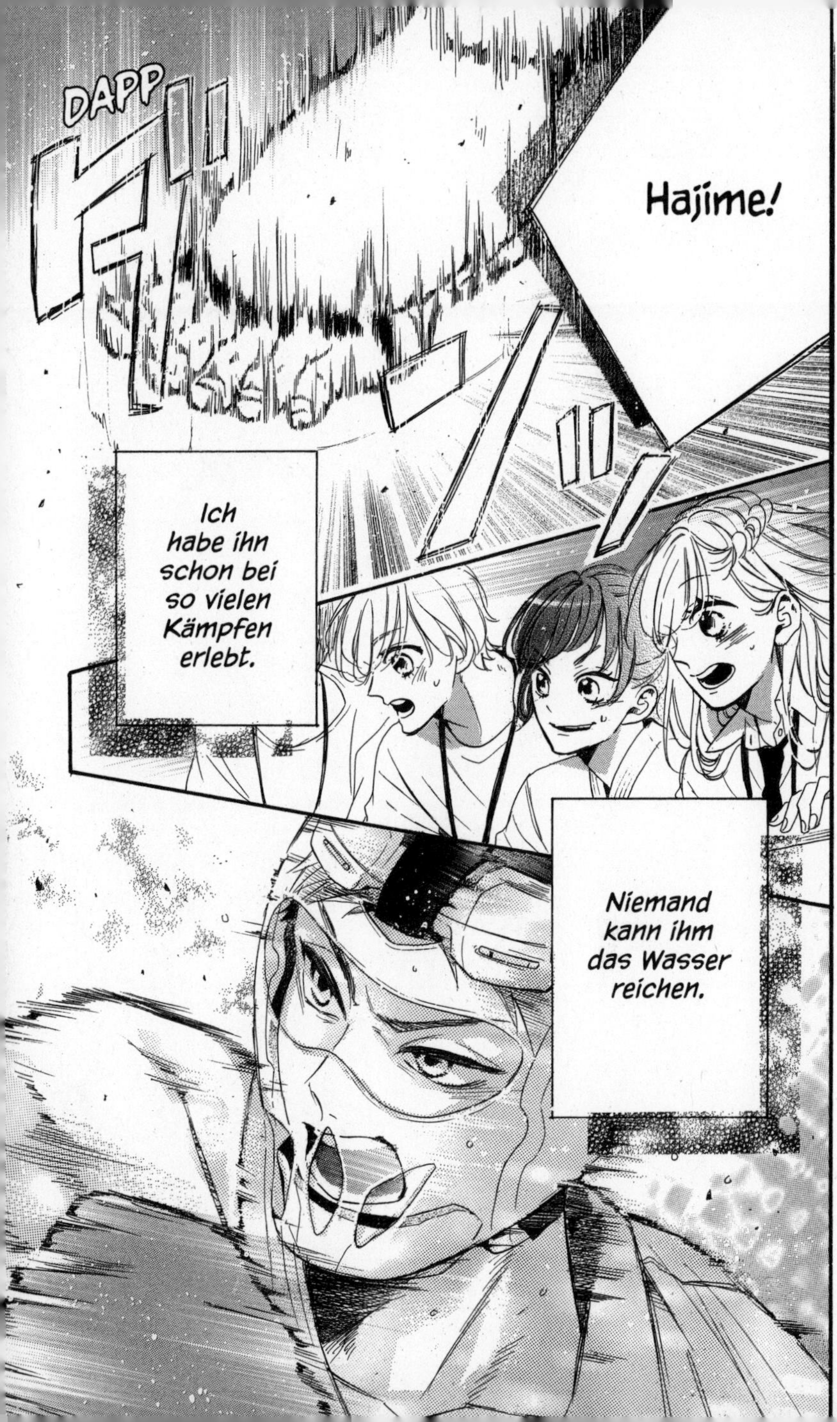
Hajime!
DAPP
Ich habe ihn schon bei so vielen Kämpfen erlebt.
Niemand kann ihm das Wasser reichen.

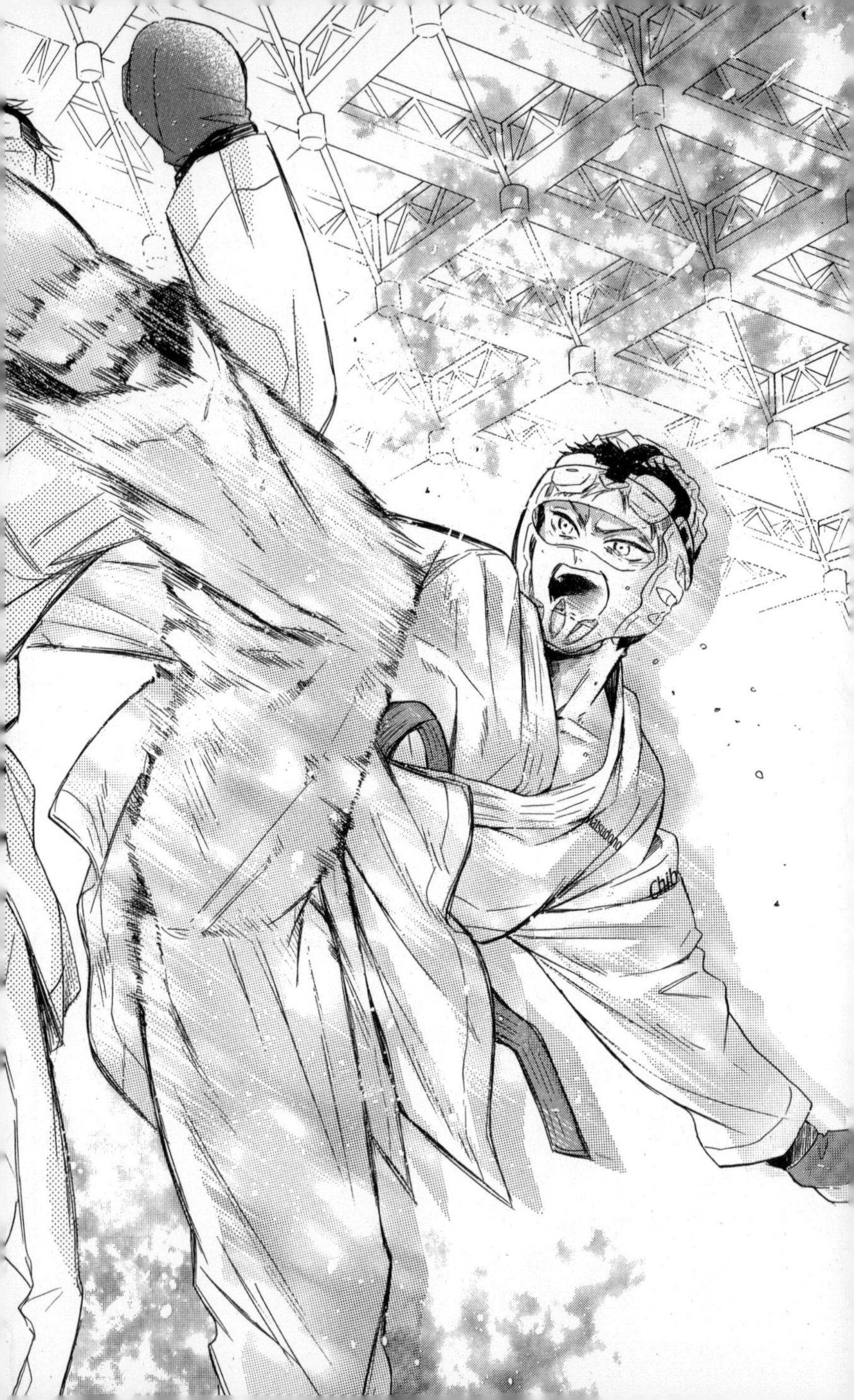

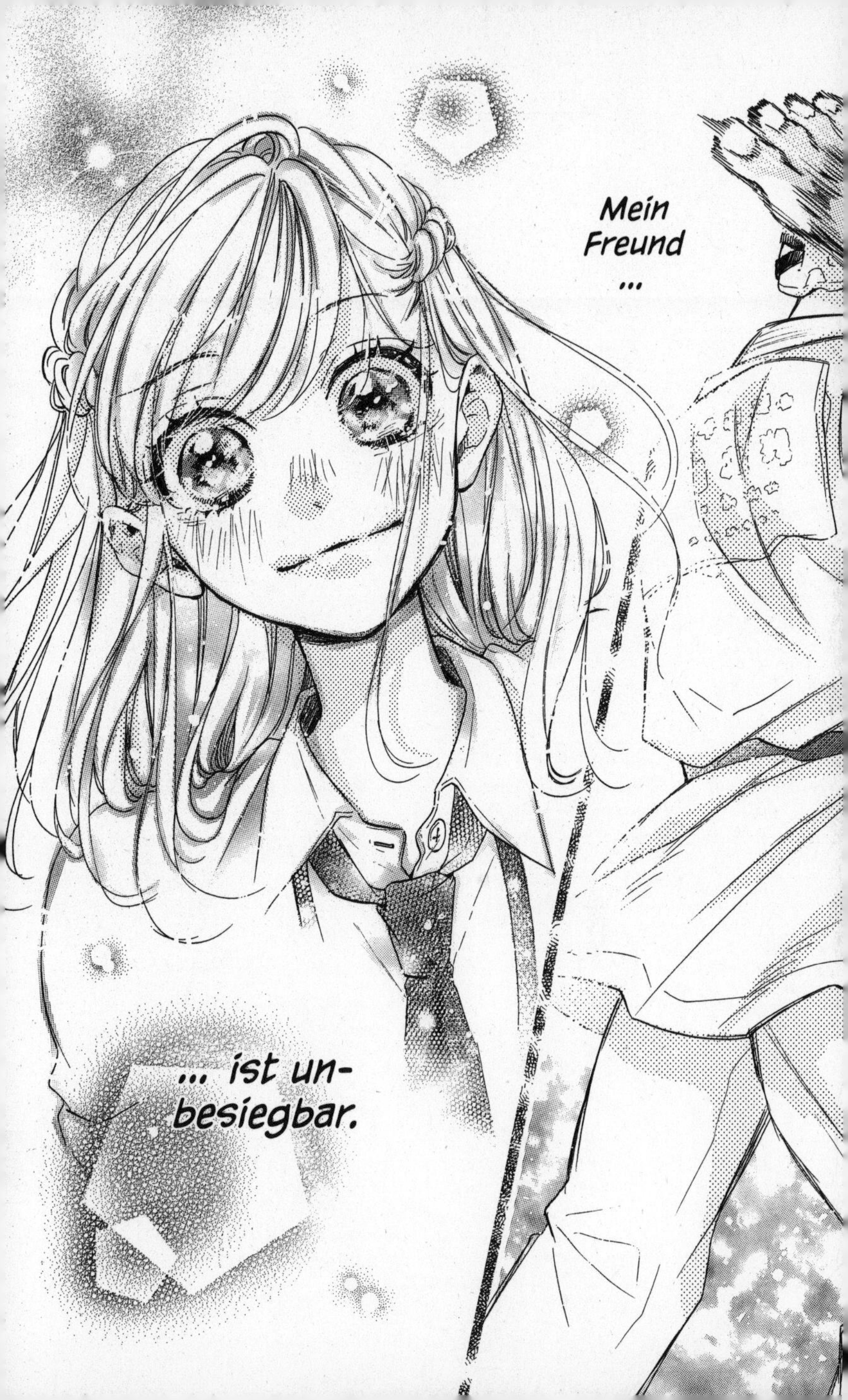
Mein Freund ...
... ist unbesiegbar.

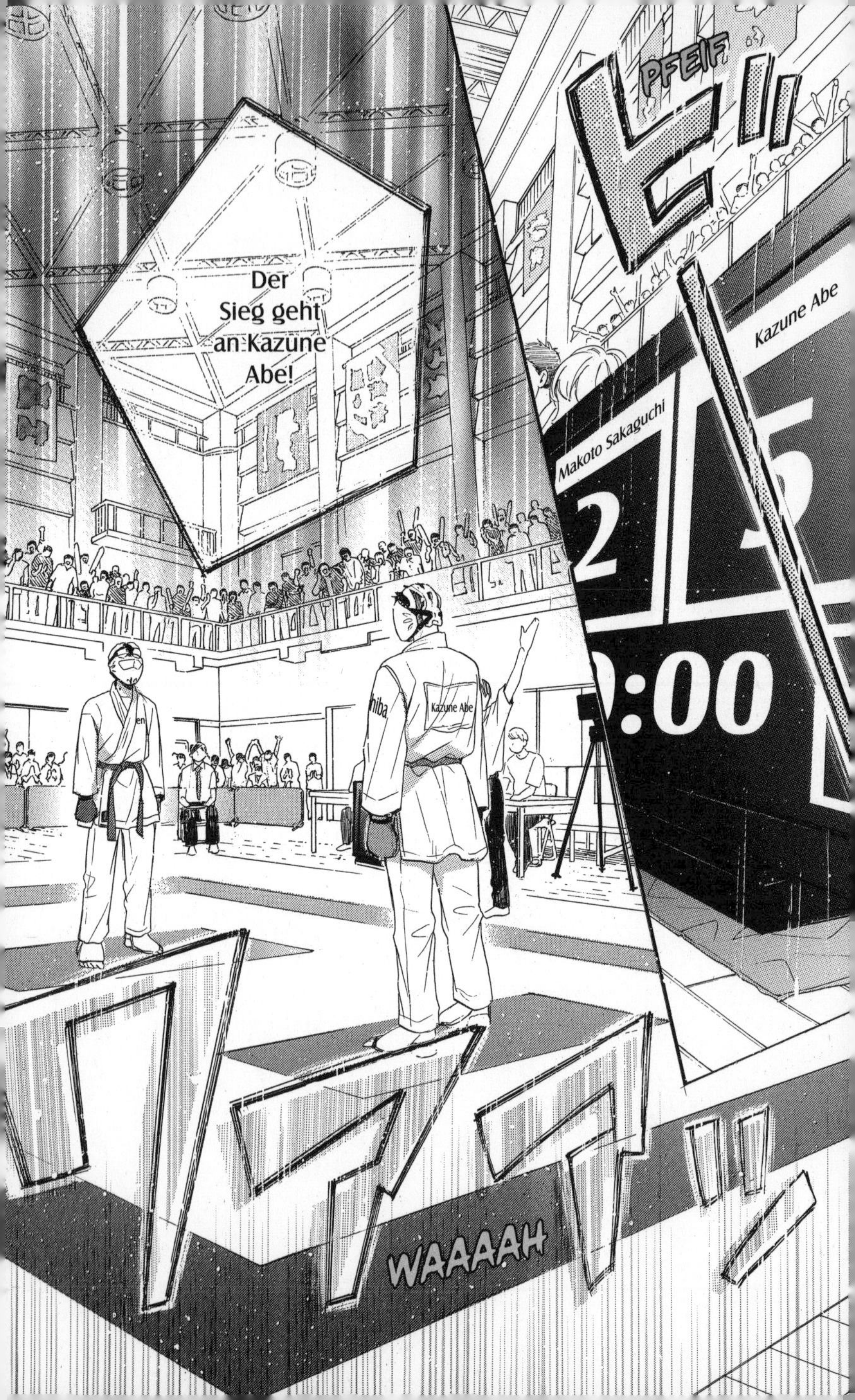
PFEIF
Kazune Abe
Makoto Sakaguchi
2
Der Sieg geht an Kazune Abe!
Kazune Abe
WAAAAH

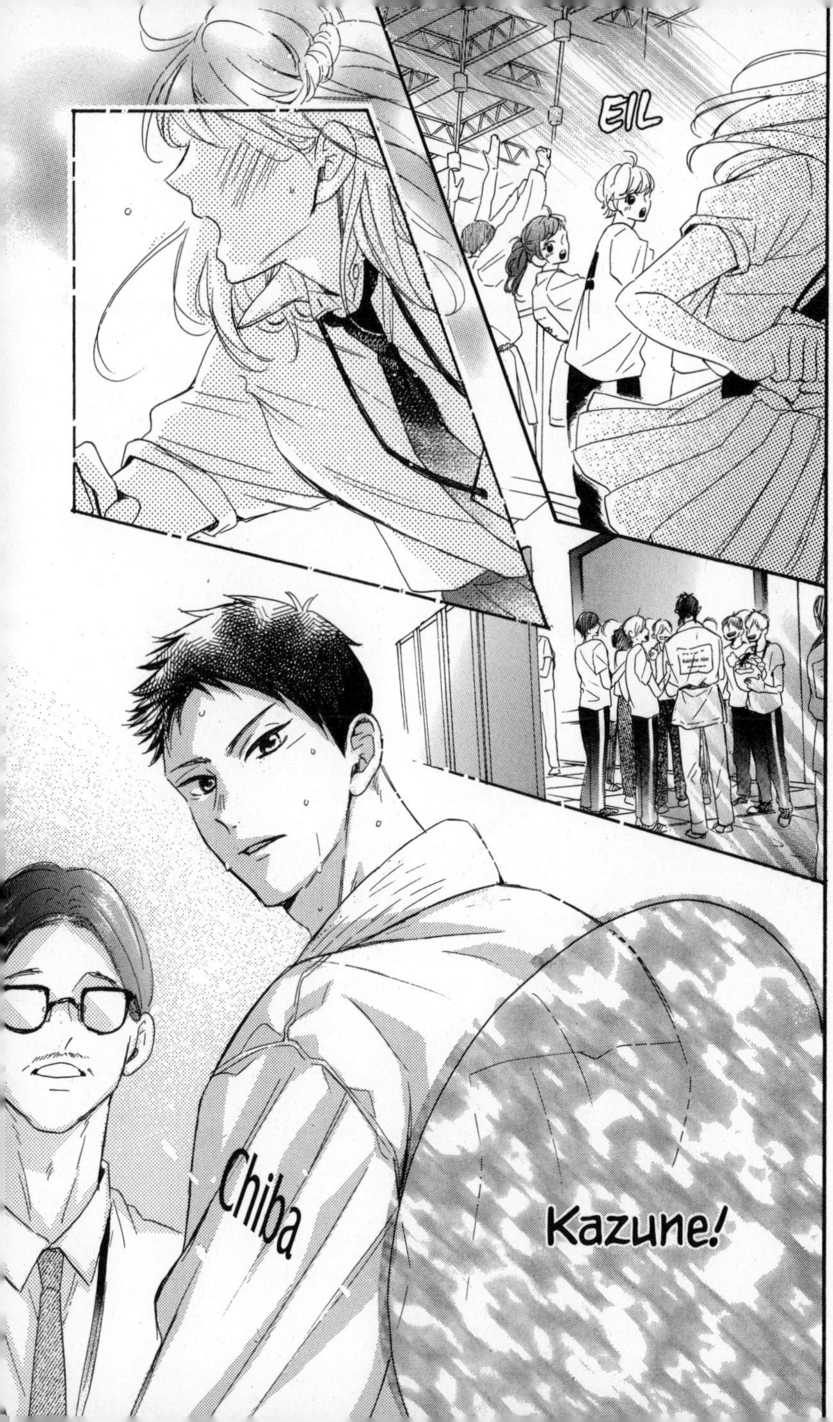
EIL
Kazune!
Chiba

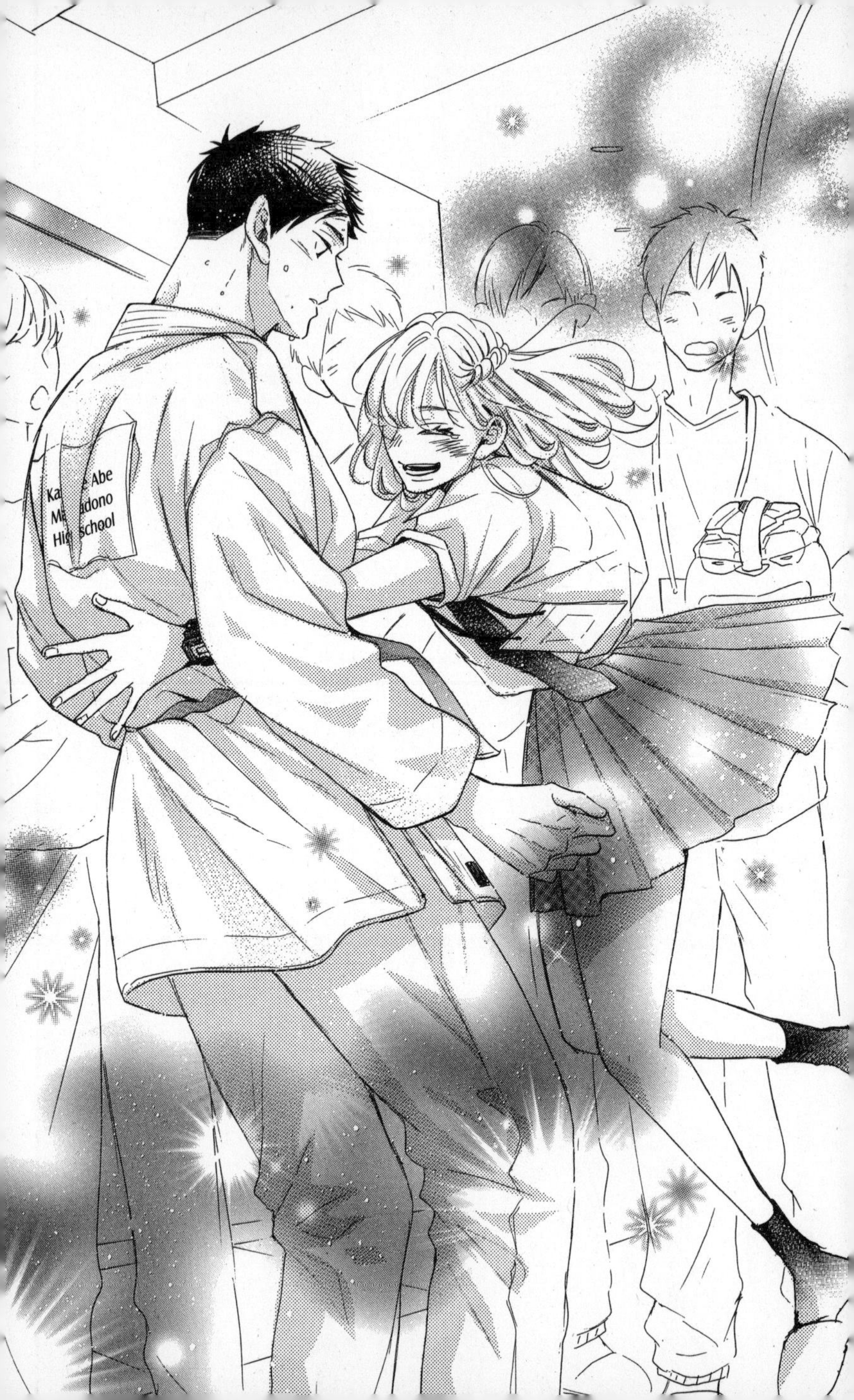
Abe
School

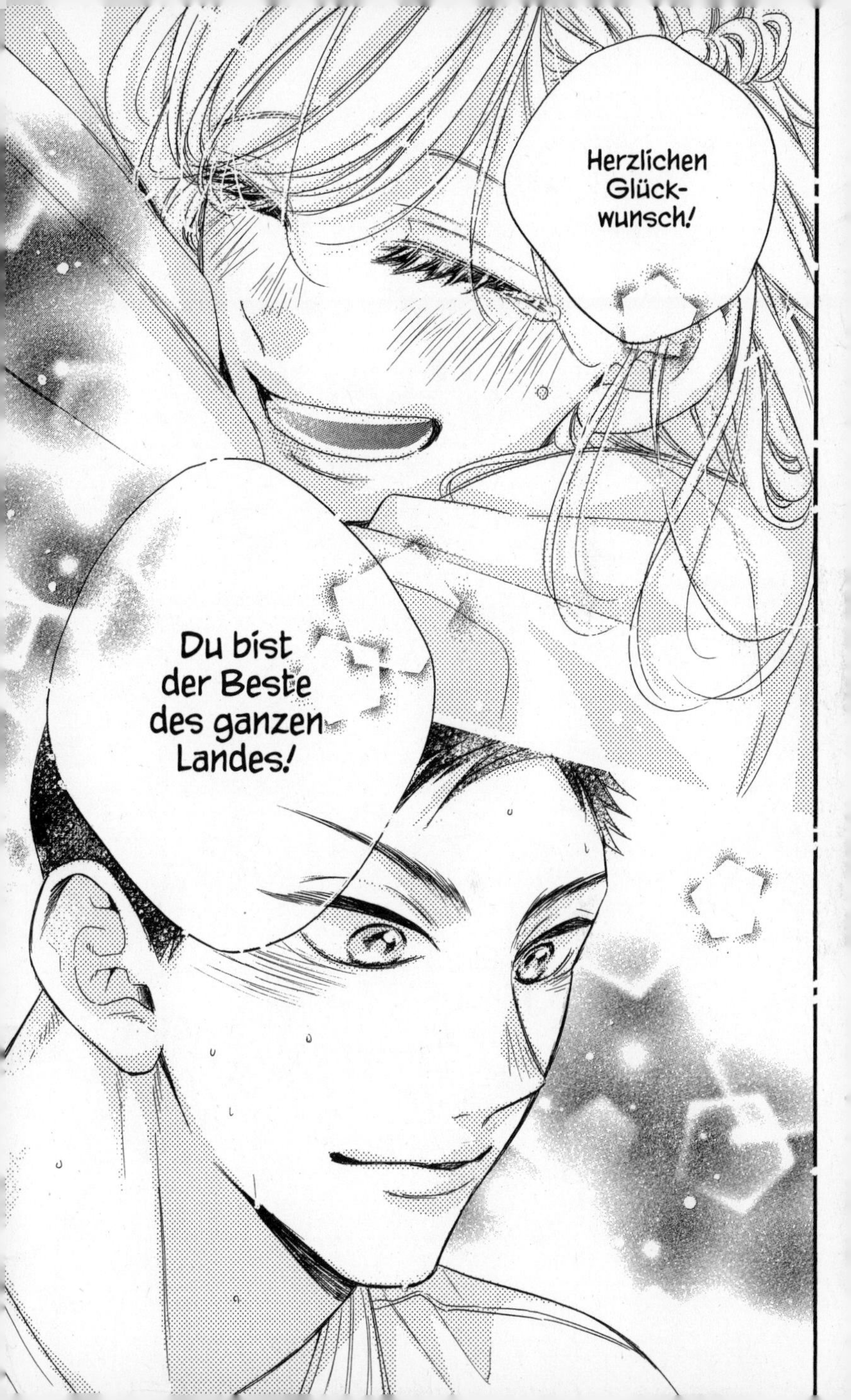
Herzlichen Glück-wunsch!
Du bist der Beste des ganzen Landes!

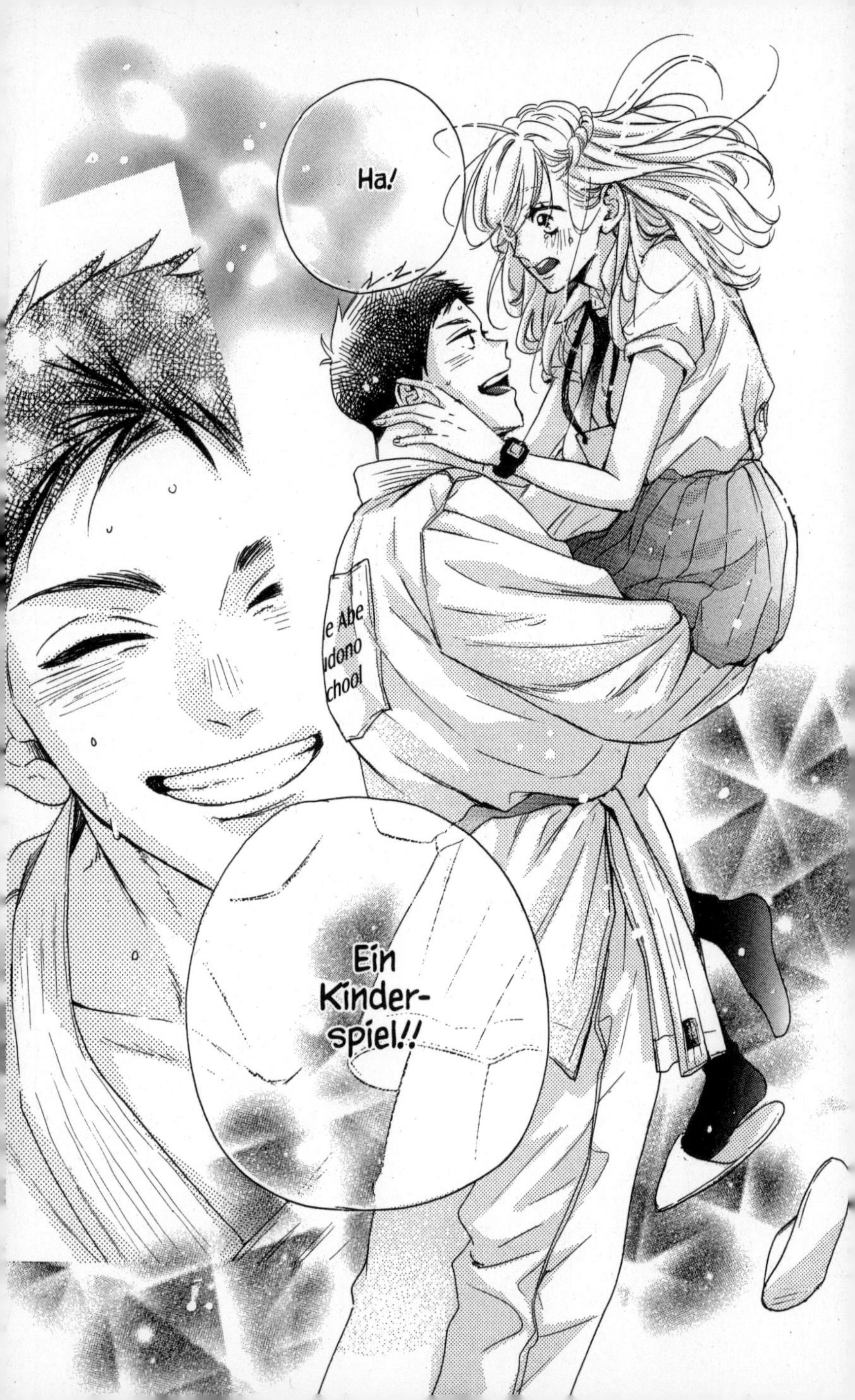
Ha!
Ein Kinder-spiel!!

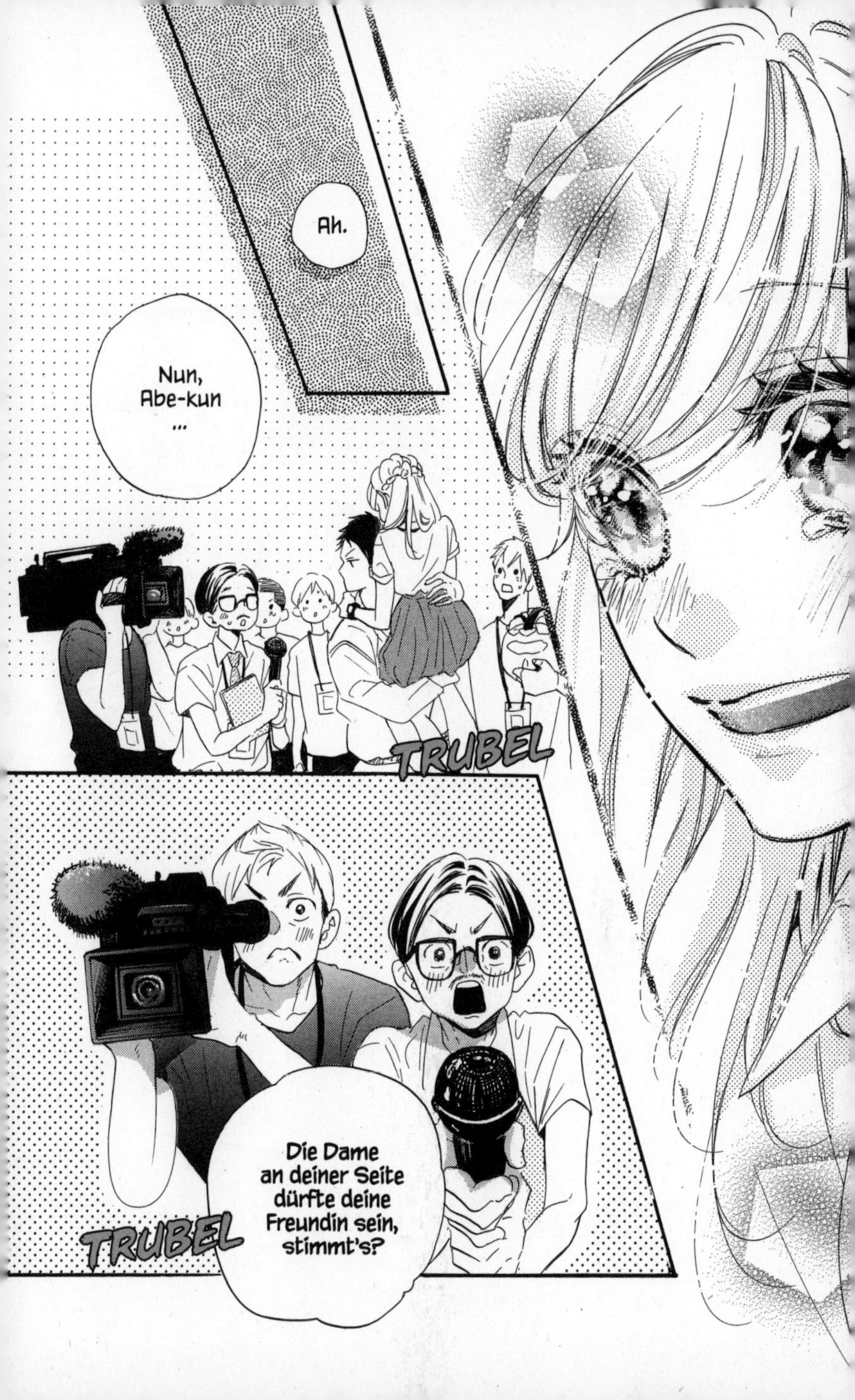

Ah.
Nun, Abe-kun ...
TRUBEL
TRUBEL
Die Dame an deiner Seite dürfte deine Freundin sein, stimmt's?

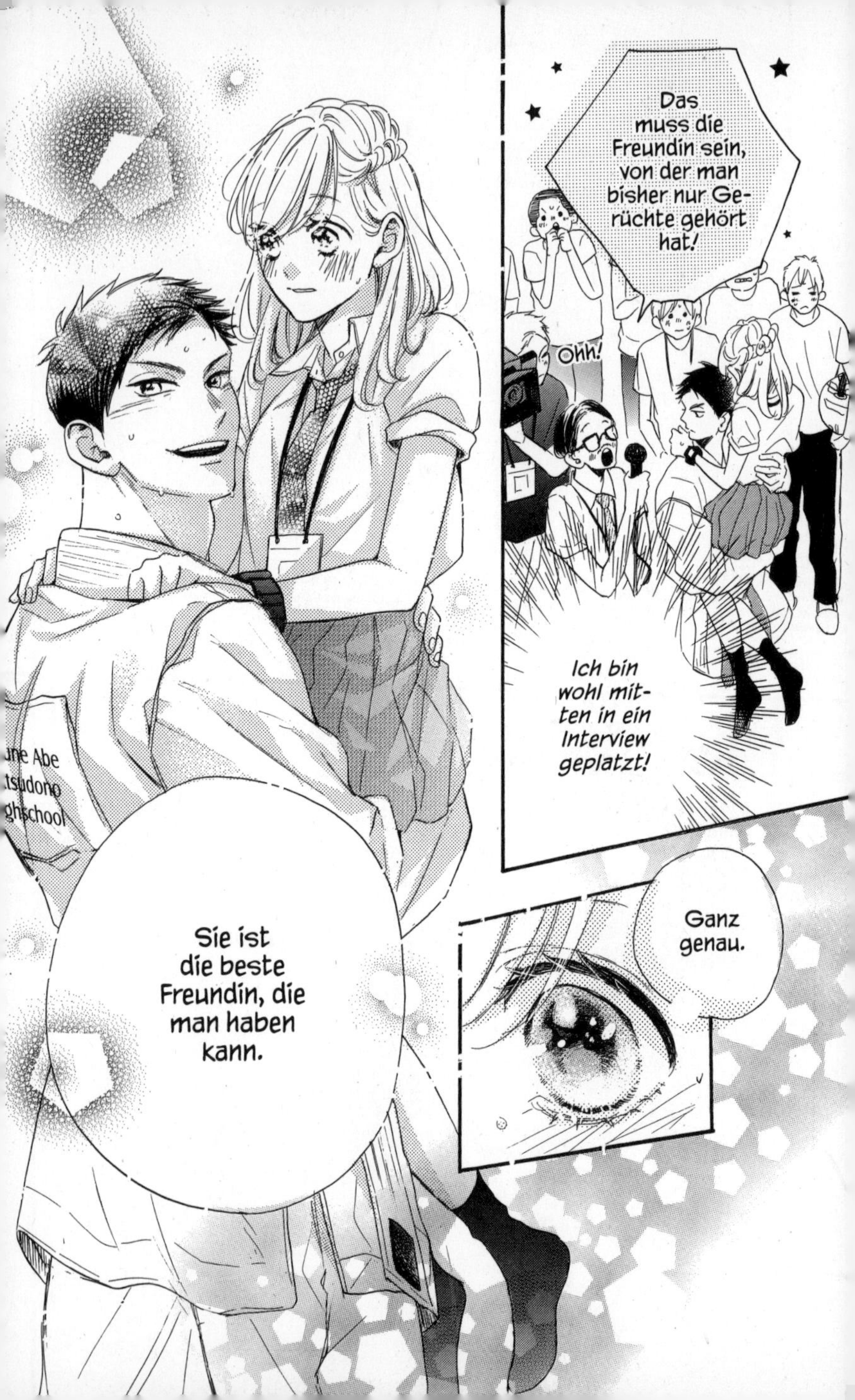
Das muss die Freundin sein, von der man bisher nur Gerüchte gehört hat!
Ohh!
Ich bin wohl mitten in ein Interview geplatzt!
Ganz genau.
Sie ist die beste Freundin, die man haben kann.

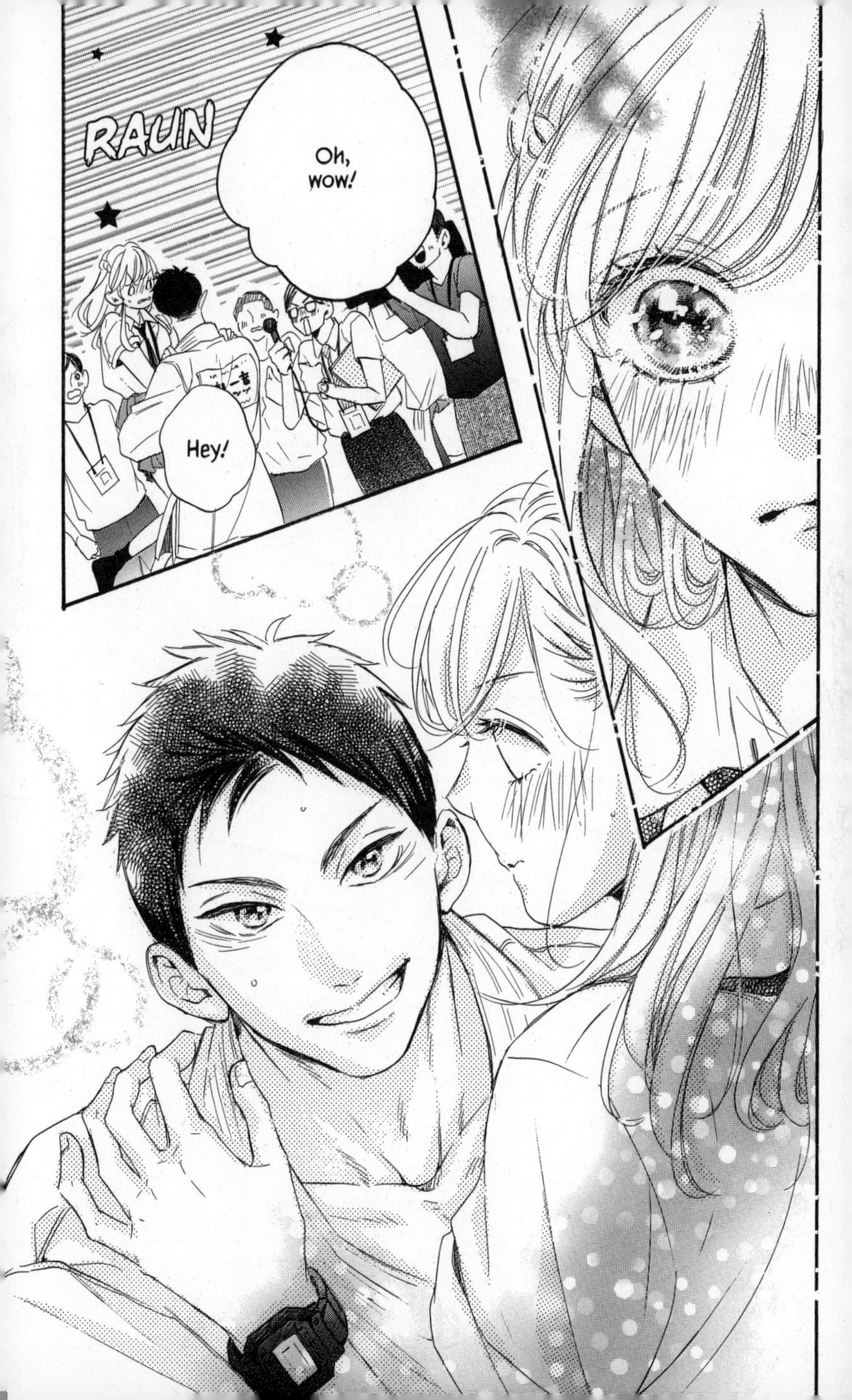
RAUN
Oh, wow!
Hey!

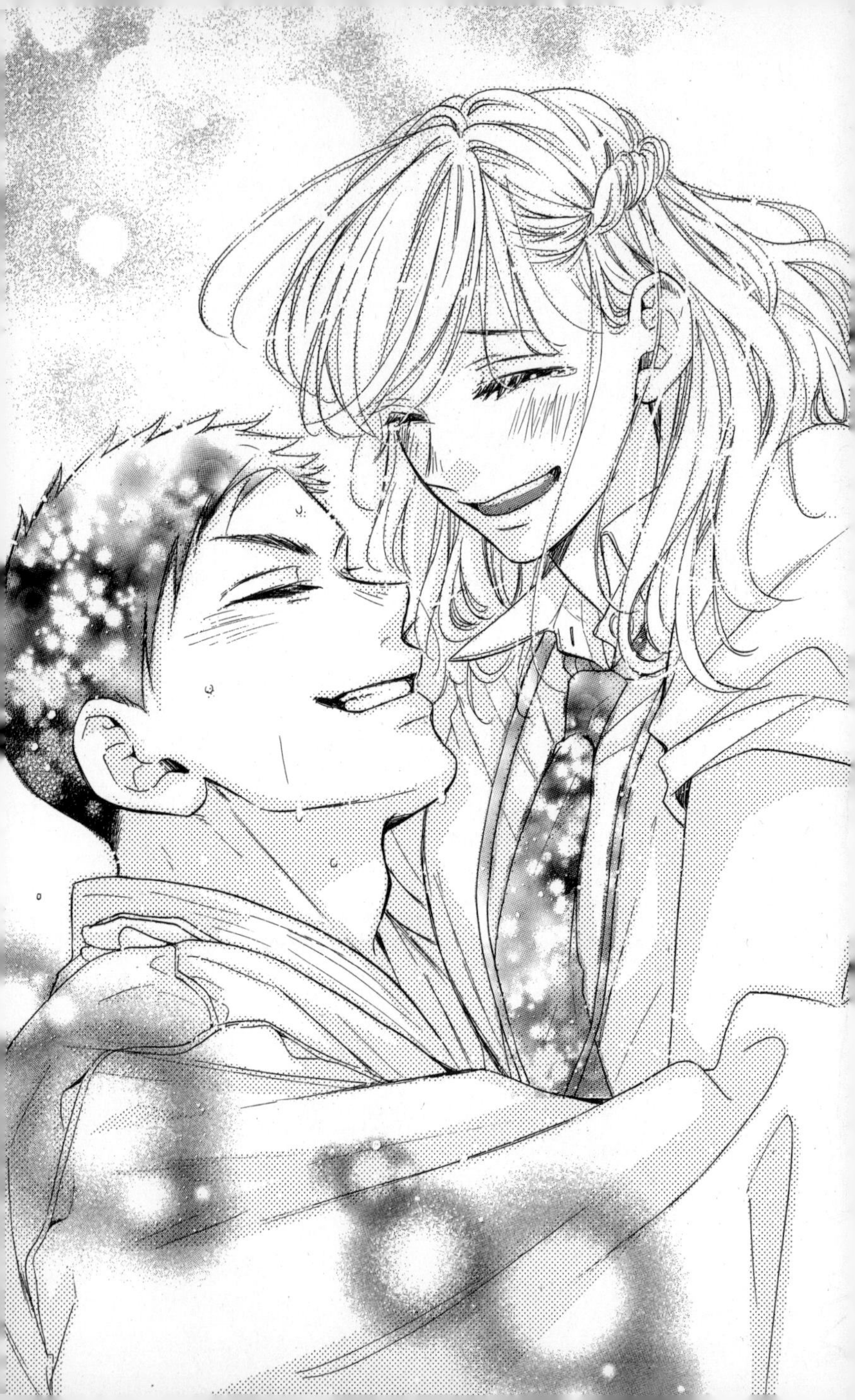

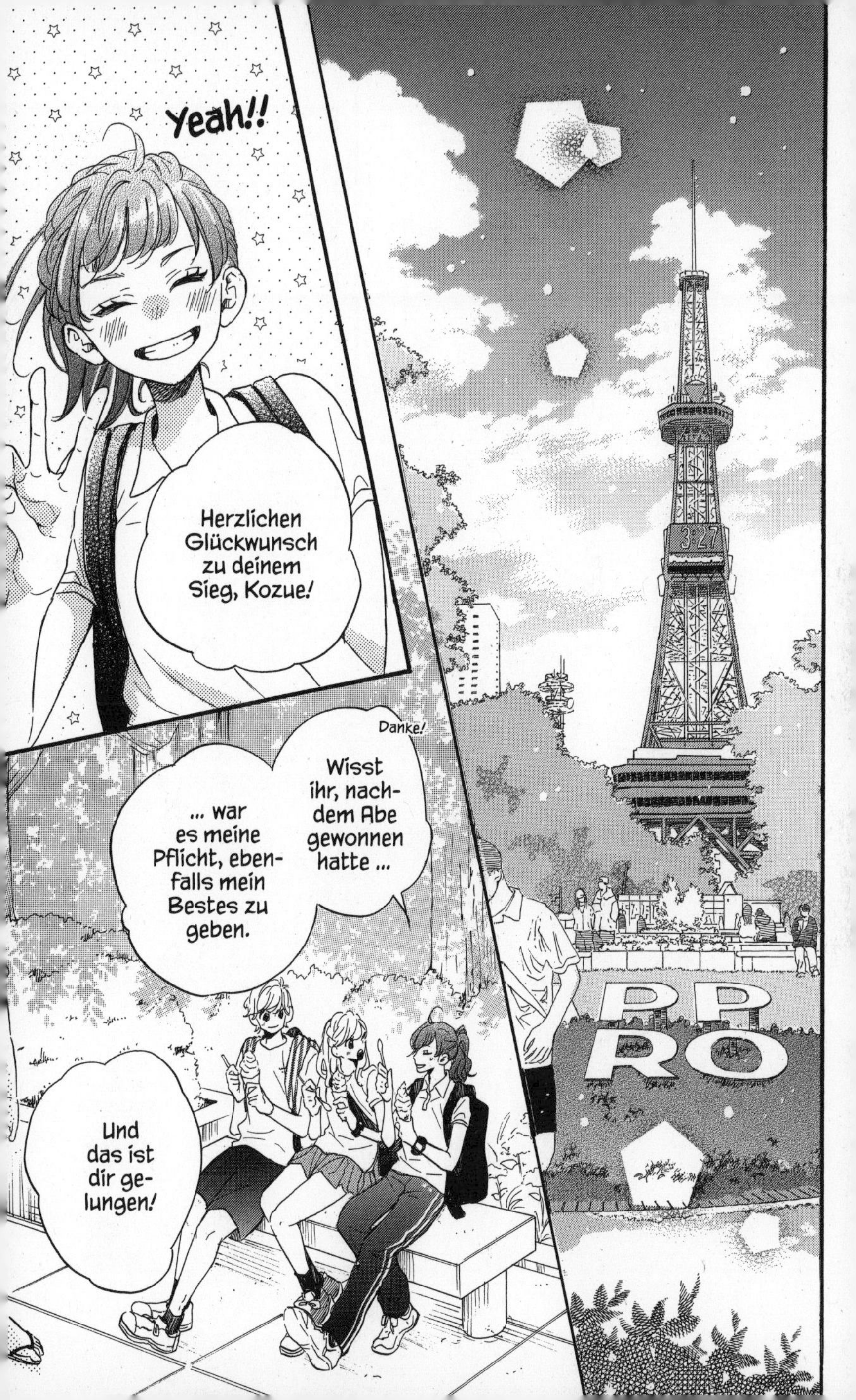
Yeah!!
Herzlichen Glückwunsch zu deinem Sieg, Kozue!
Danke!
Wisst ihr, nach-dem Abe gewonnen hatte ...
... war es meine Pflicht, eben-falls mein Bestes zu geben.
Und das ist dir ge-lungen!

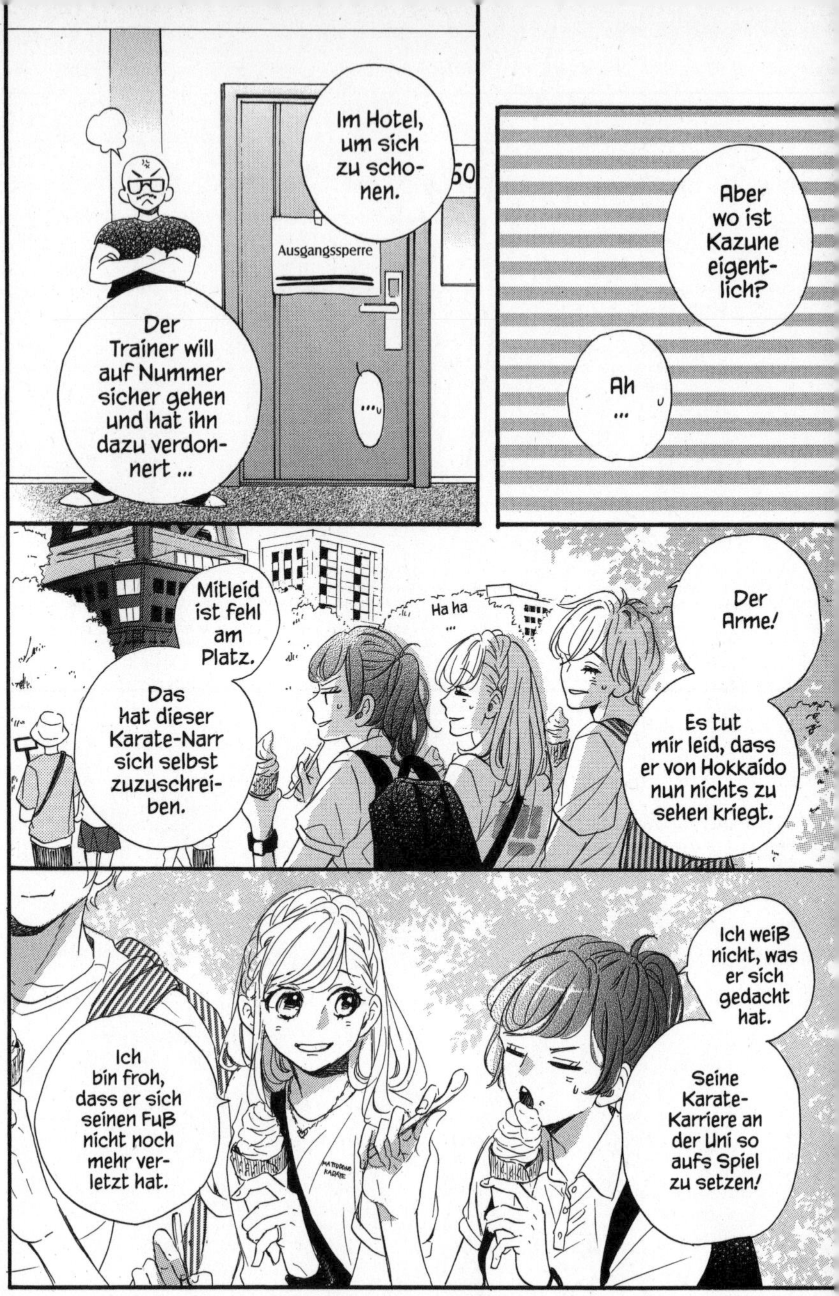
Aber wo ist Kazune eigentlich?
Ah ...
Im Hotel, um sich zu schonen.
Ausgangssperre
Der Trainer will auf Nummer sicher gehen und hat ihn dazu verdonnert ...
...
Der Arme!
Es tut mir leid, dass er von Hokkaido nun nichts zu sehen kriegt.
Ha ha ...
Mitleid ist fehl am Platz.
Das hat dieser Karate-Narr sich selbst zuzuschreiben.
Ich weiß nicht, was er sich gedacht hat.
Seine Karate-Karriere an der Uni so aufs Spiel zu setzen!
Ich bin froh, dass er sich seinen Fuß nicht noch mehr verletzt hat.

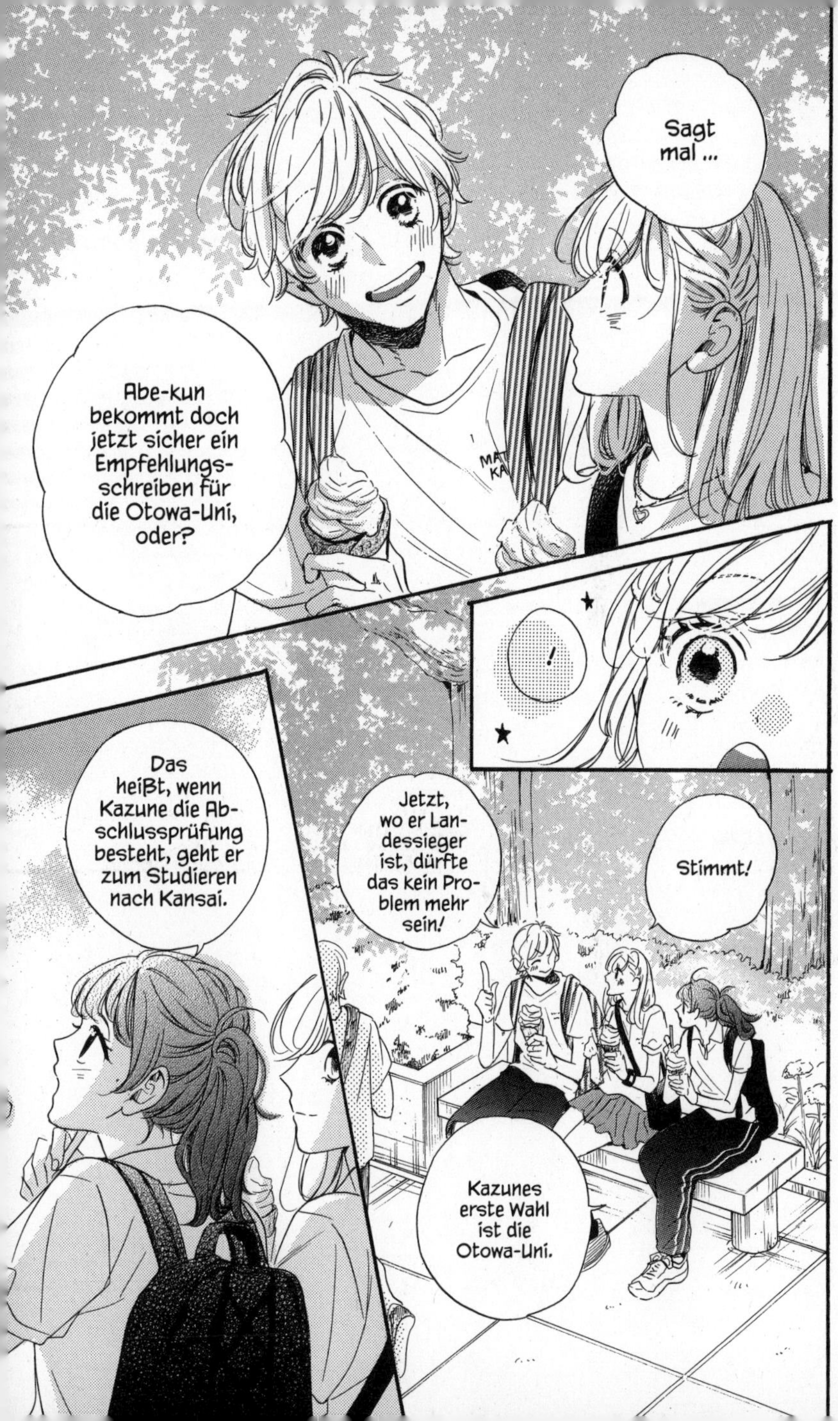
Sagt mal ...
Abe-kun bekommt doch jetzt sicher ein Empfehlungsschreiben für die Otowa-Uni, oder?
!
Jetzt, wo er Landessieger ist, dürfte das kein Problem mehr sein!
Stimmt!
Kazunes erste Wahl ist die Otowa-Uni.
Das heißt, wenn Kazune die Abschlussprüfung besteht, geht er zum Studieren nach Kansai.

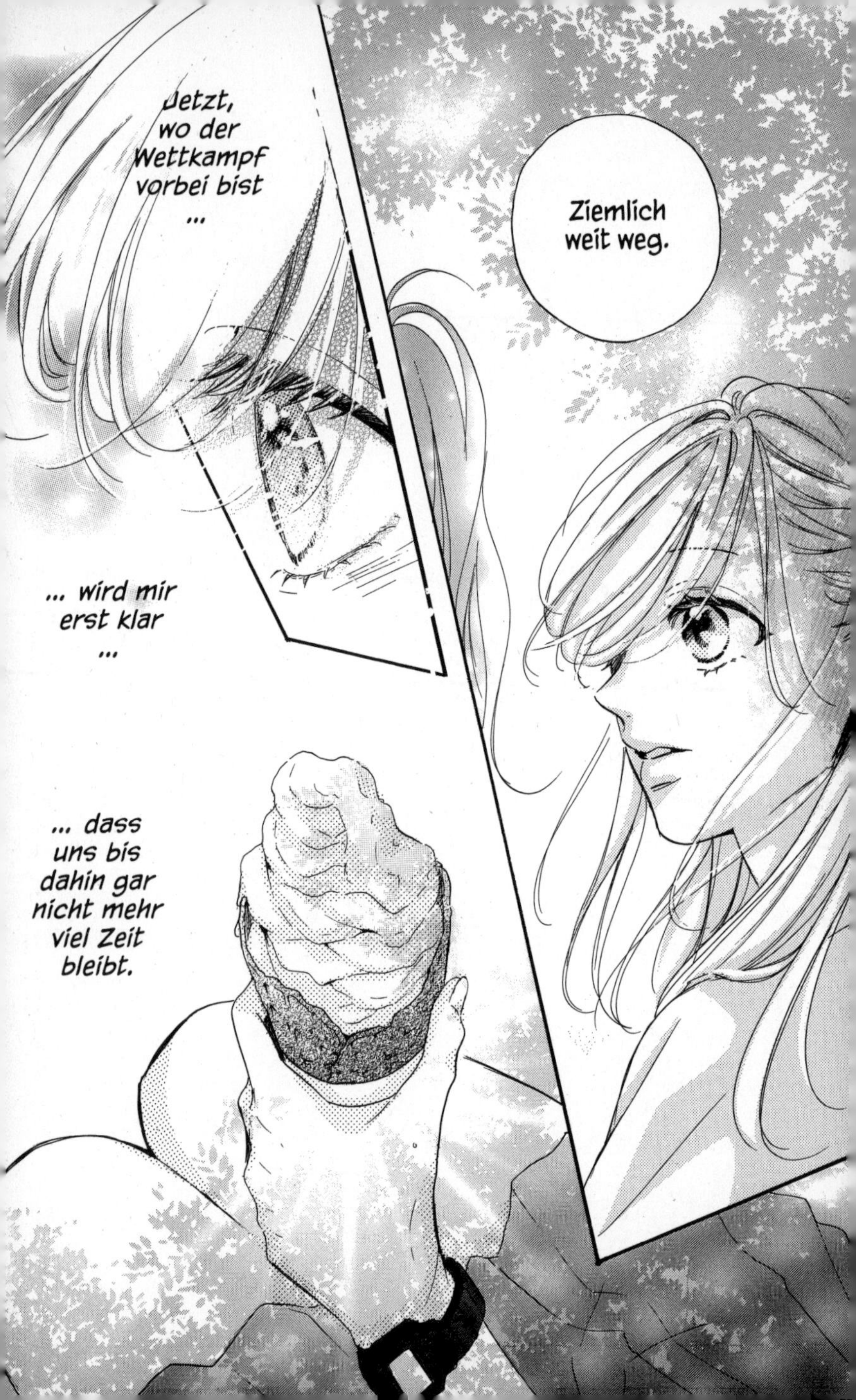
Ziemlich weit weg.
Jetzt, wo der Wettkampf vorbei bist ...
... wird mir erst klar ...
... dass uns bis dahin gar nicht mehr viel Zeit bleibt.

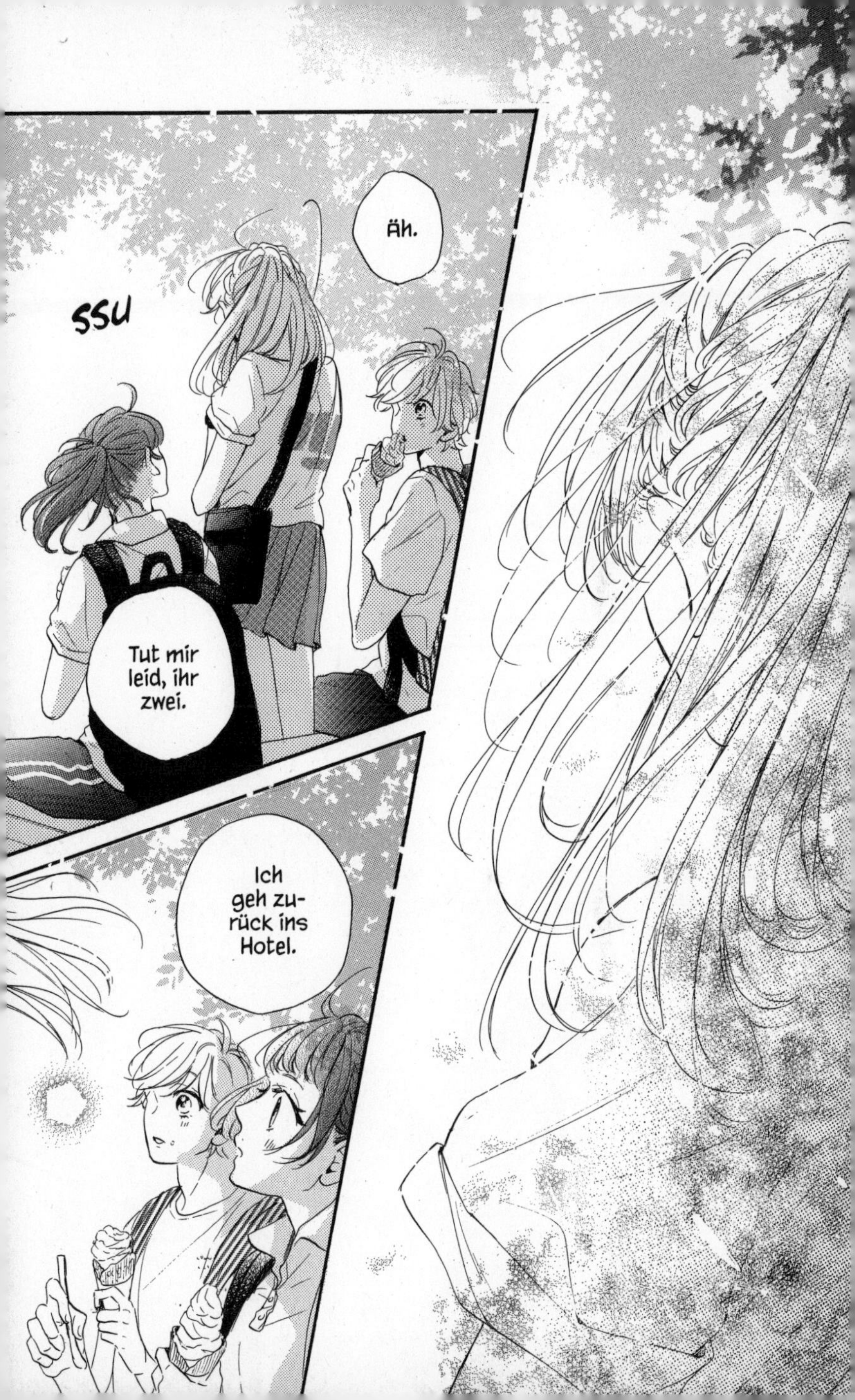
Äh.
SSU
Tut mir leid, ihr zwei.
Ich geh zurück ins Hotel.

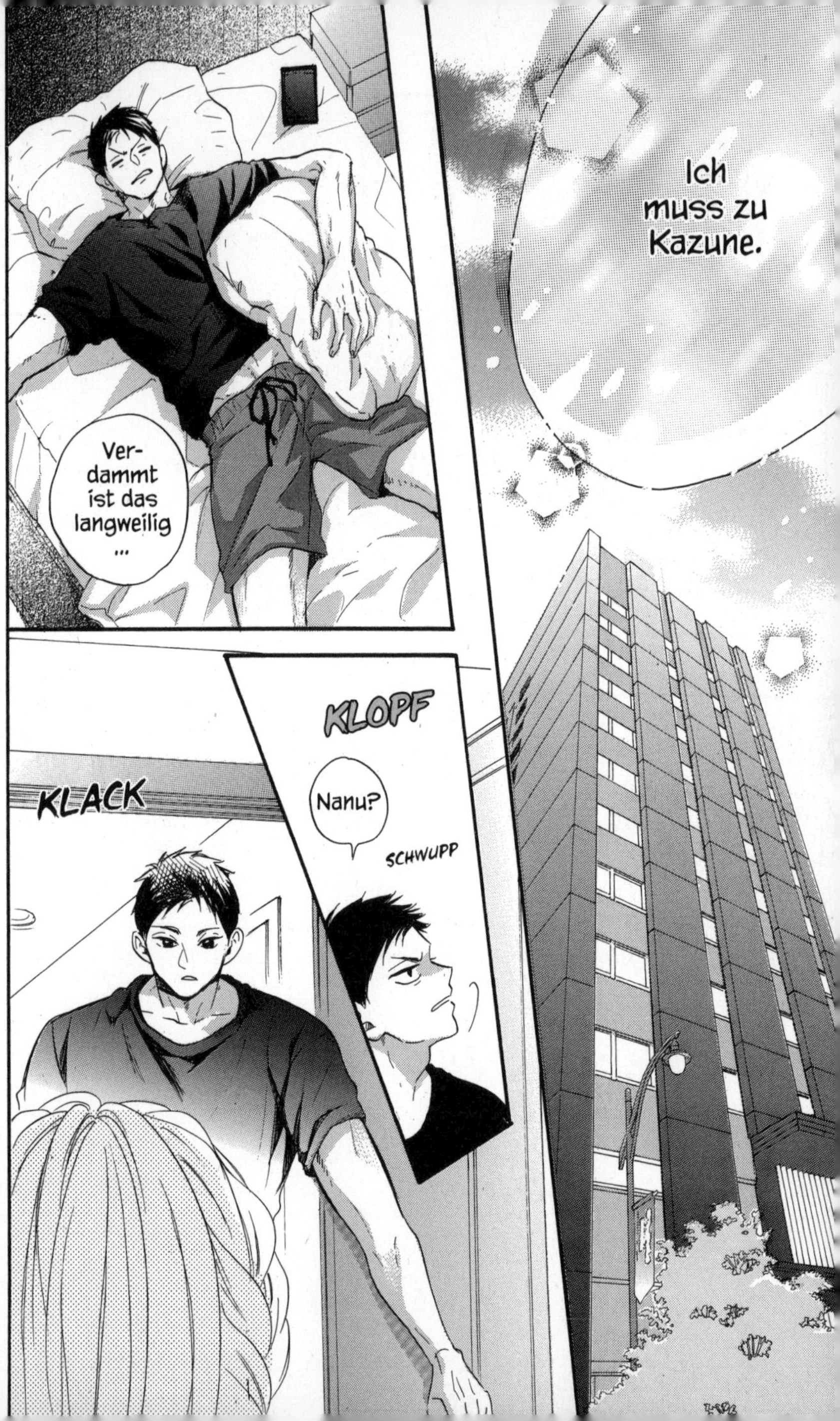
Ich muss zu Kazune.
Verdammt ist das langweilig ...
KLOPF
Nanu?
SCHWUPP
KLACK

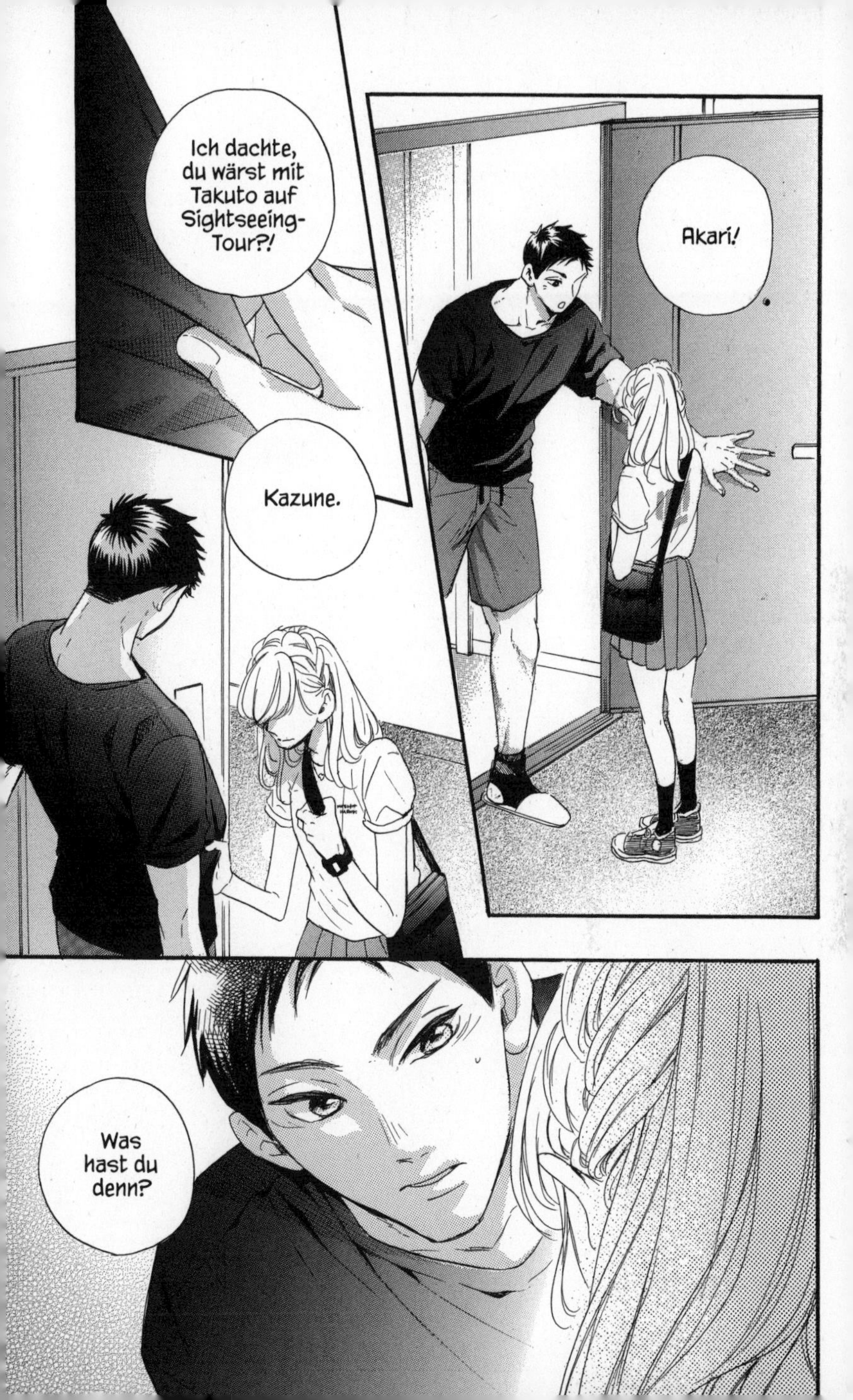
Akari!
Ich dachte, du wärst mit Takuto auf Sightseeing-Tour?!
Kazune.
Was hast du denn?

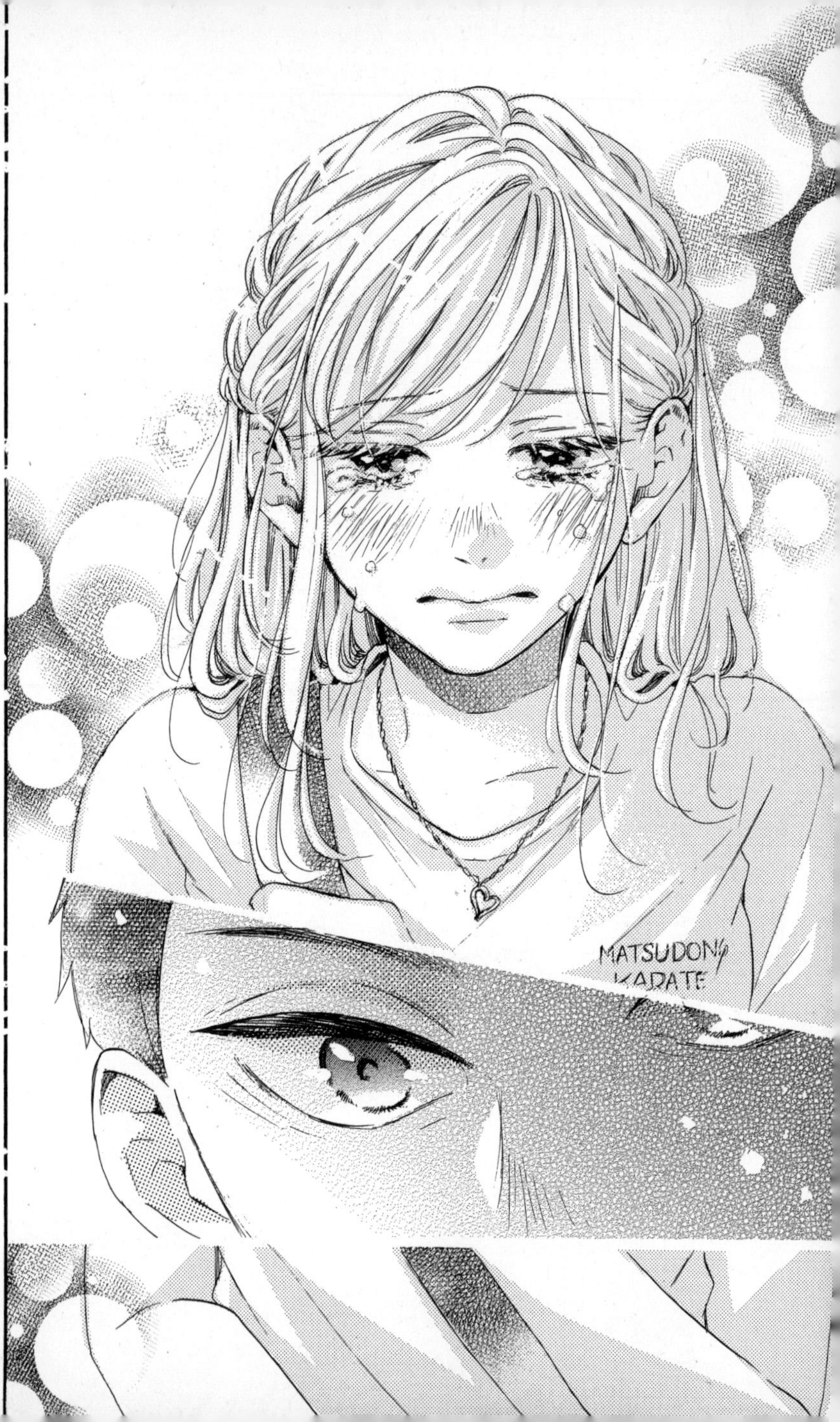
MATSUDON
KARATE

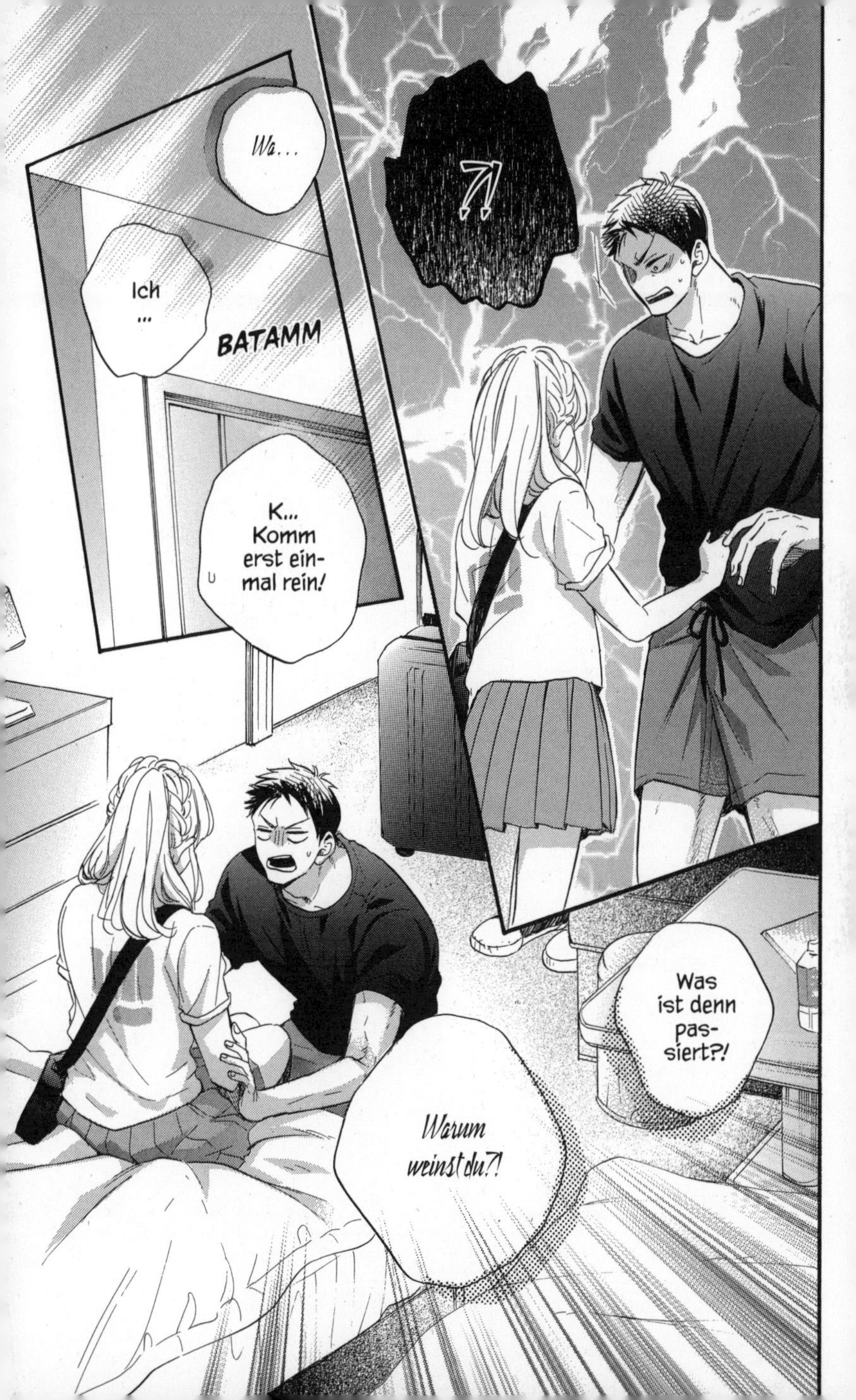
?!
Wa...
Ich ...
BATAMM
K... Komm erst ein-mal rein!
Was ist denn pas-siert?!
Warum weinst du?!

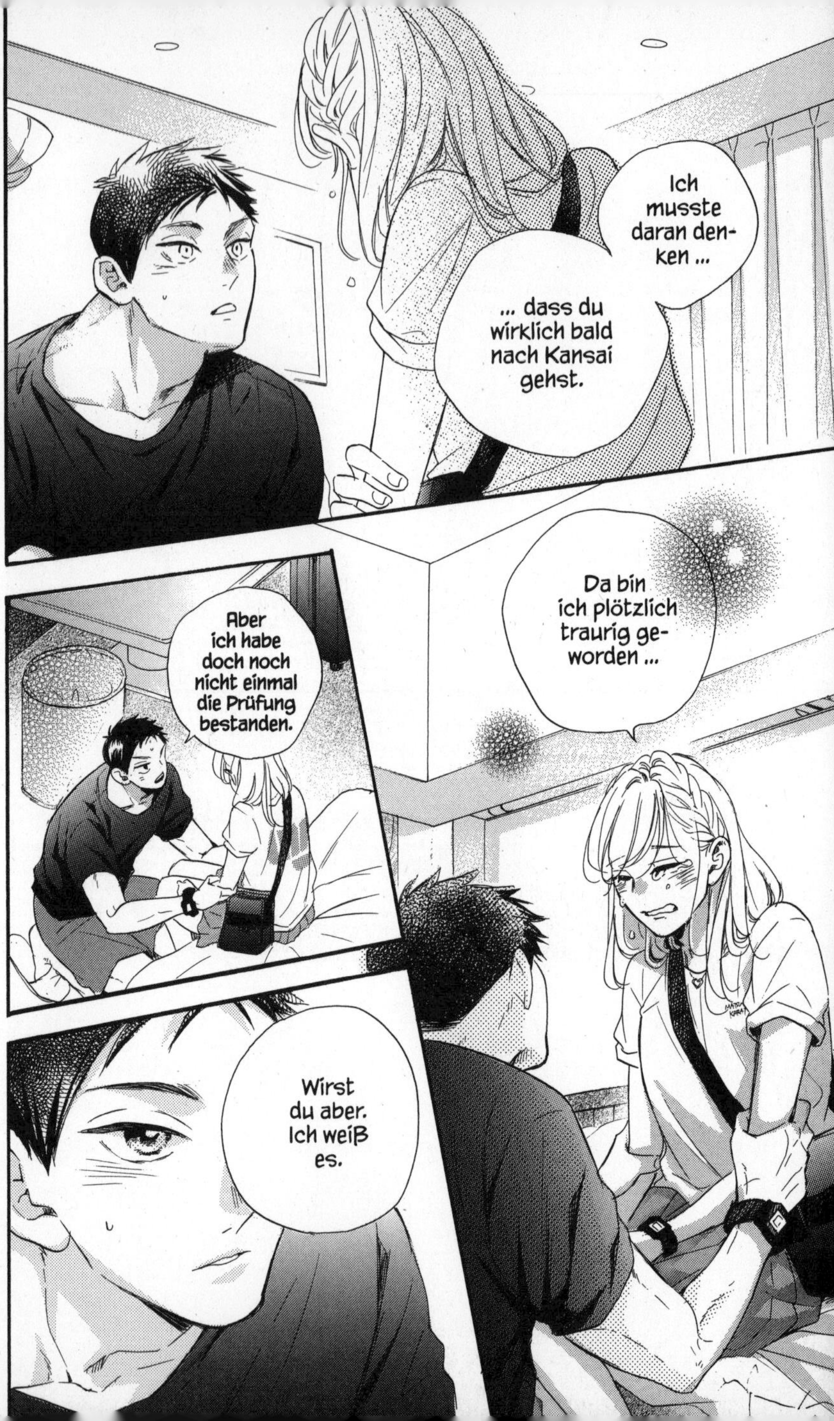
Ich musste daran den-ken ...
... dass du wirklich bald nach Kansai gehst.
Da bin ich plötzlich traurig ge-worden ...
Aber ich habe doch noch nicht einmal die Prüfung bestanden.
Wirst du aber. Ich weiß es.

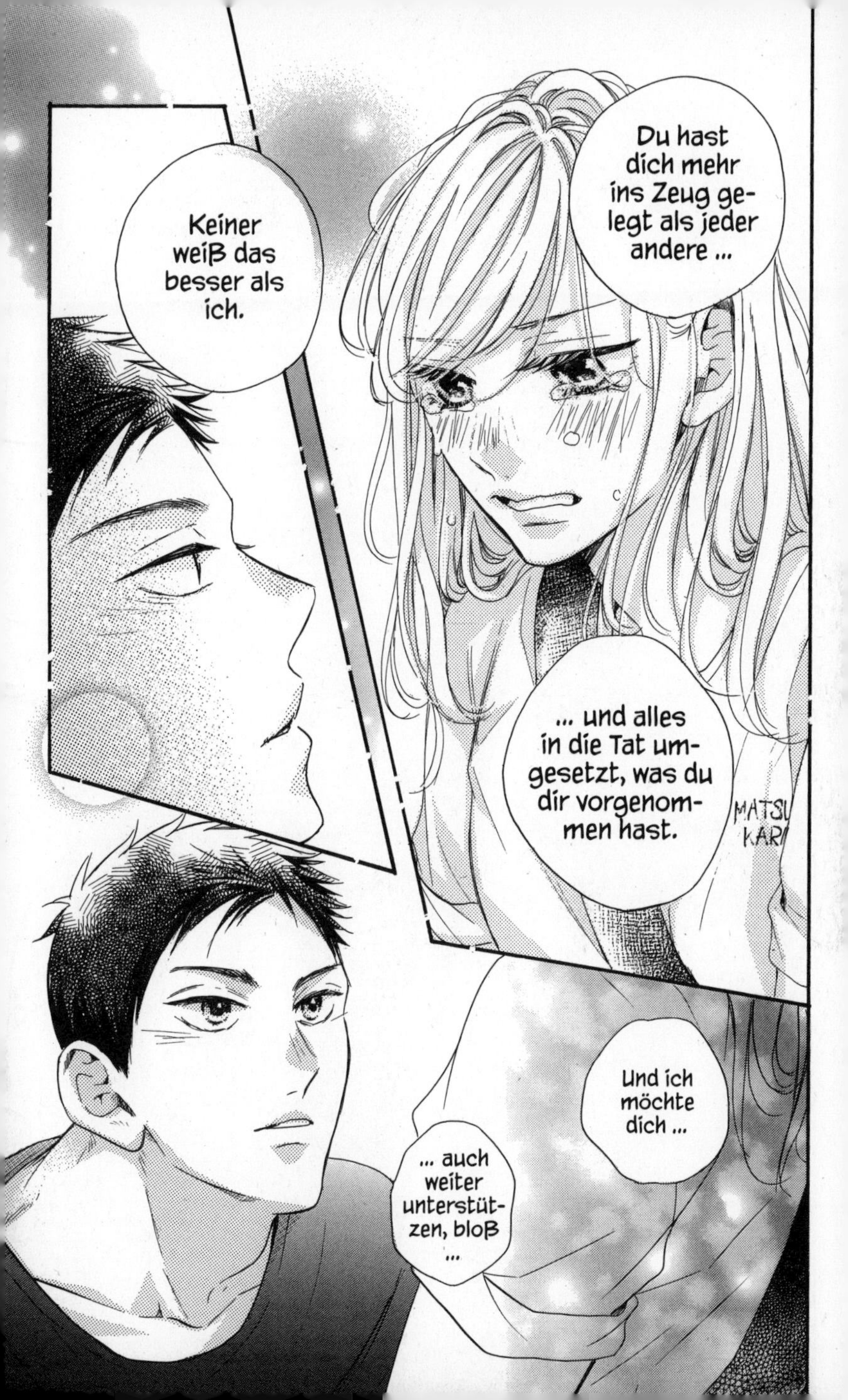
Du hast dich mehr ins Zeug gelegt als jeder andere ...
Keiner weiß das besser als ich.
... und alles in die Tat umgesetzt, was du dir vorgenommen hast.
Und ich möchte dich ...
... auch weiter unterstützen, bloß ...

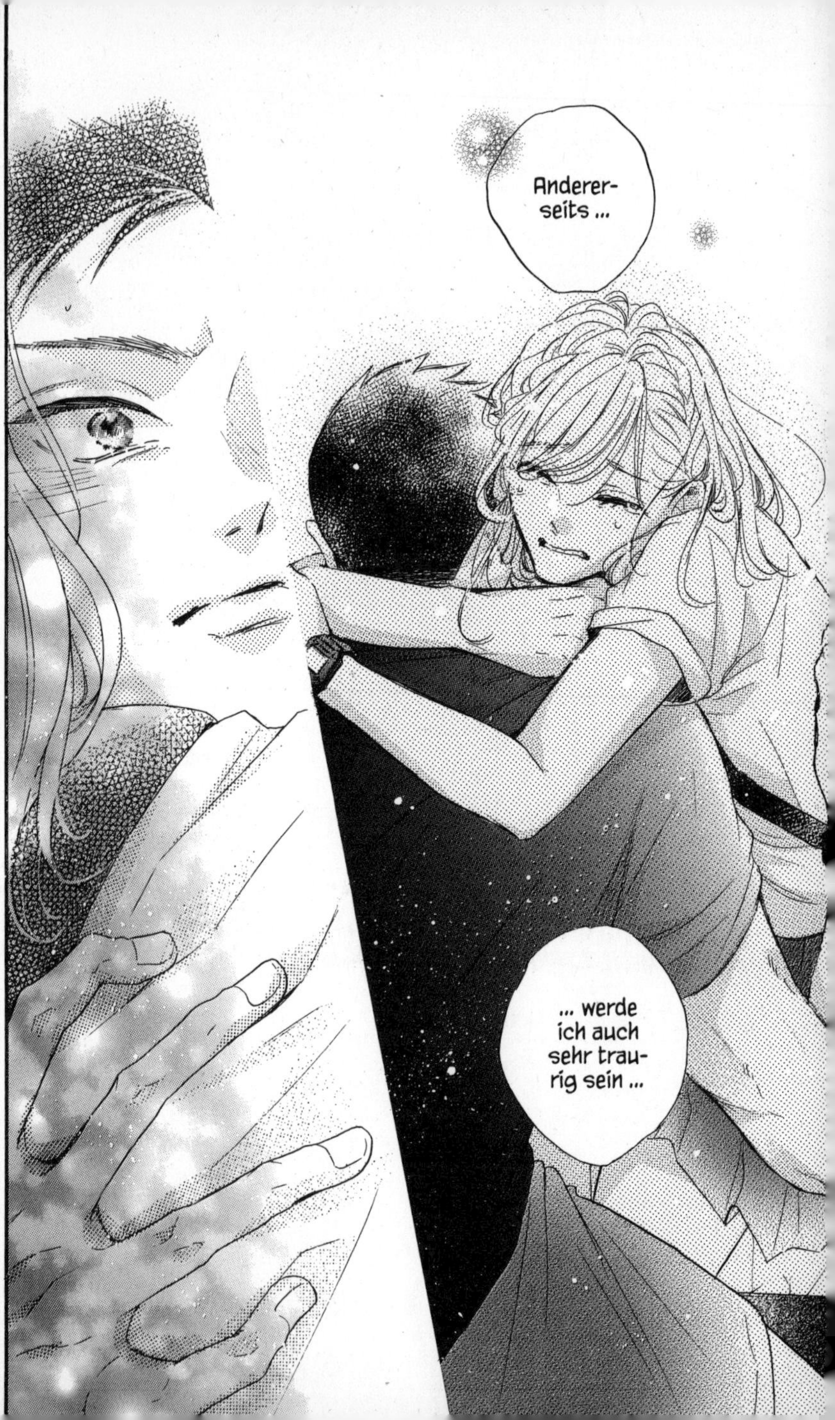
Anderer-
seits ...
... werde
ich auch
sehr trau-
rig sein ...

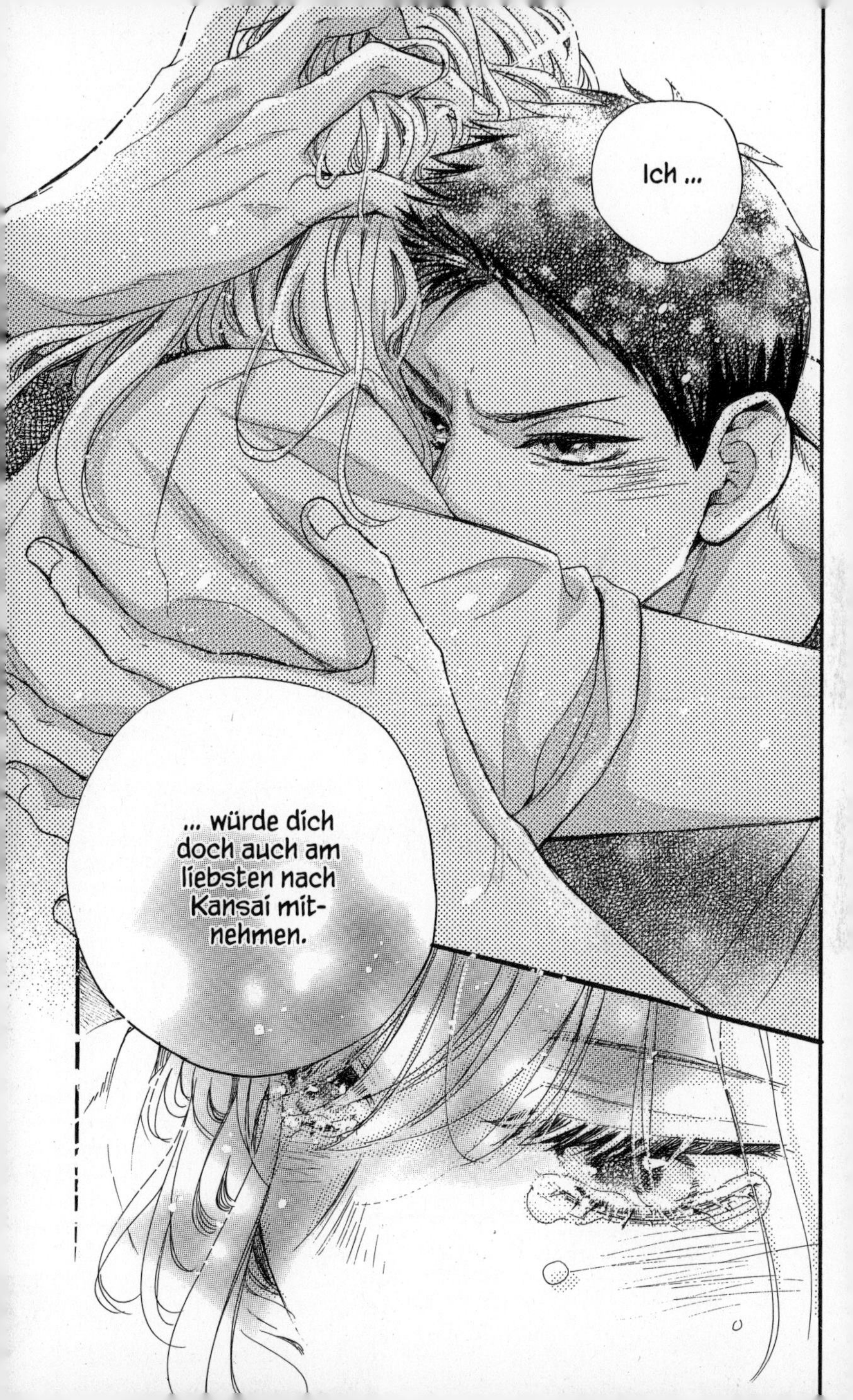
Ich ...
... würde dich doch auch am liebsten nach Kansai mit-nehmen.

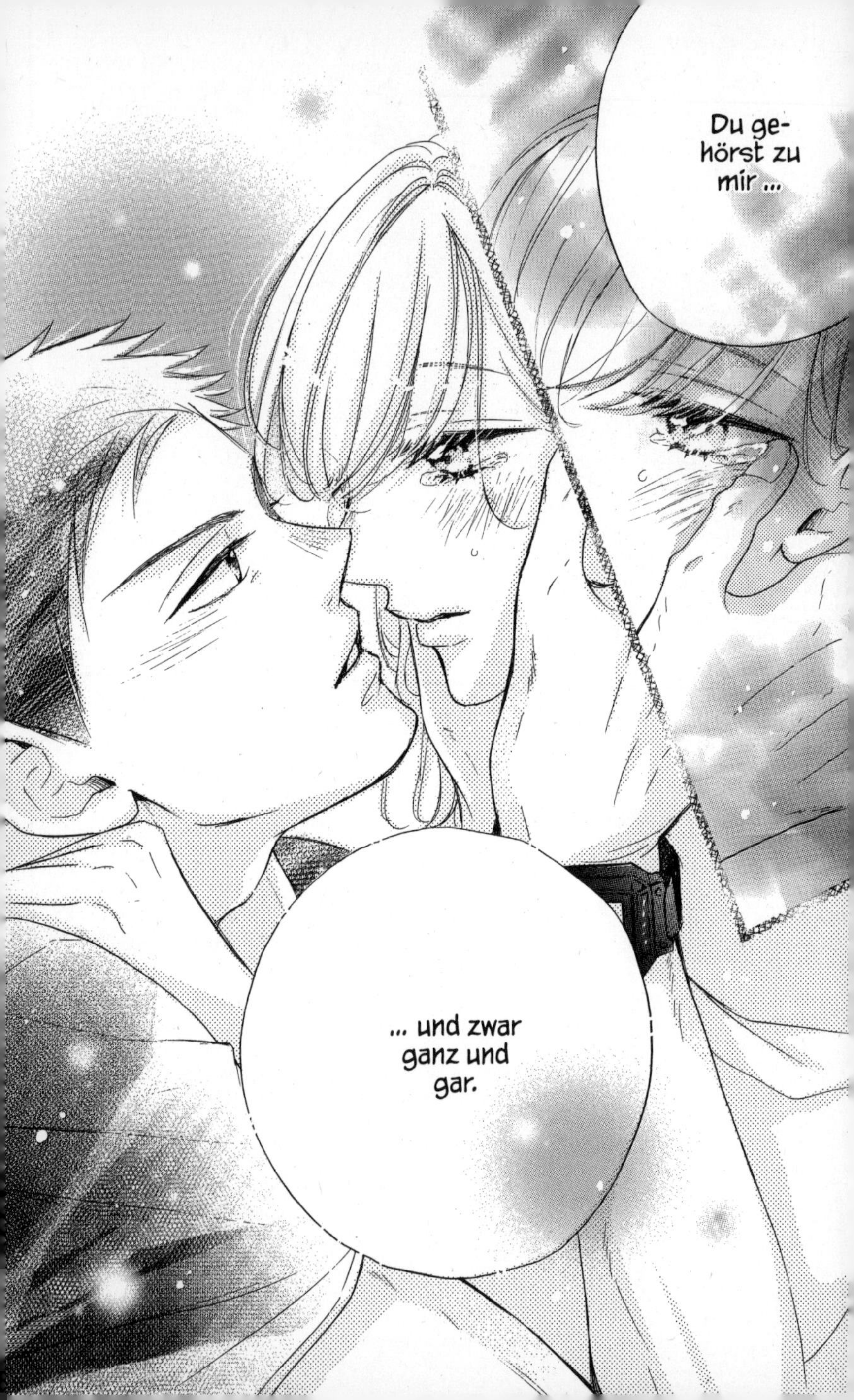
Du gehörst zu mir ...
... und zwar ganz und gar.

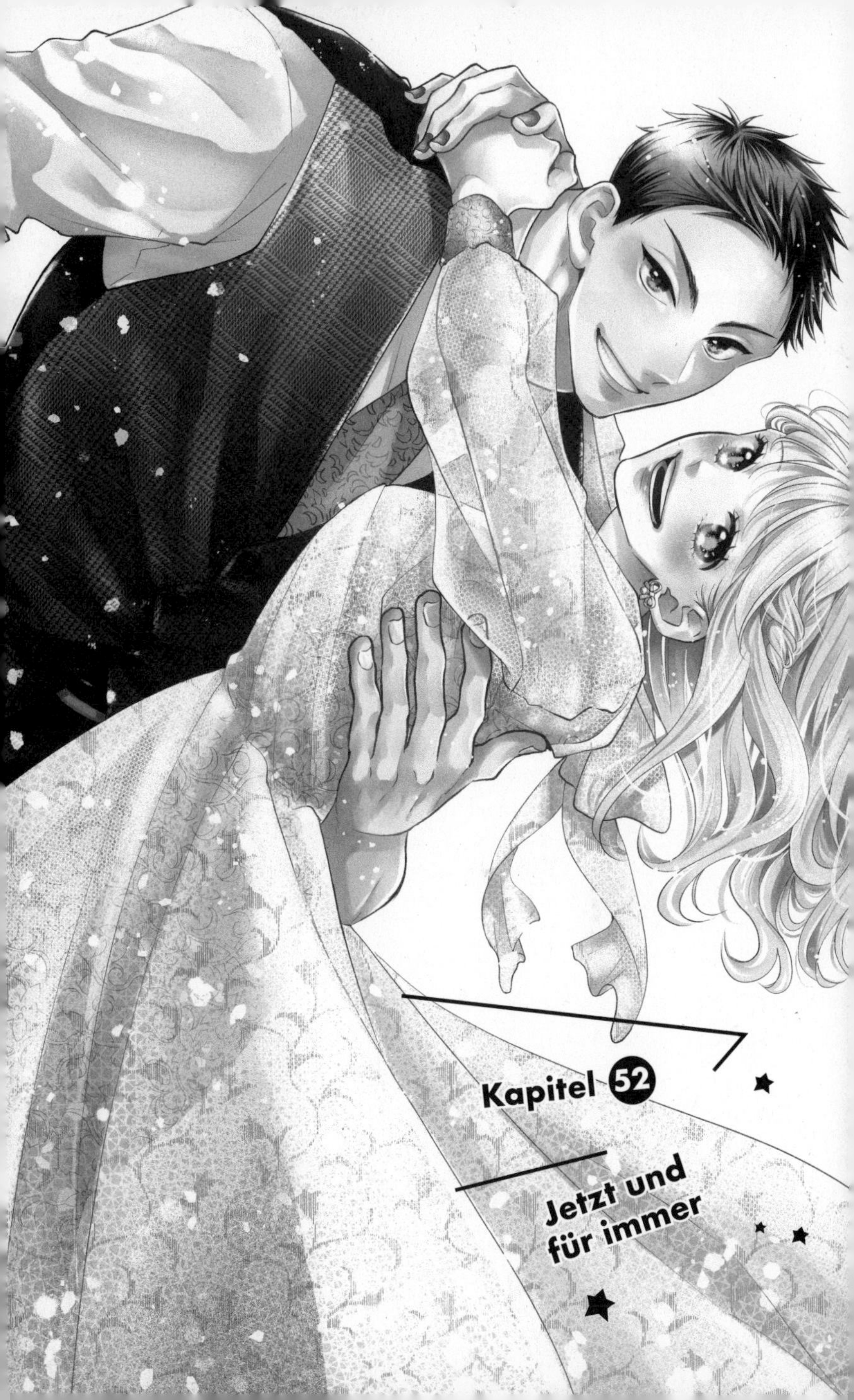
Kapitel 52
Jetzt und für immer

Liebe ist kein Wettkampf

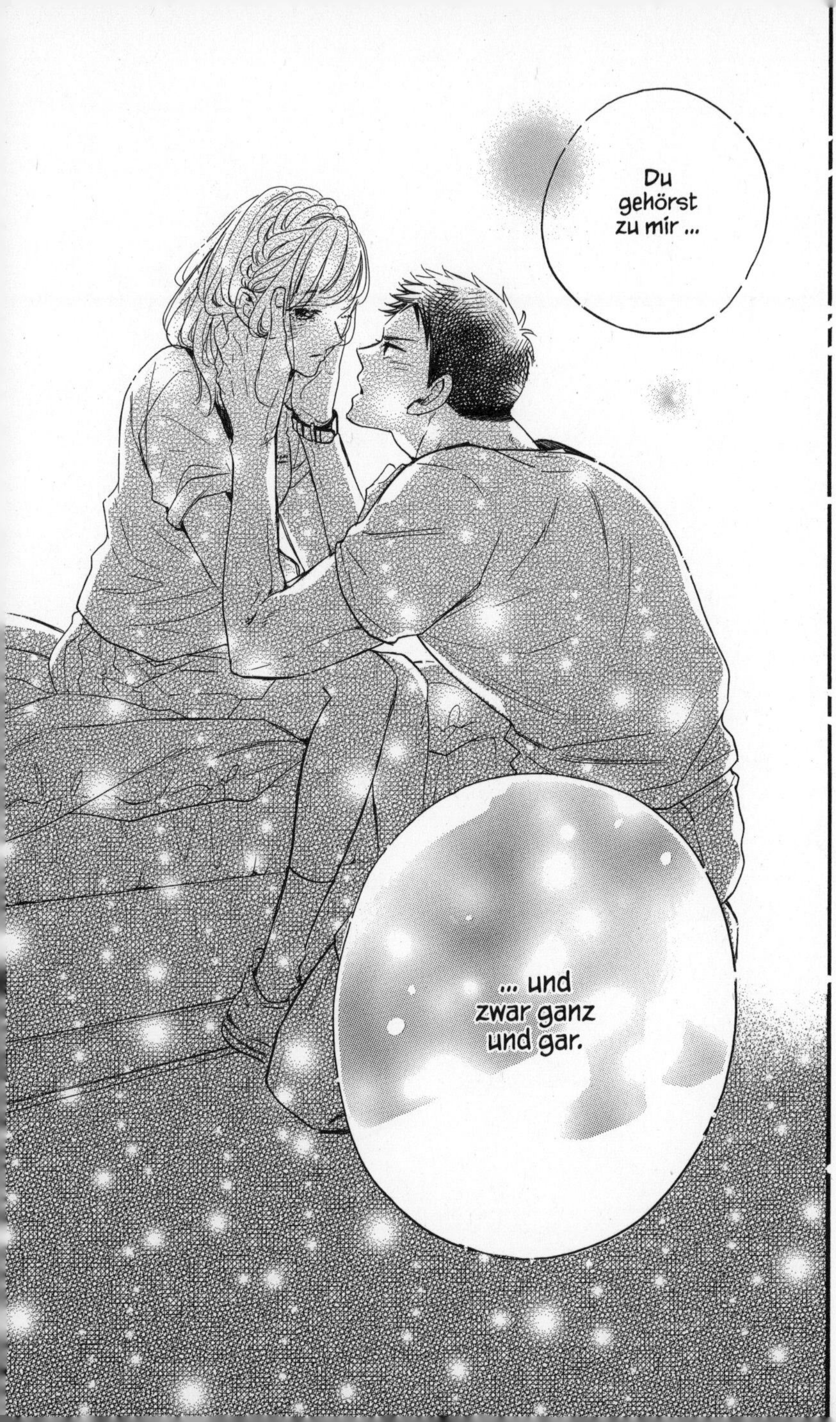
Du gehörst zu mir ...
... und zwar ganz und gar.

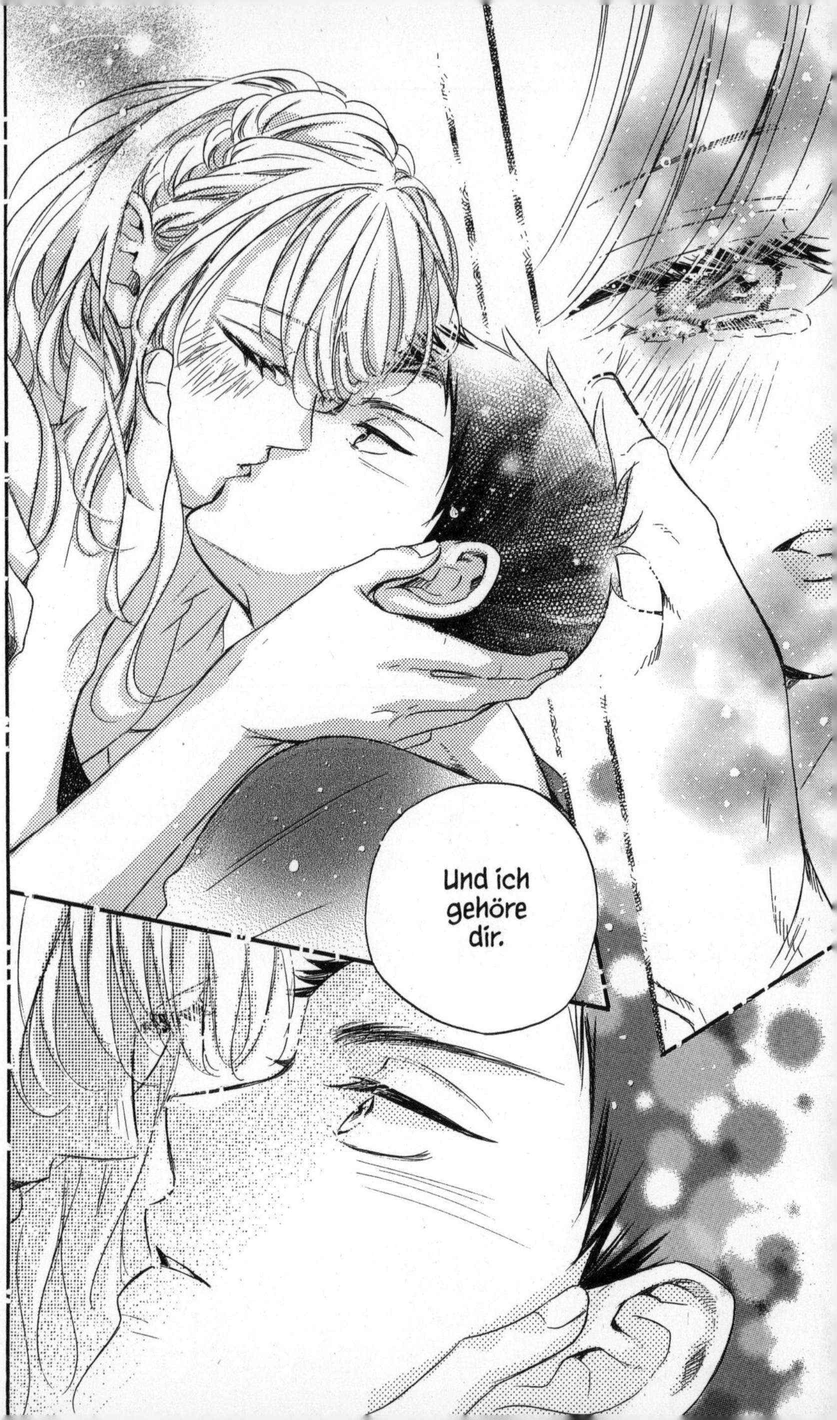
Und ich gehöre dir.

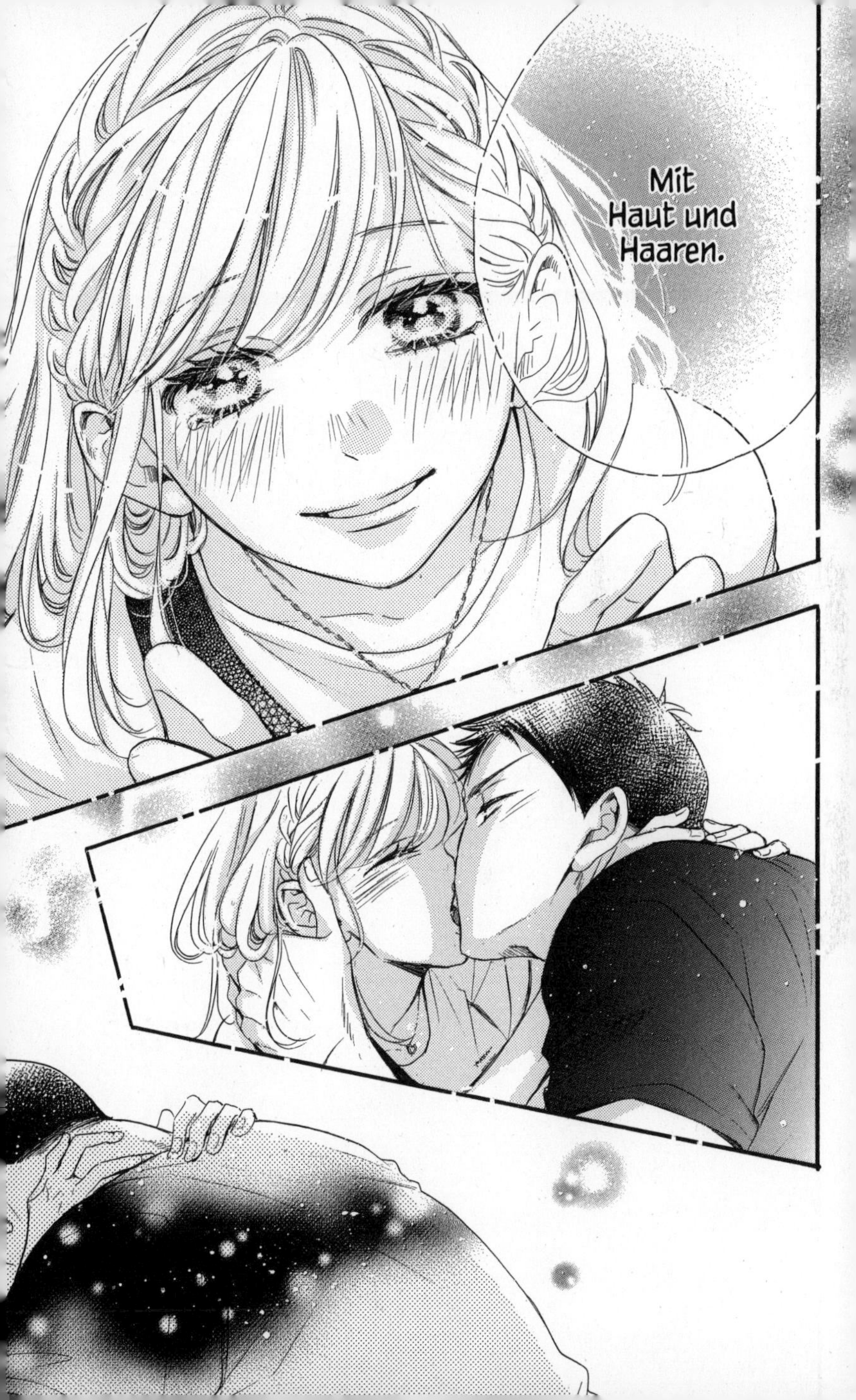
Mit Haut und Haaren.

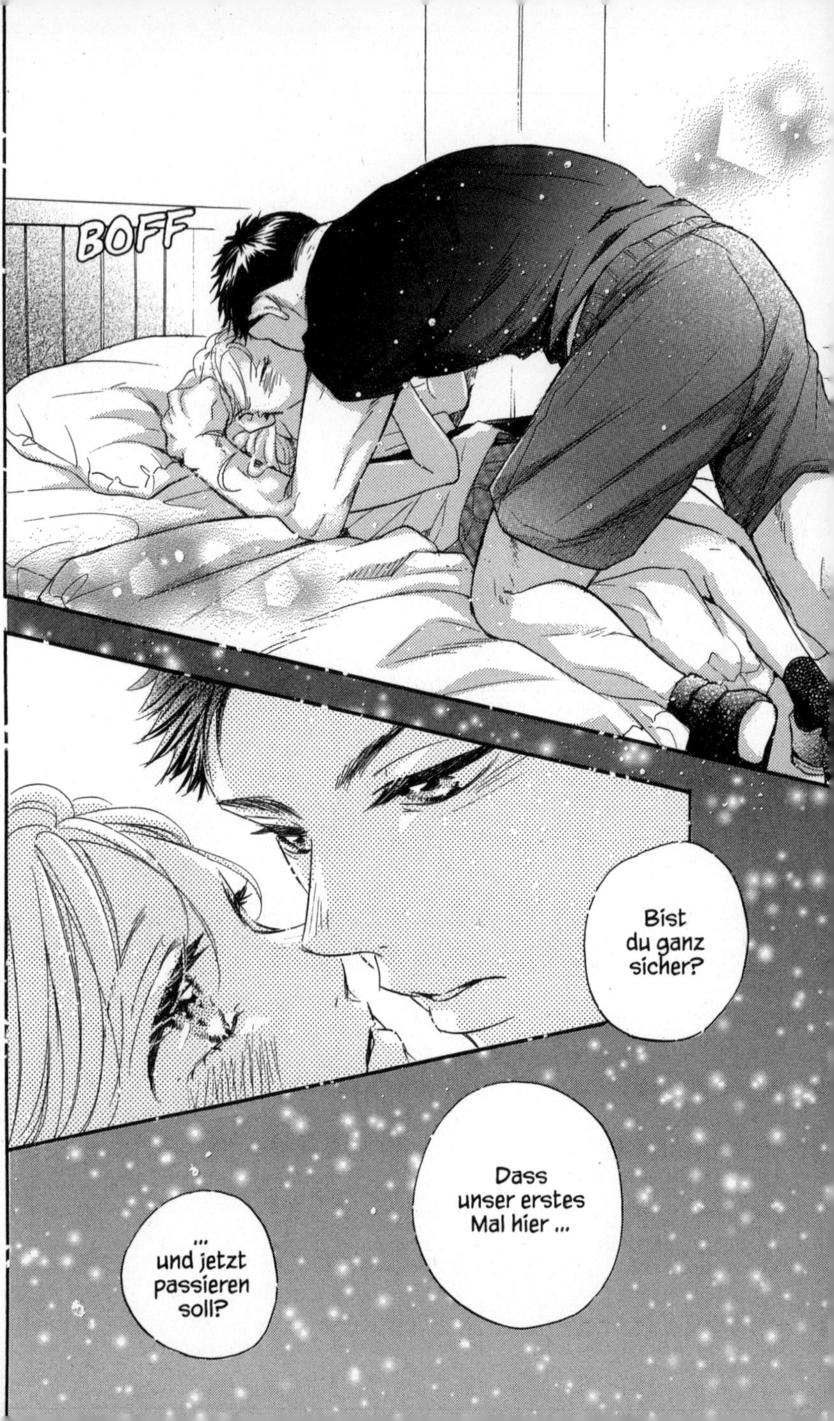
BOFF
Bist du ganz sicher?
Dass unser erstes Mal hier ...
... und jetzt passieren soll?

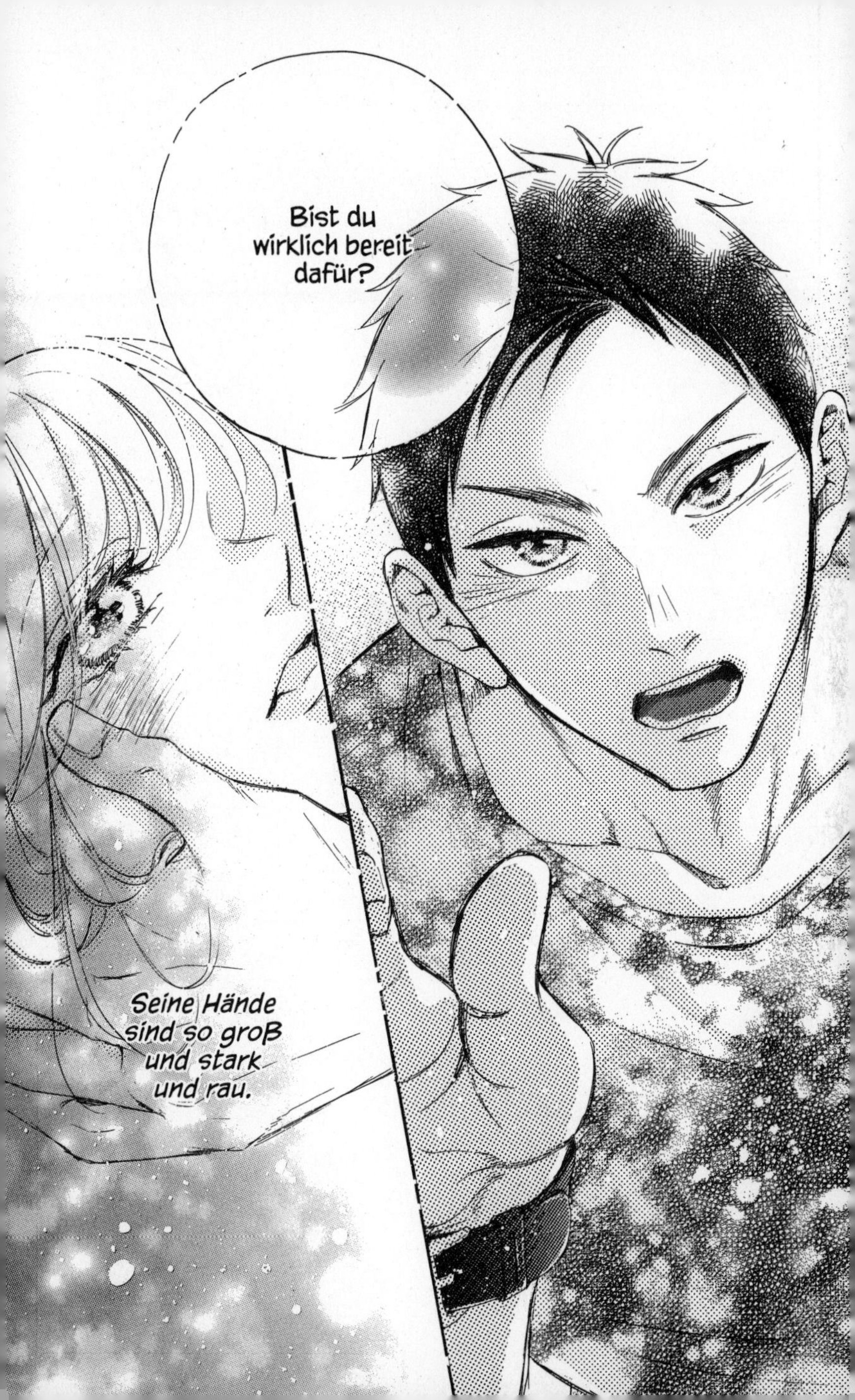
Bist du wirklich bereit dafür?
Seine Hände sind so groß und stark und rau.

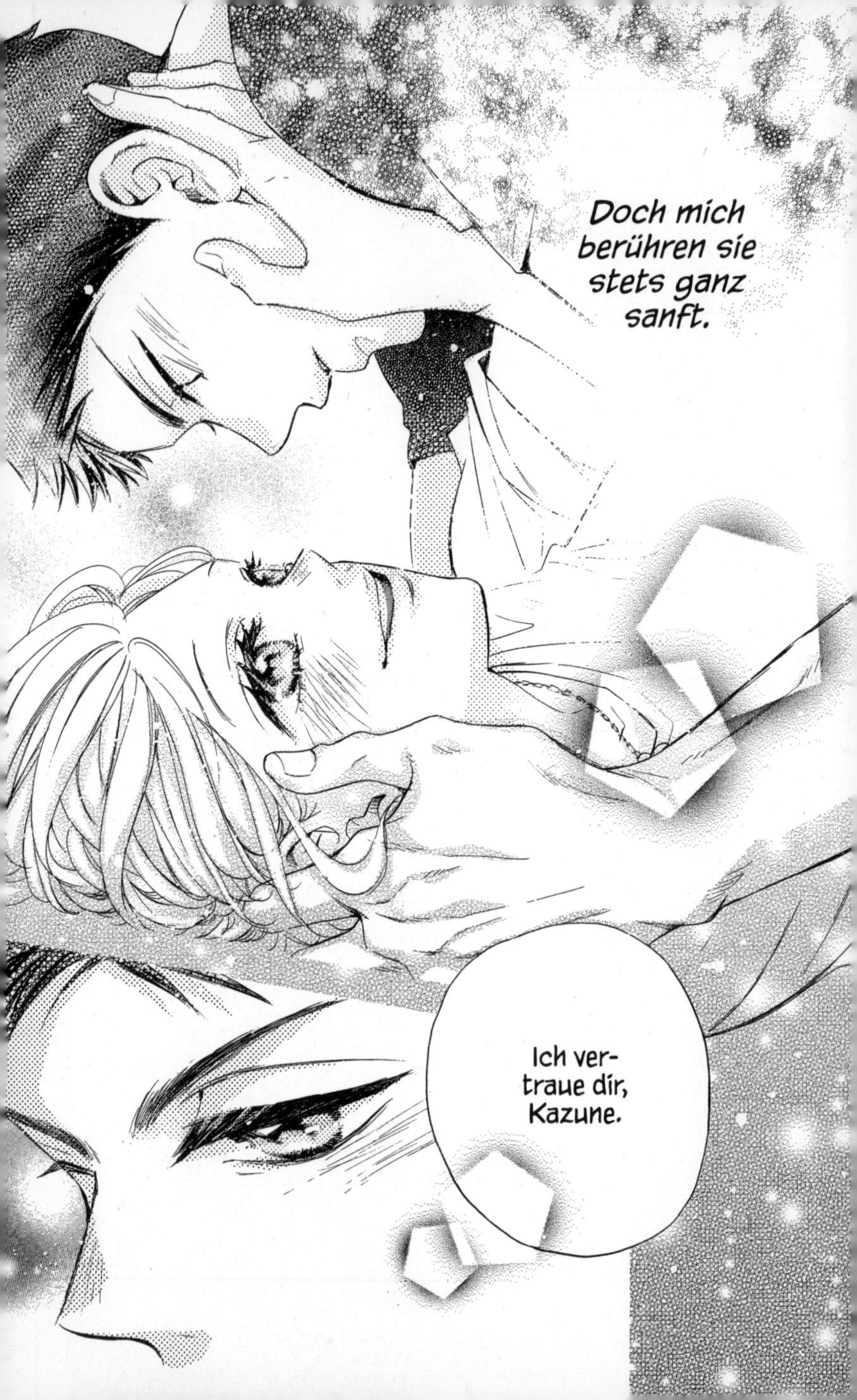
Doch mich berühren sie stets ganz sanft.
Ich vertraue dir, Kazune.

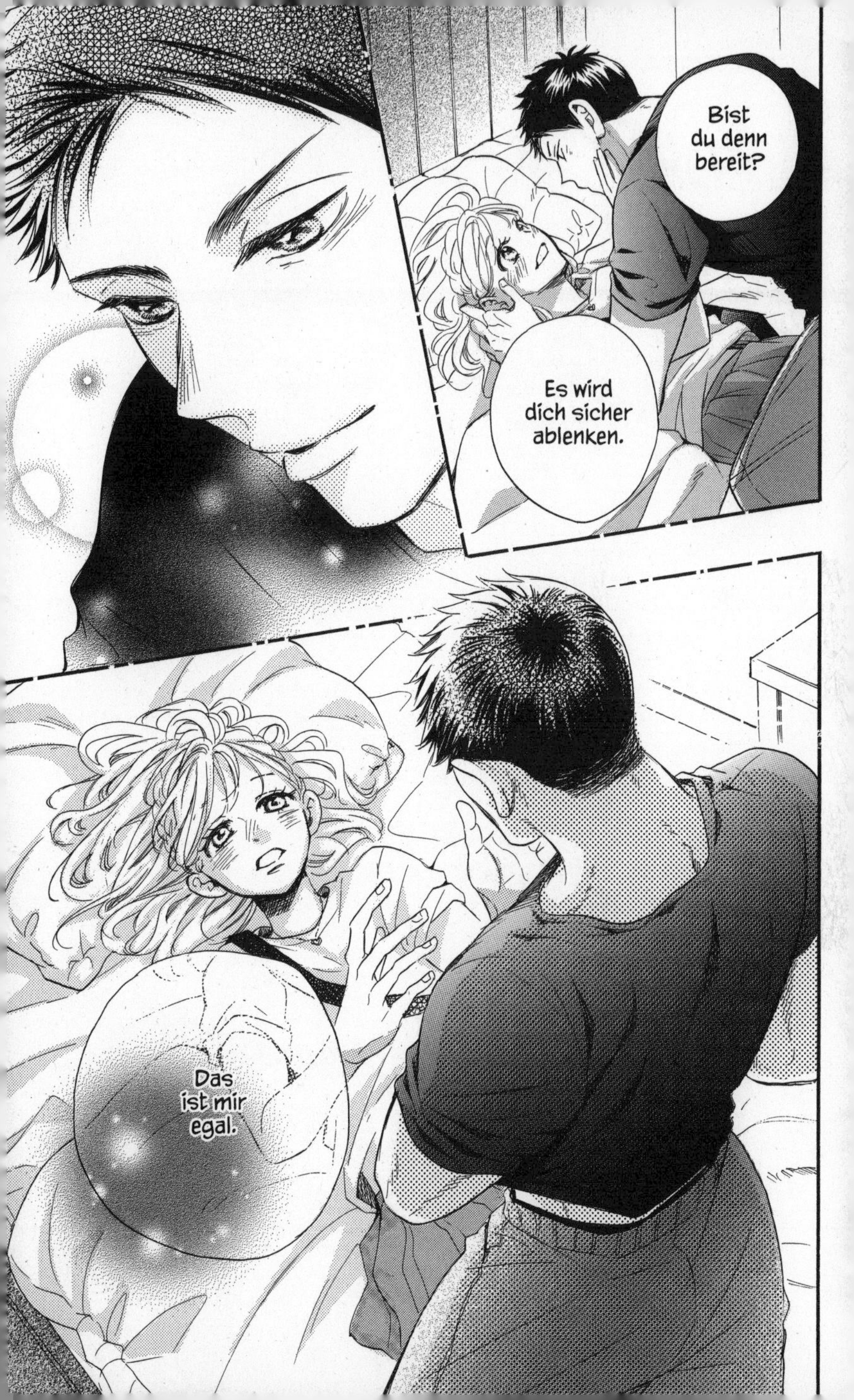
Bist du denn bereit?
Es wird dich sicher ablenken.
Das ist mir egal.

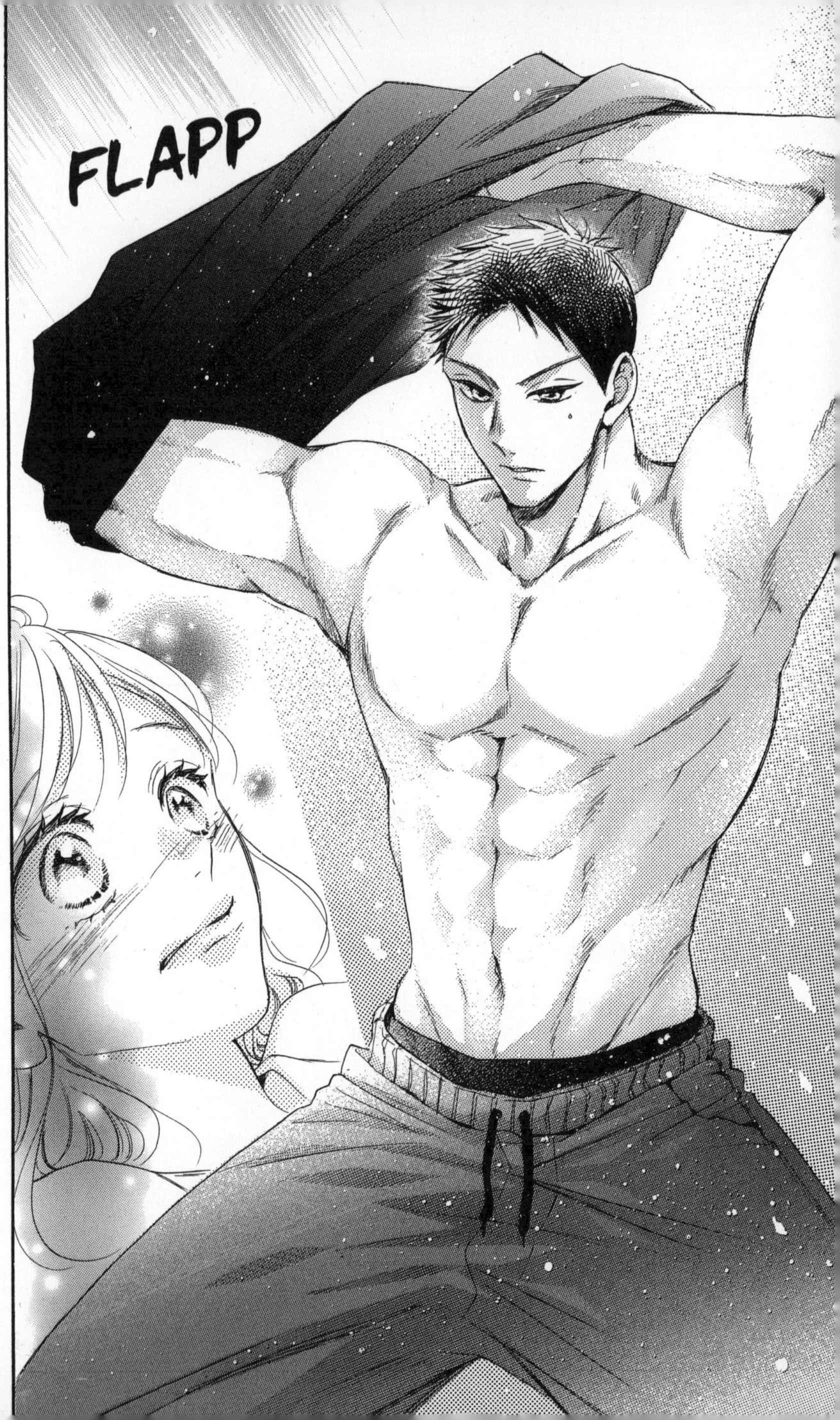
FLAPP

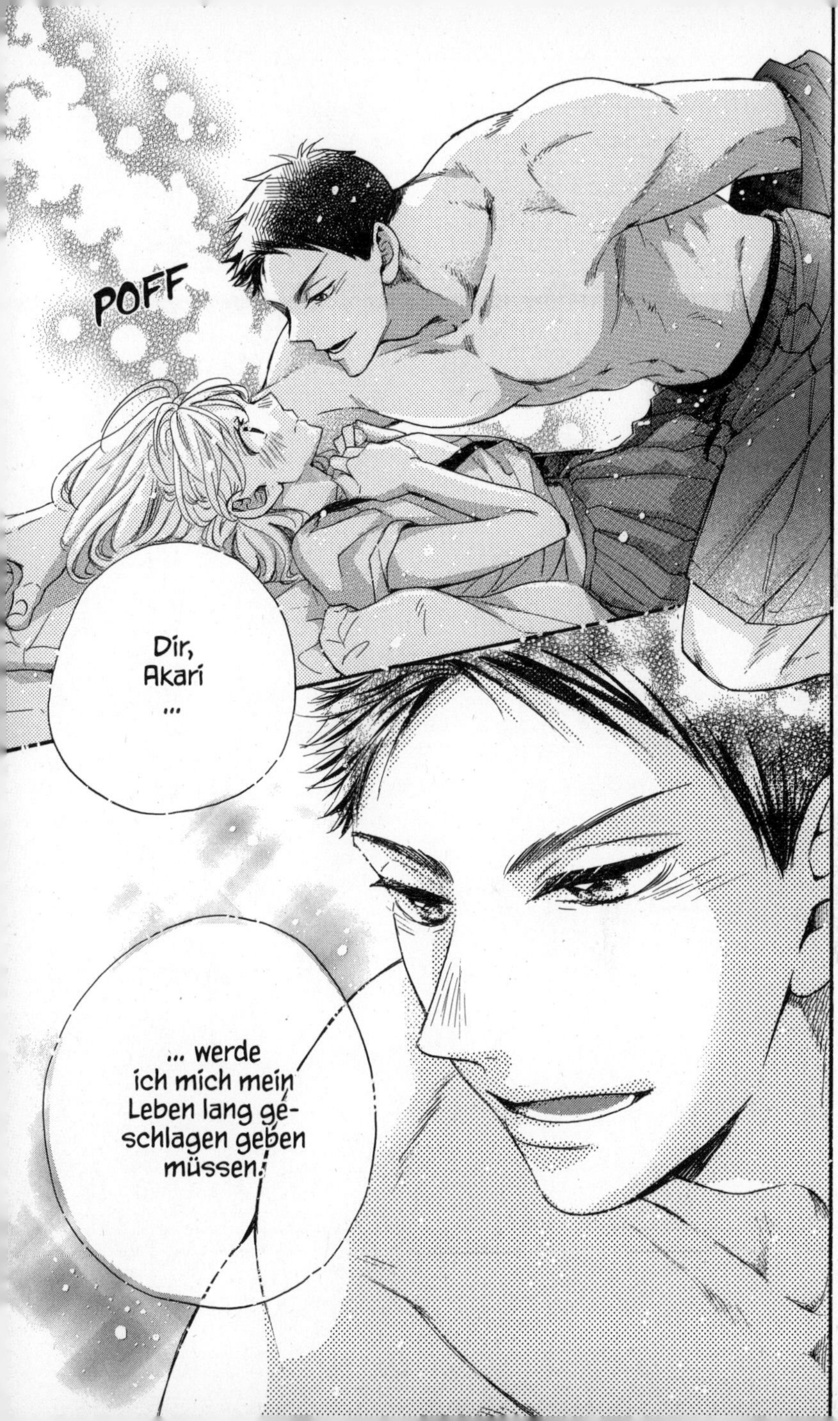
POFF
Dir, Akari ...
... werde ich mich mein Leben lang geschlagen geben müssen.

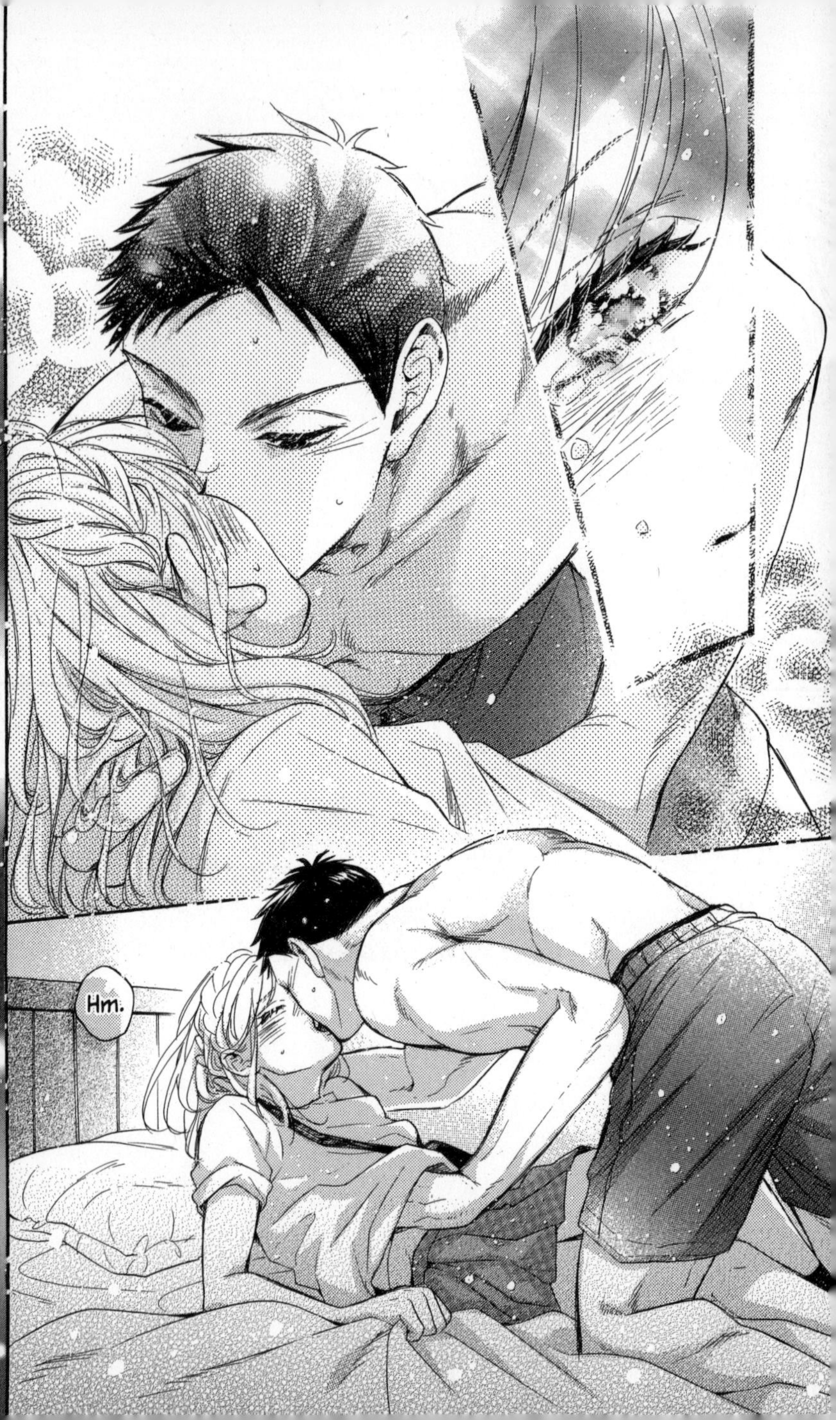
Hm.

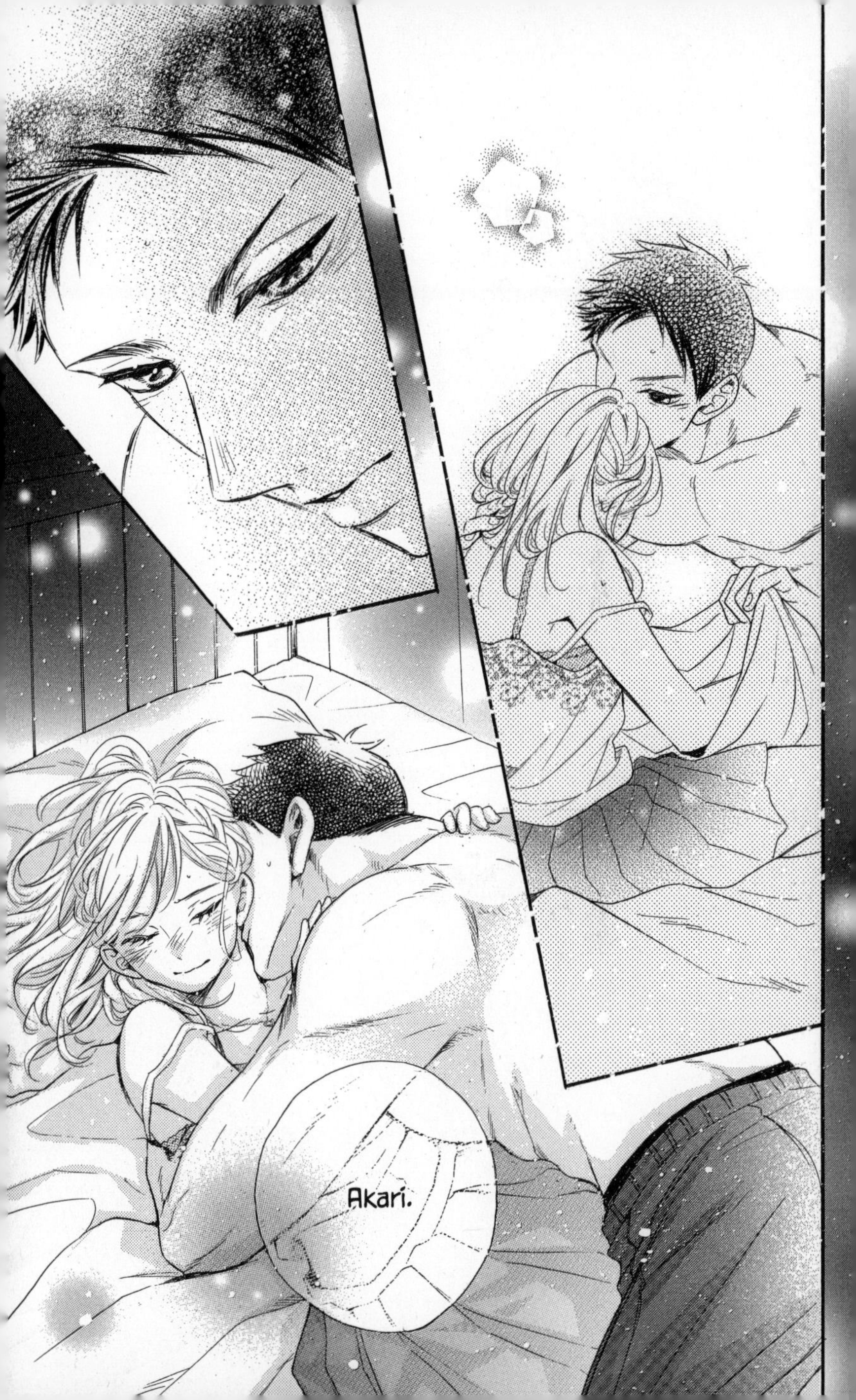
Akari.

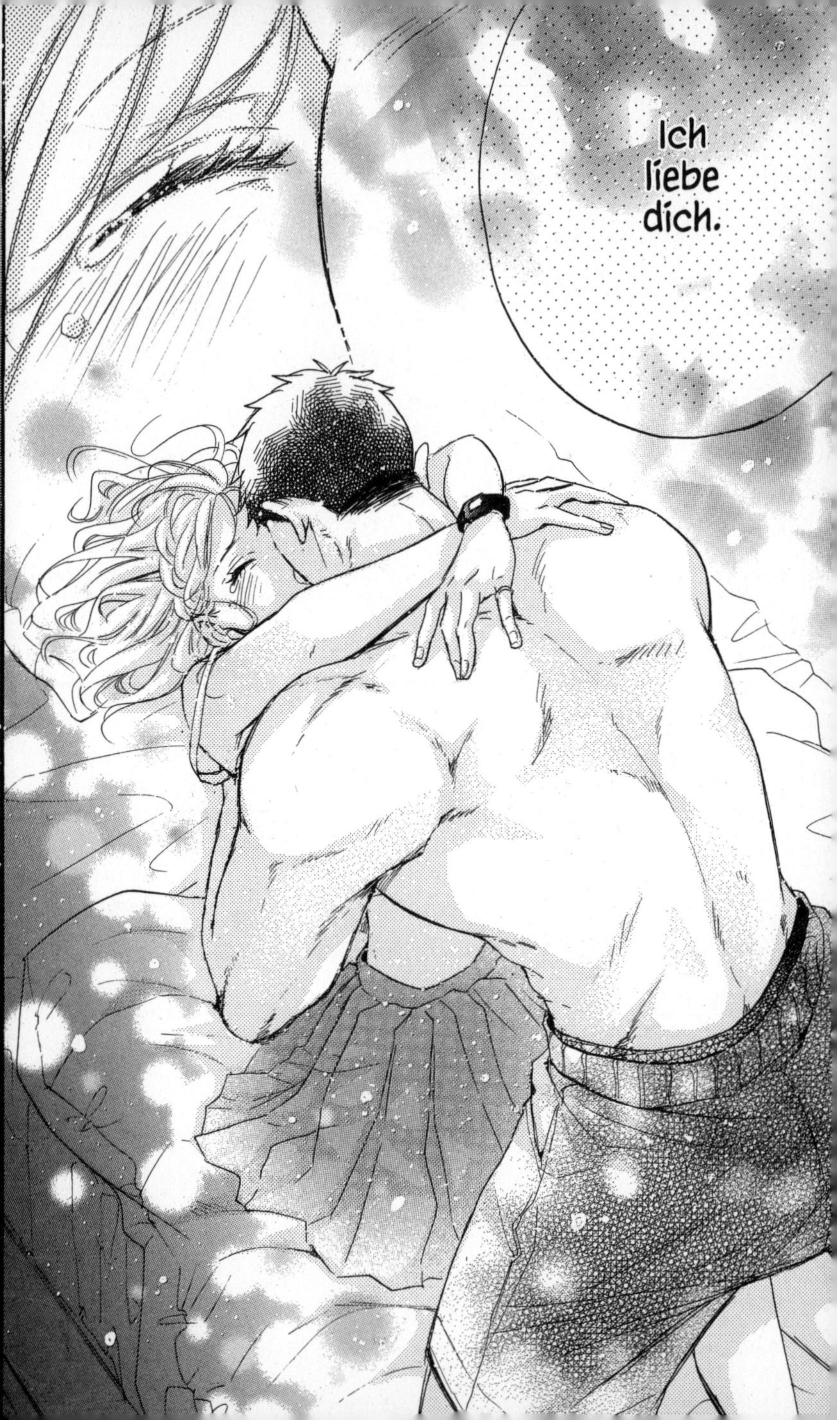
Ich liebe dich.

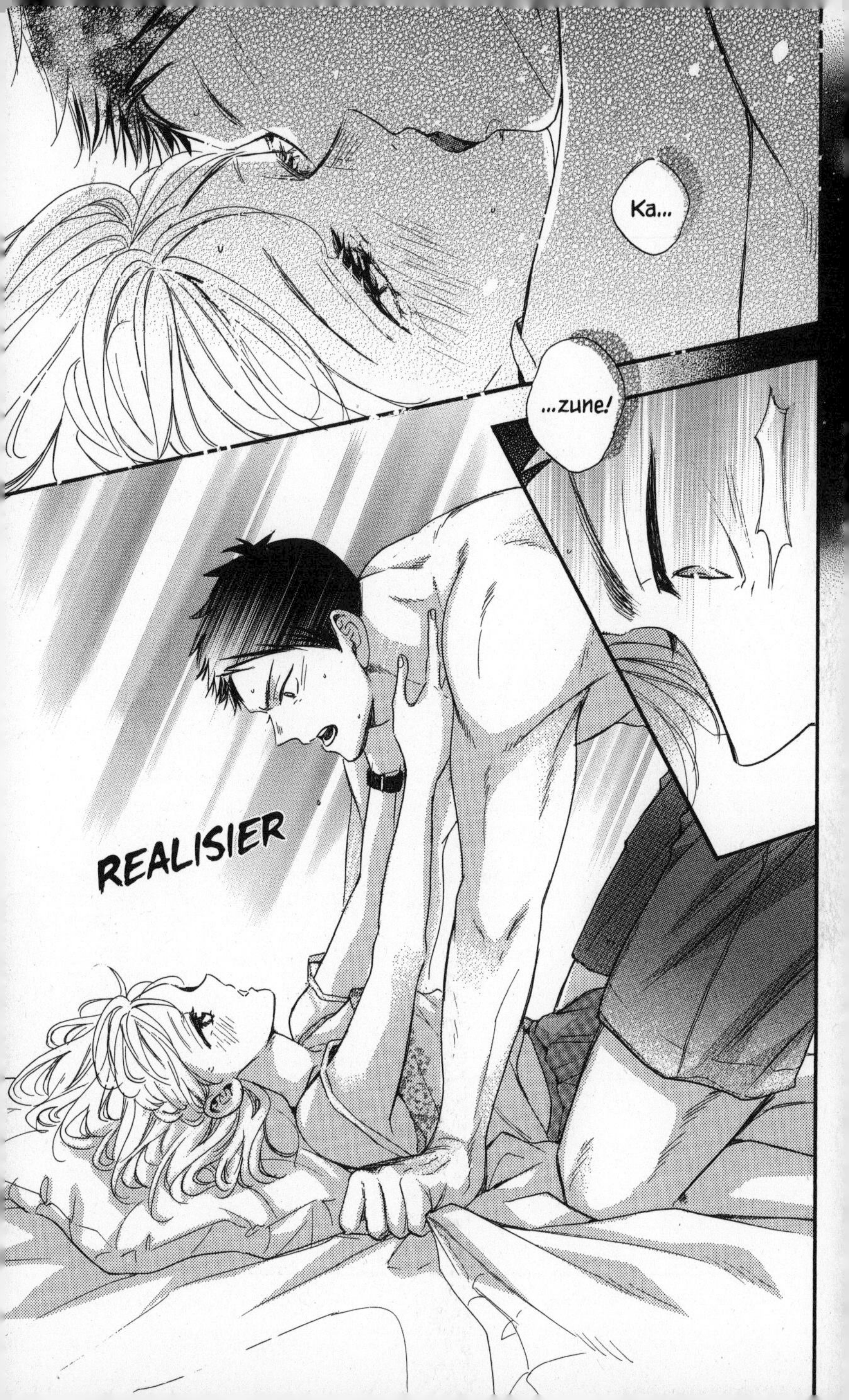
Ka...
...zune!
REALISIER

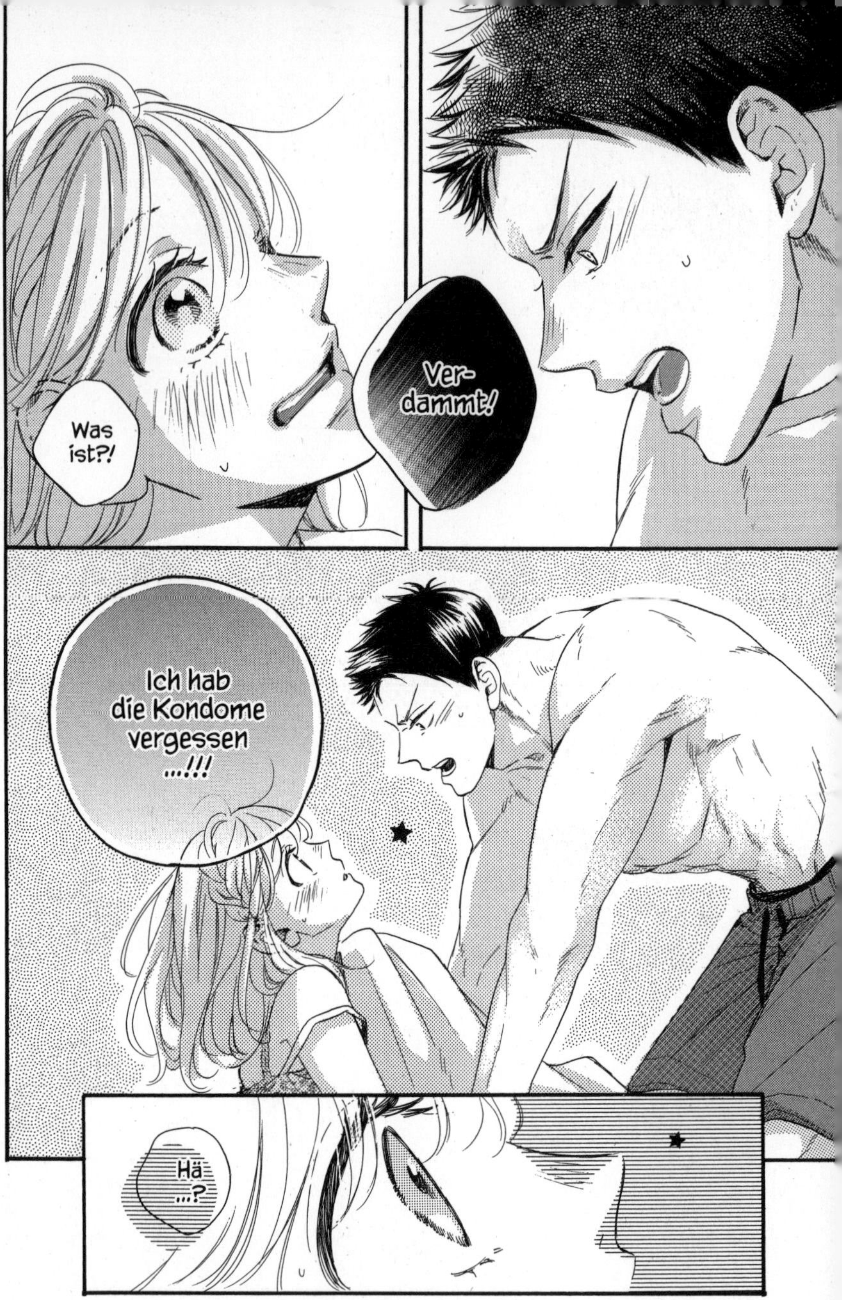
Ver-
dammt!
Was
ist?!
Ich hab
die Kondome
vergessen
...!!!
Hä
...?

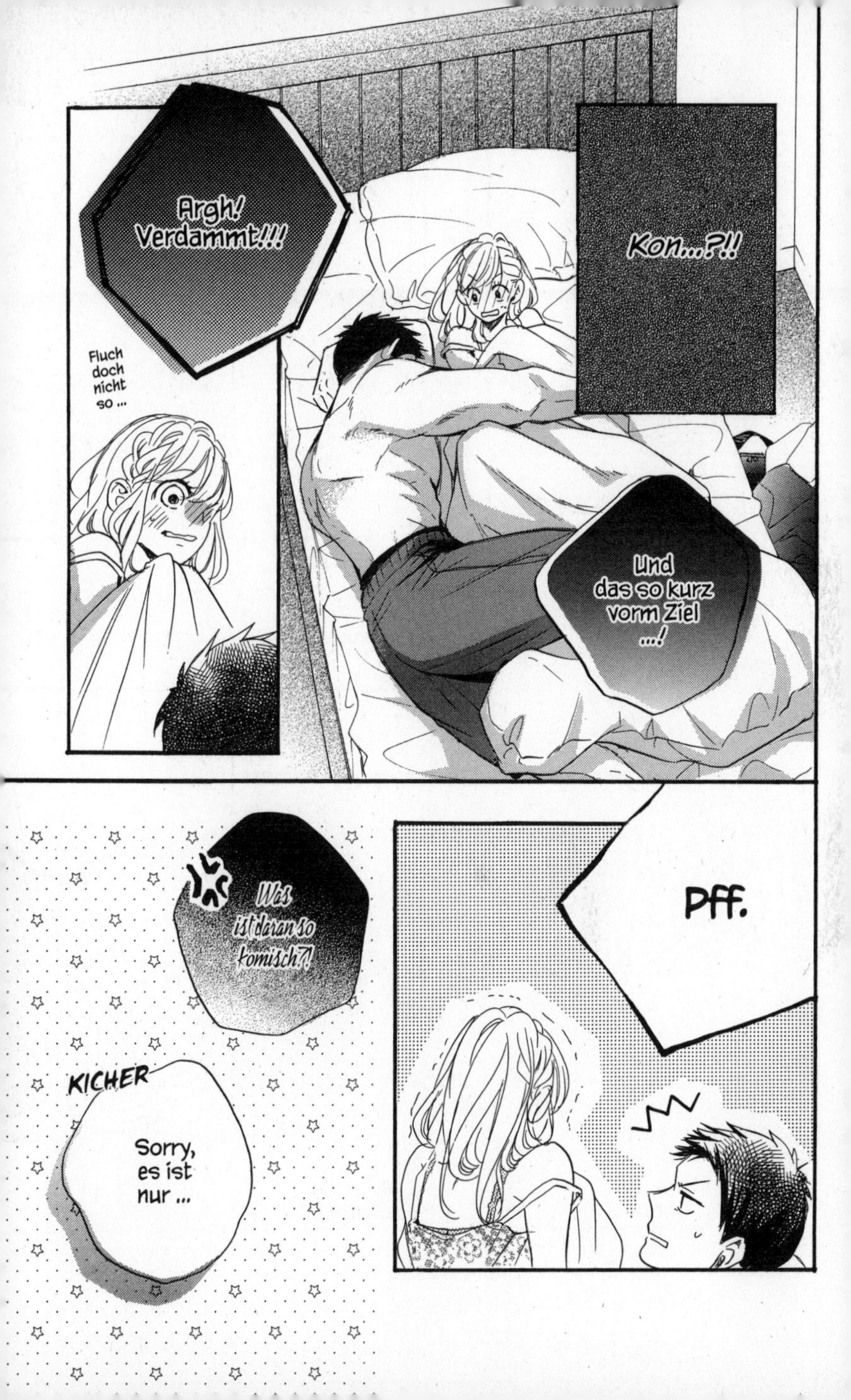
Kon…?!!
Argh! Verdammt!!!
Und das so kurz vorm Ziel …!
Fluch doch nicht so …
Pff.
Was ist daran so komisch?!
KICHER
Sorry, es ist nur …

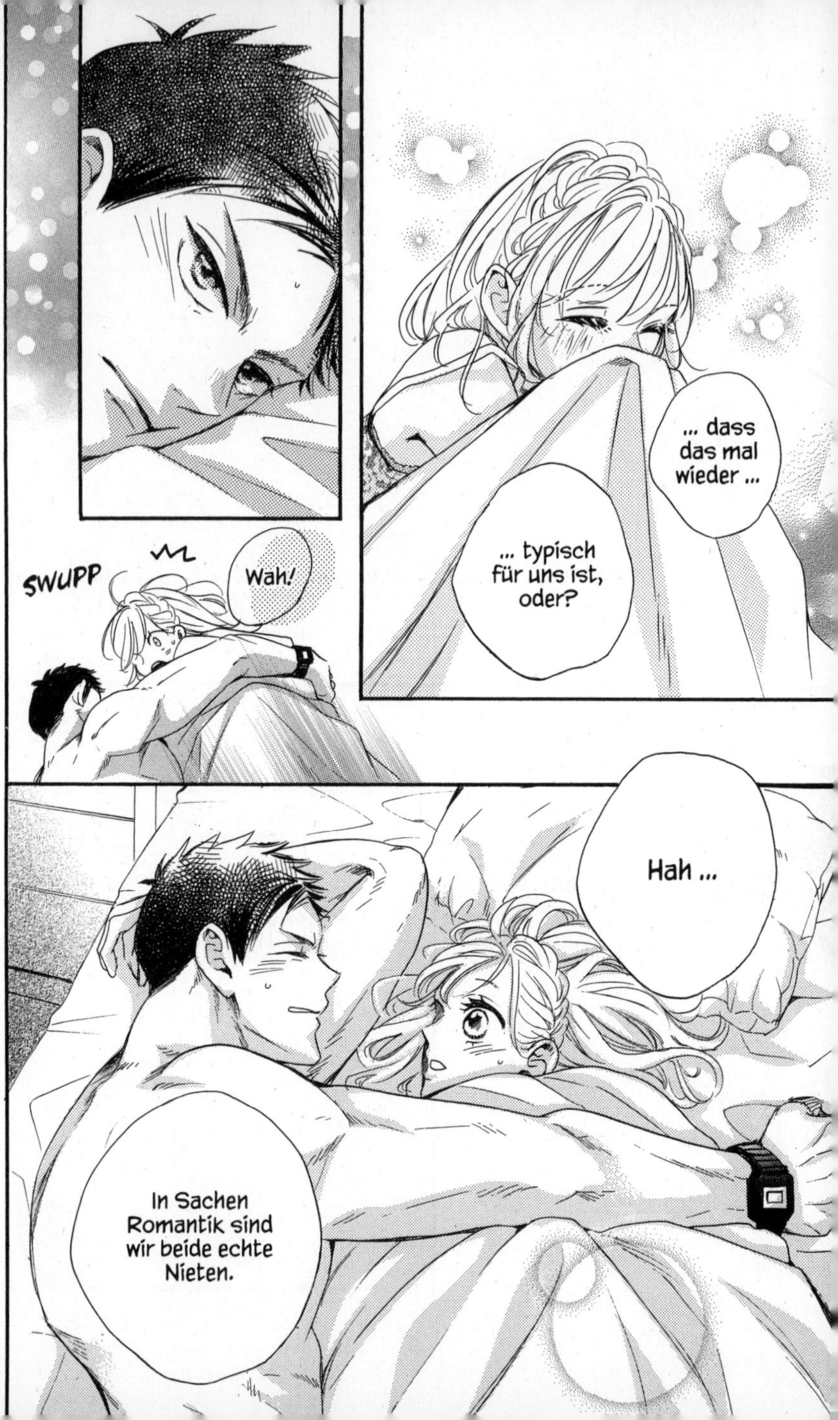
... dass das mal wieder ...
... typisch für uns ist, oder?
Wah!
SWUPP
Hah ...
In Sachen Romantik sind wir beide echte Nieten.

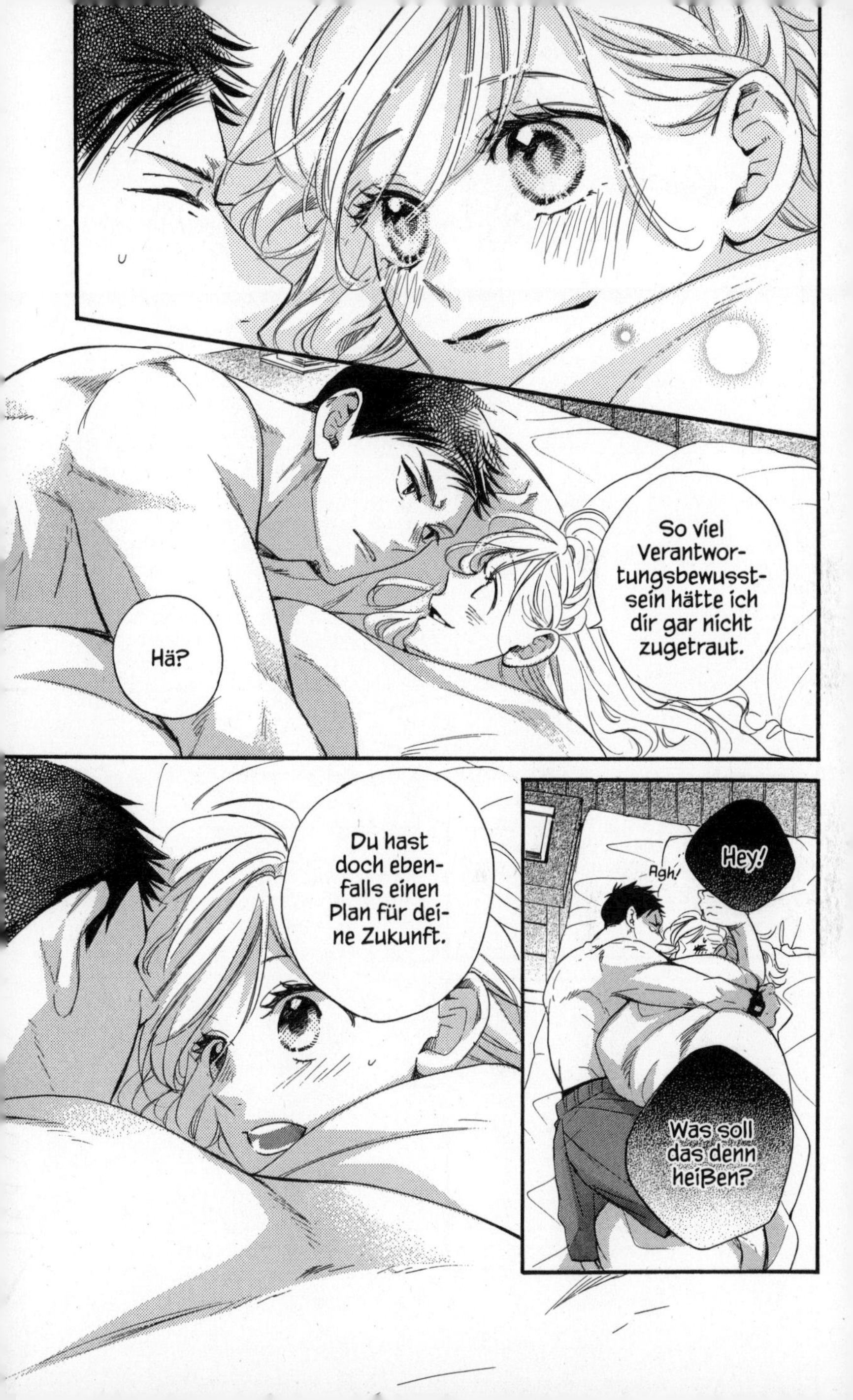
So viel Verantwortungsbewusstsein hätte ich dir gar nicht zugetraut.
Hä?
Hey!
Agh!
Was soll das denn heißen?
Du hast doch ebenfalls einen Plan für deine Zukunft.

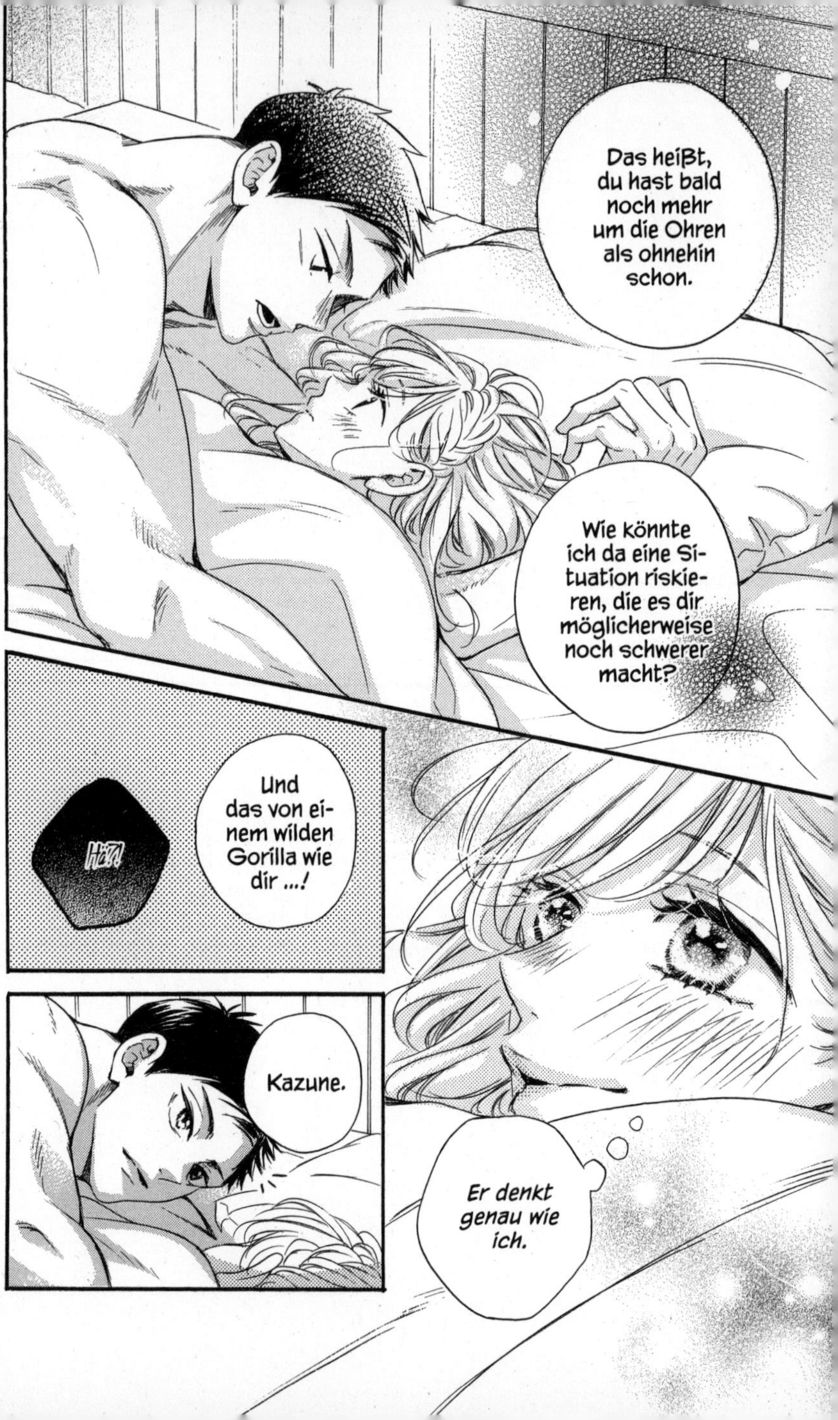
Das heißt, du hast bald noch mehr um die Ohren als ohnehin schon.
Wie könnte ich da eine Situation riskieren, die es dir möglicherweise noch schwerer macht?
Er denkt genau wie ich.
Und das von einem wilden Gorilla wie dir ...!
Häh?!
Kazune.

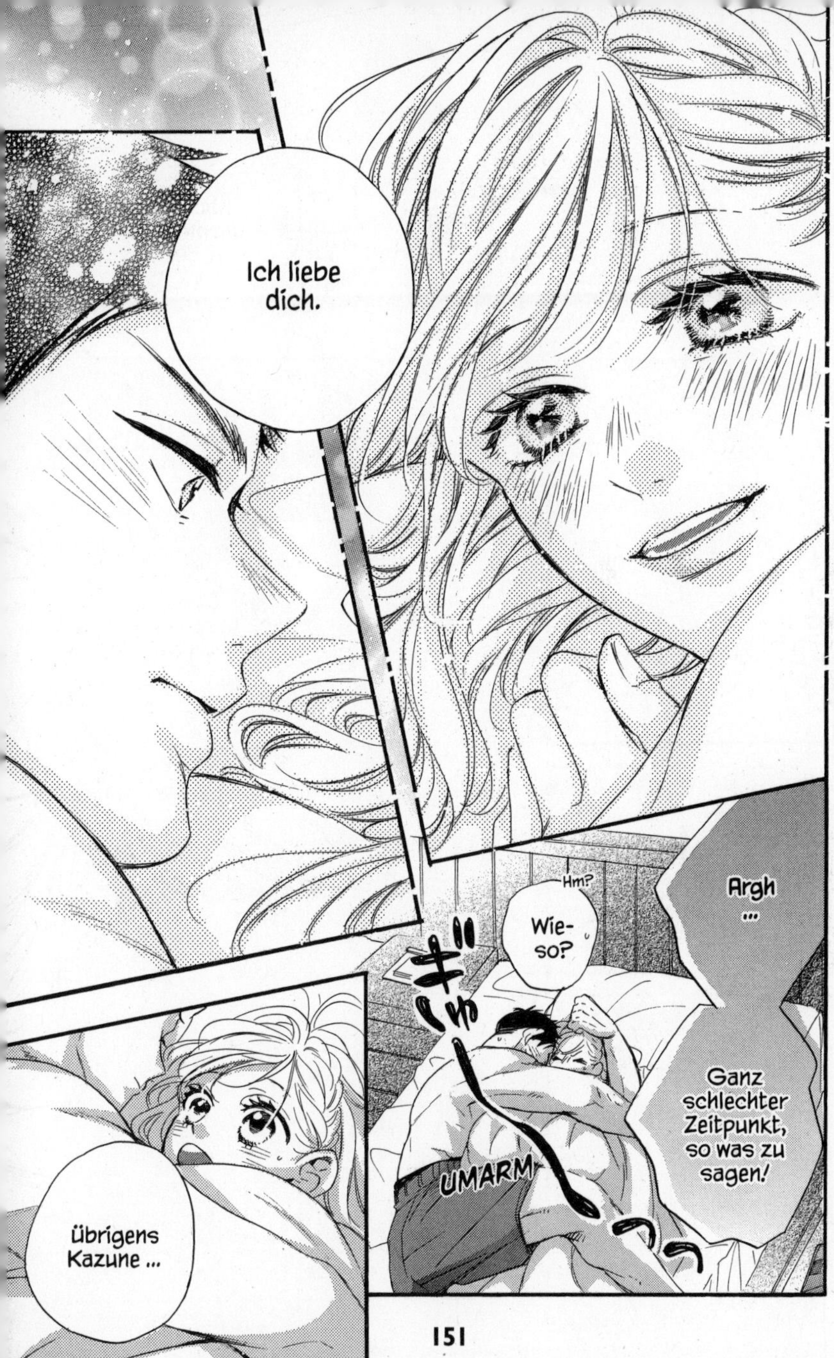
Ich liebe dich.
Argh ...
Hm?
Wieso?
UMARM
Ganz schlechter Zeitpunkt, so was zu sagen!
übrigens Kazune ...

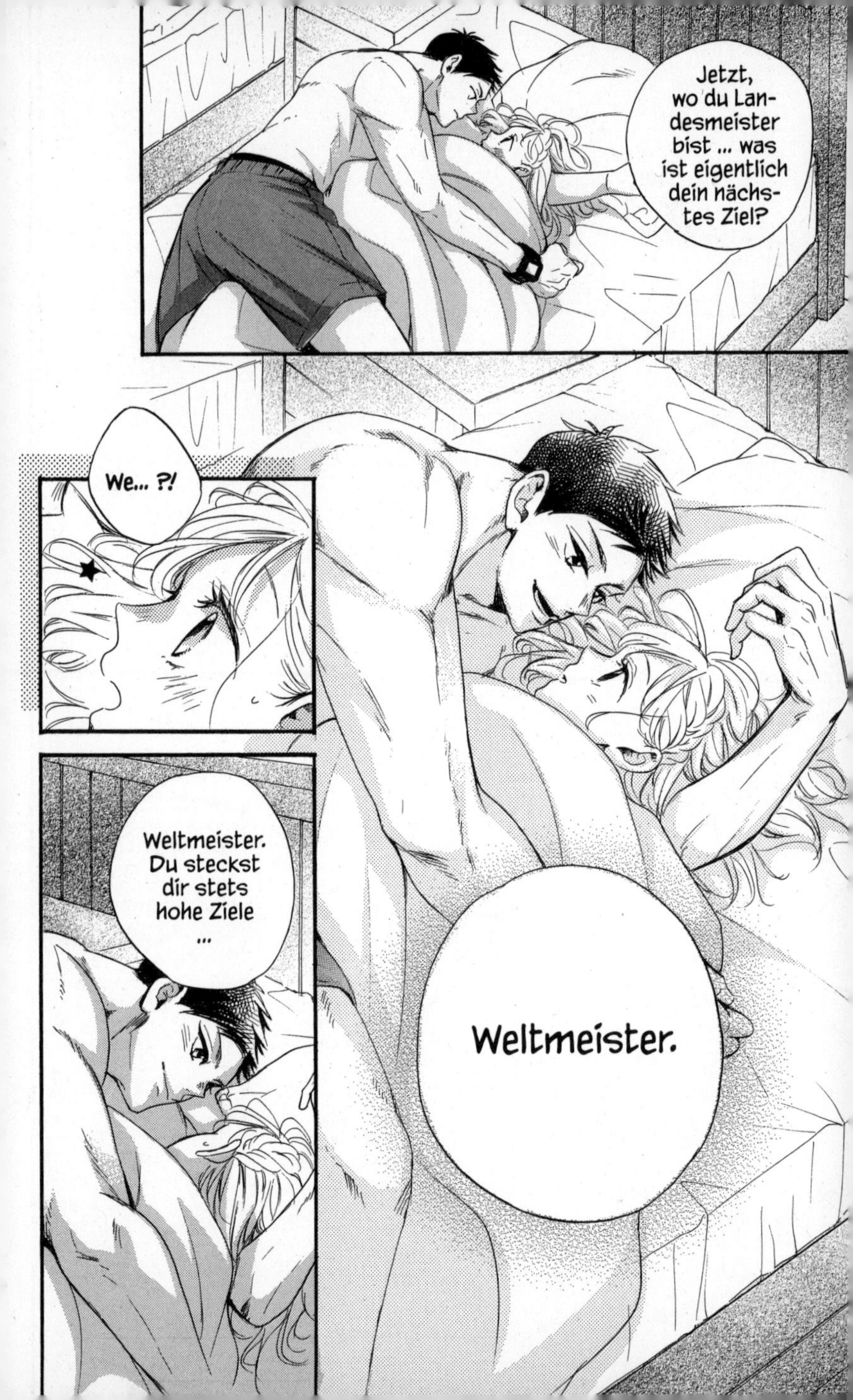

Jetzt, wo du Landesmeister bist ... was ist eigentlich dein nächstes Ziel?
Weltmeister.
We... ?!
Weltmeister. Du steckst dir stets hohe Ziele ...

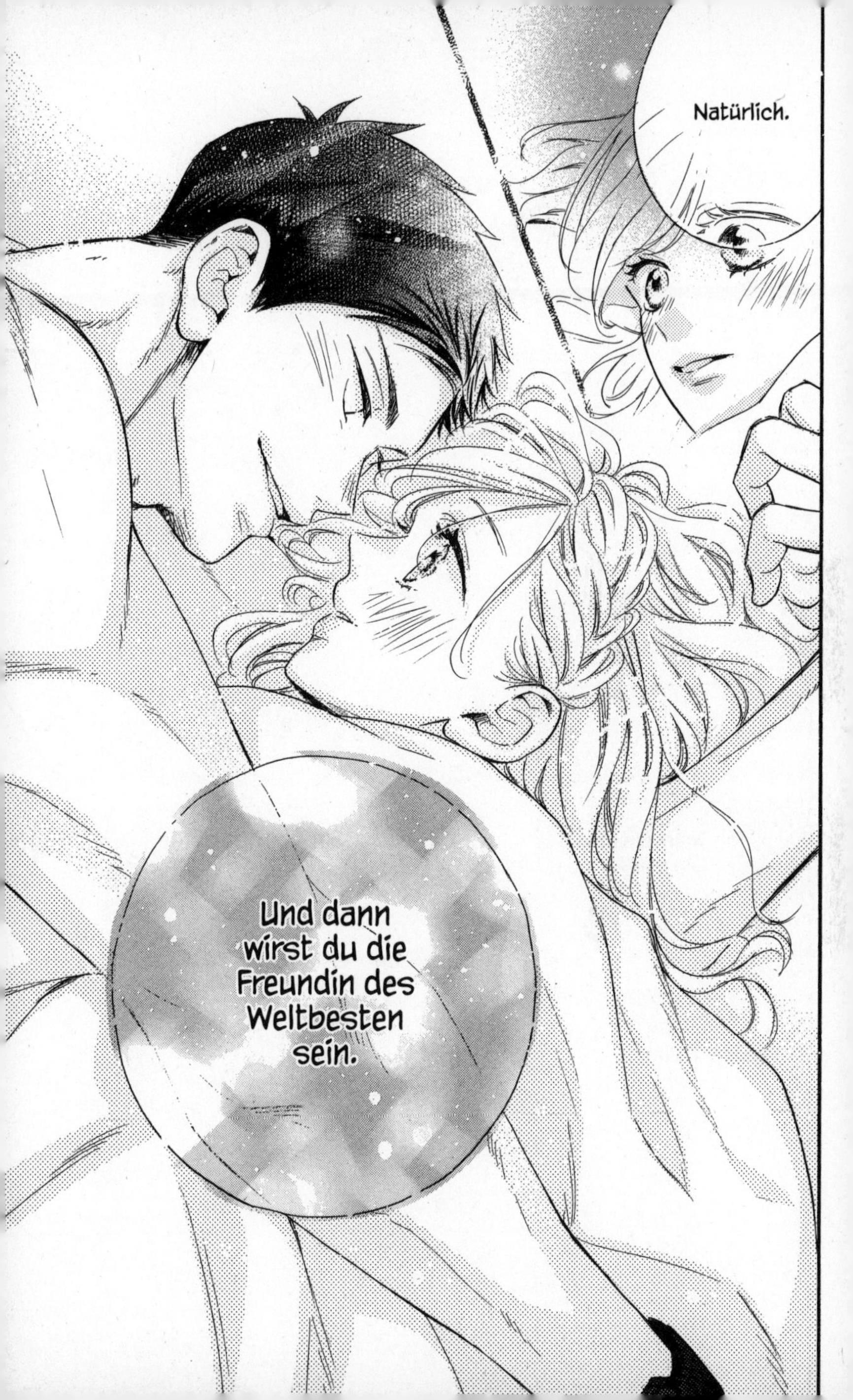
Natürlich.
Und dann wirst du die Freundin des Weltbesten sein.

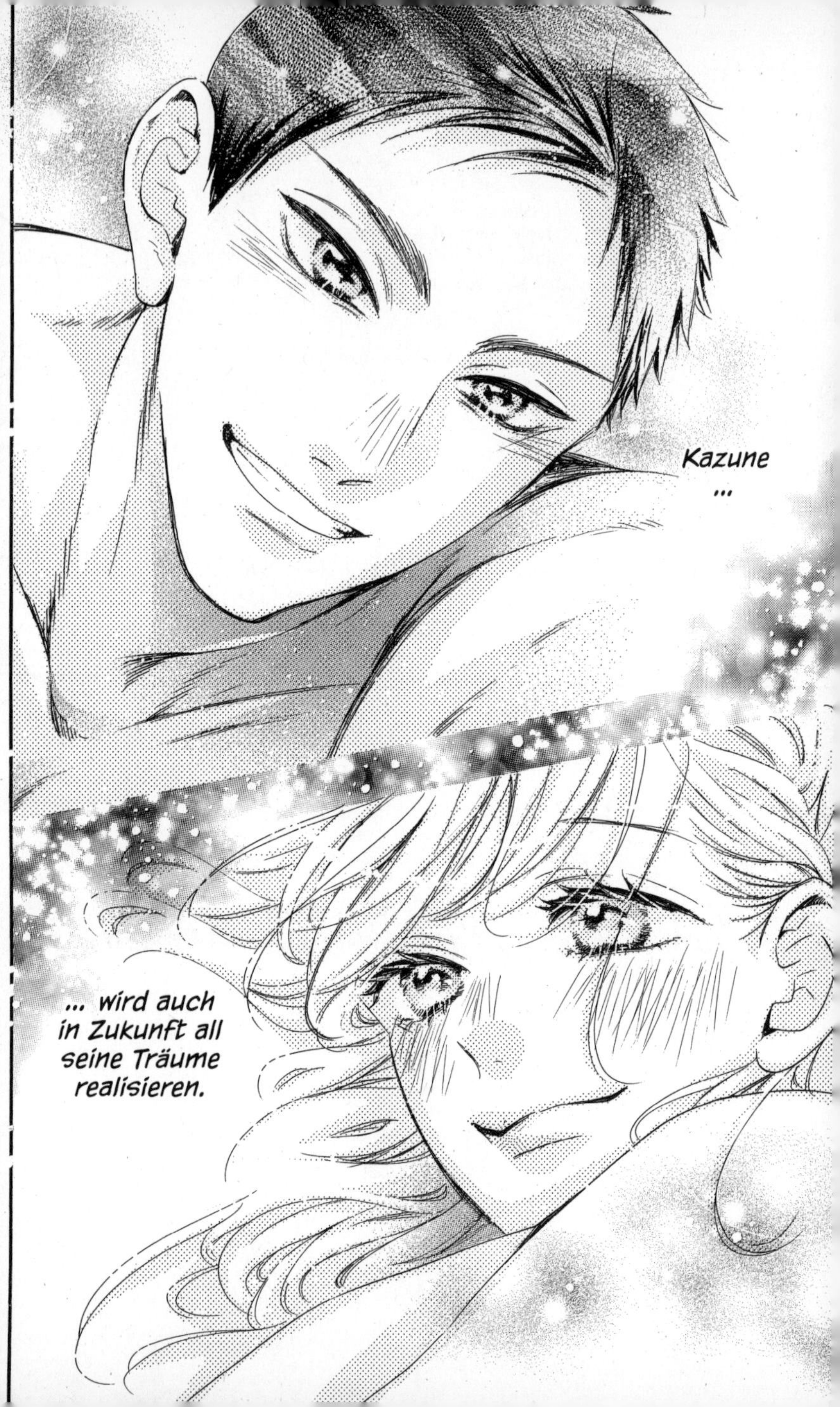
Kazune ...
... wird auch in Zukunft all seine Träume realisieren.

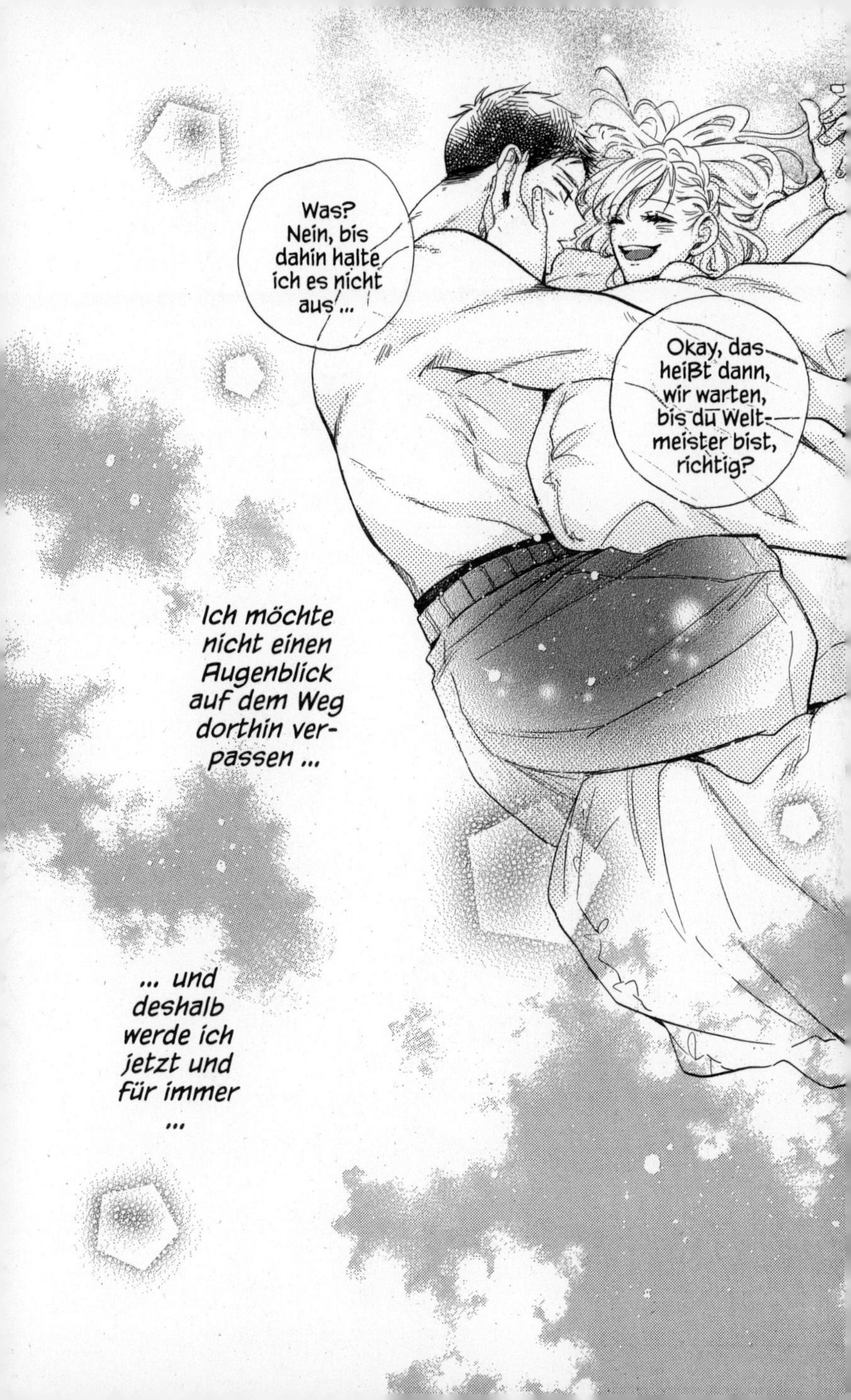

Okay, das heißt dann, wir warten, bis du Weltmeister bist, richtig?
Was? Nein, bis dahin halte ich es nicht aus ...
Ich möchte nicht einen Augenblick auf dem Weg dorthin verpassen ...
... und deshalb werde ich jetzt und für immer ...

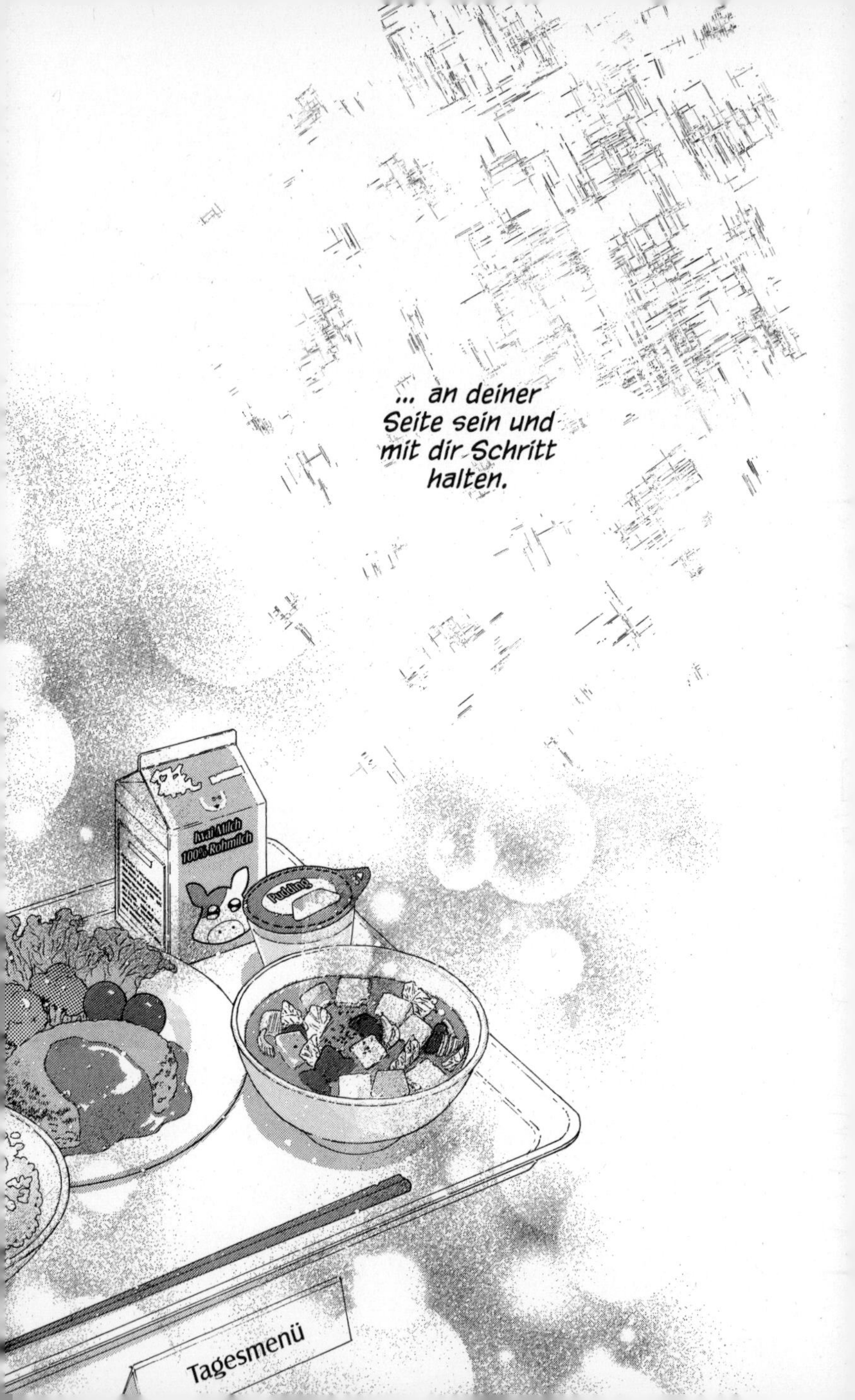
... an deiner Seite sein und mit dir Schritt halten.
Iwai Milch 100% Rohmilch
Pudding
Tagesmenü

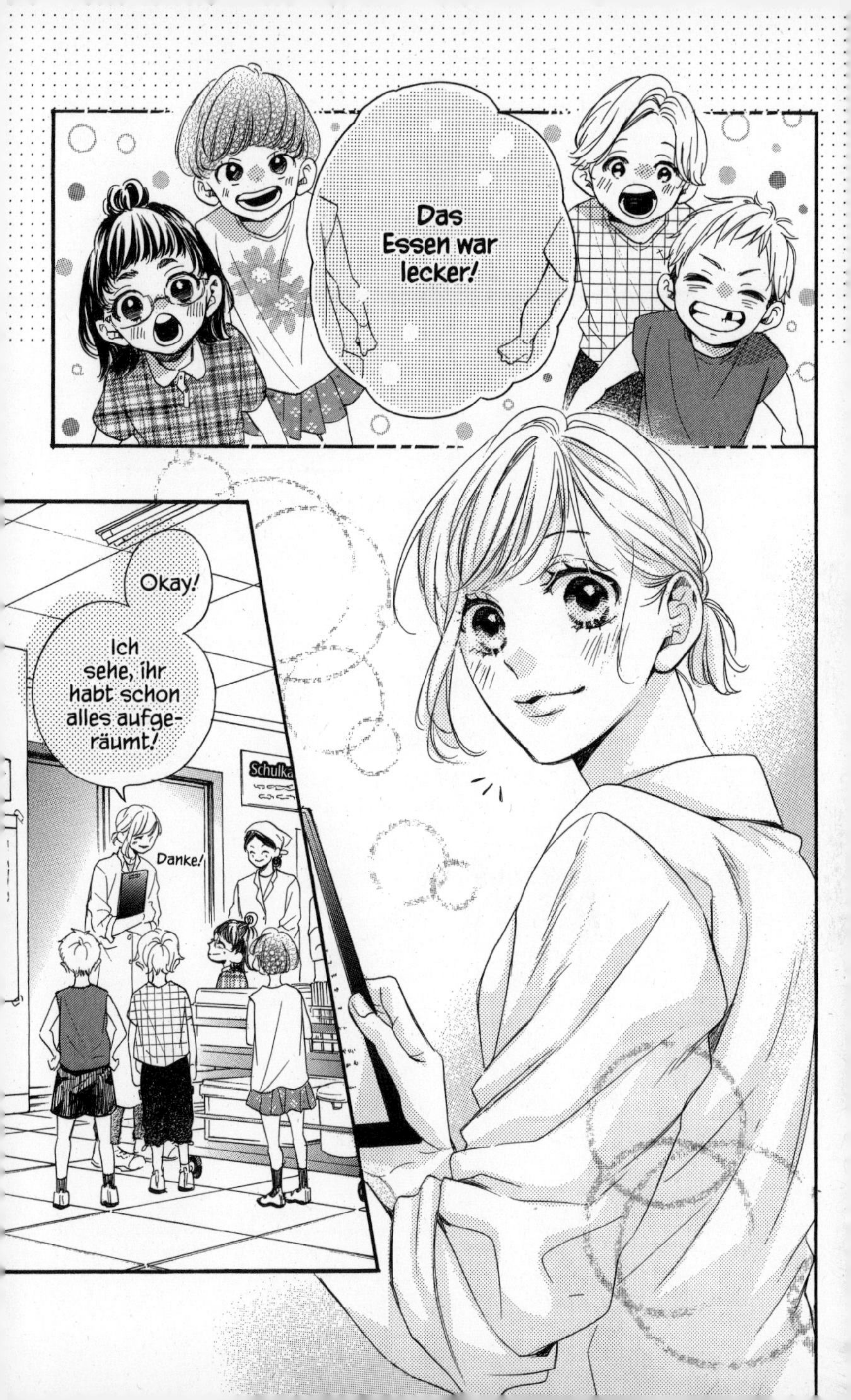
Das Essen war lecker!
Okay!
Ich sehe, ihr habt schon alles aufgeräumt!
Danke!

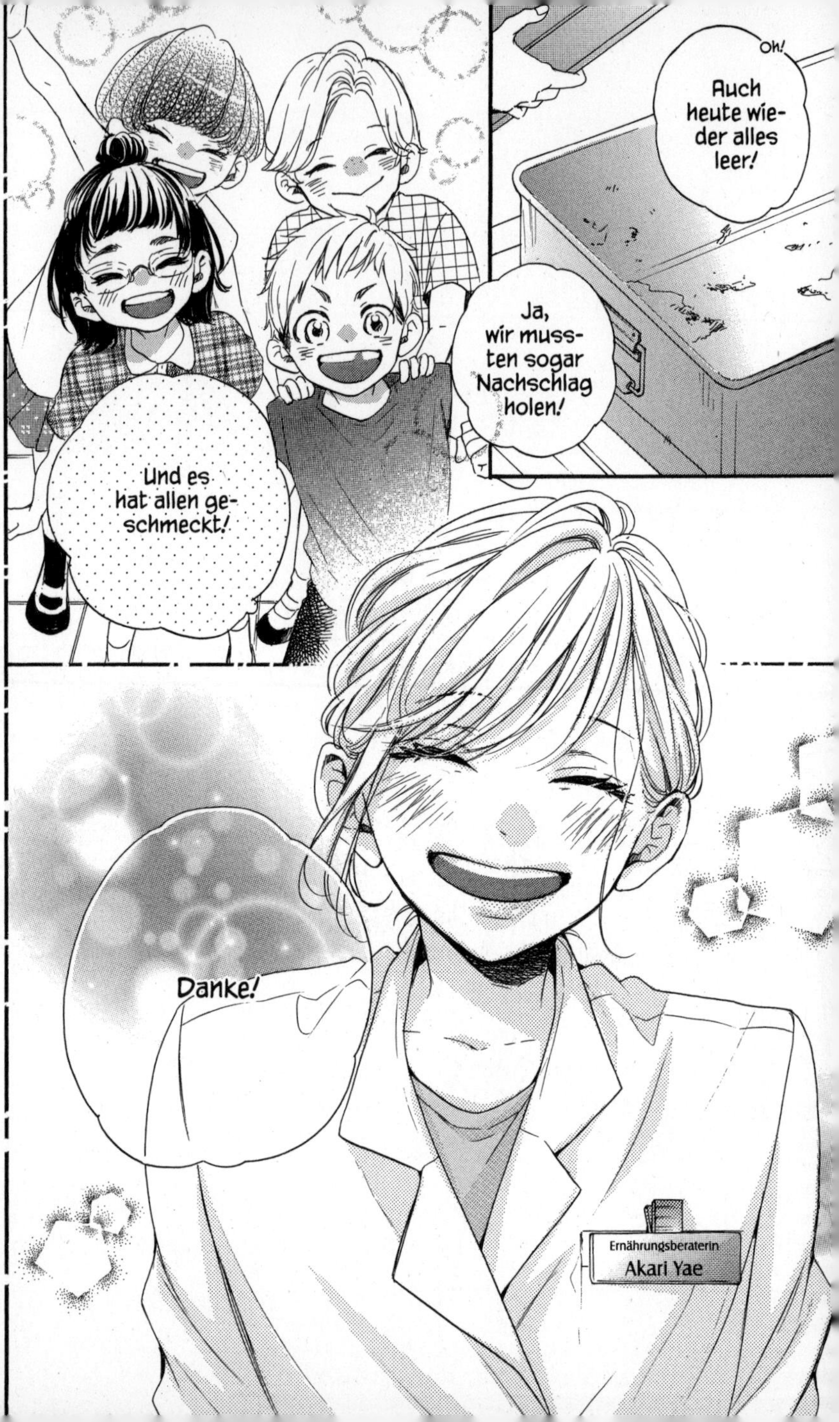
Oh!
Auch heute wieder alles leer!
Ja, wir mussten sogar Nachschlag holen!
Und es hat allen geschmeckt!
Danke!
Ernährungsberaterin
Akari Yae

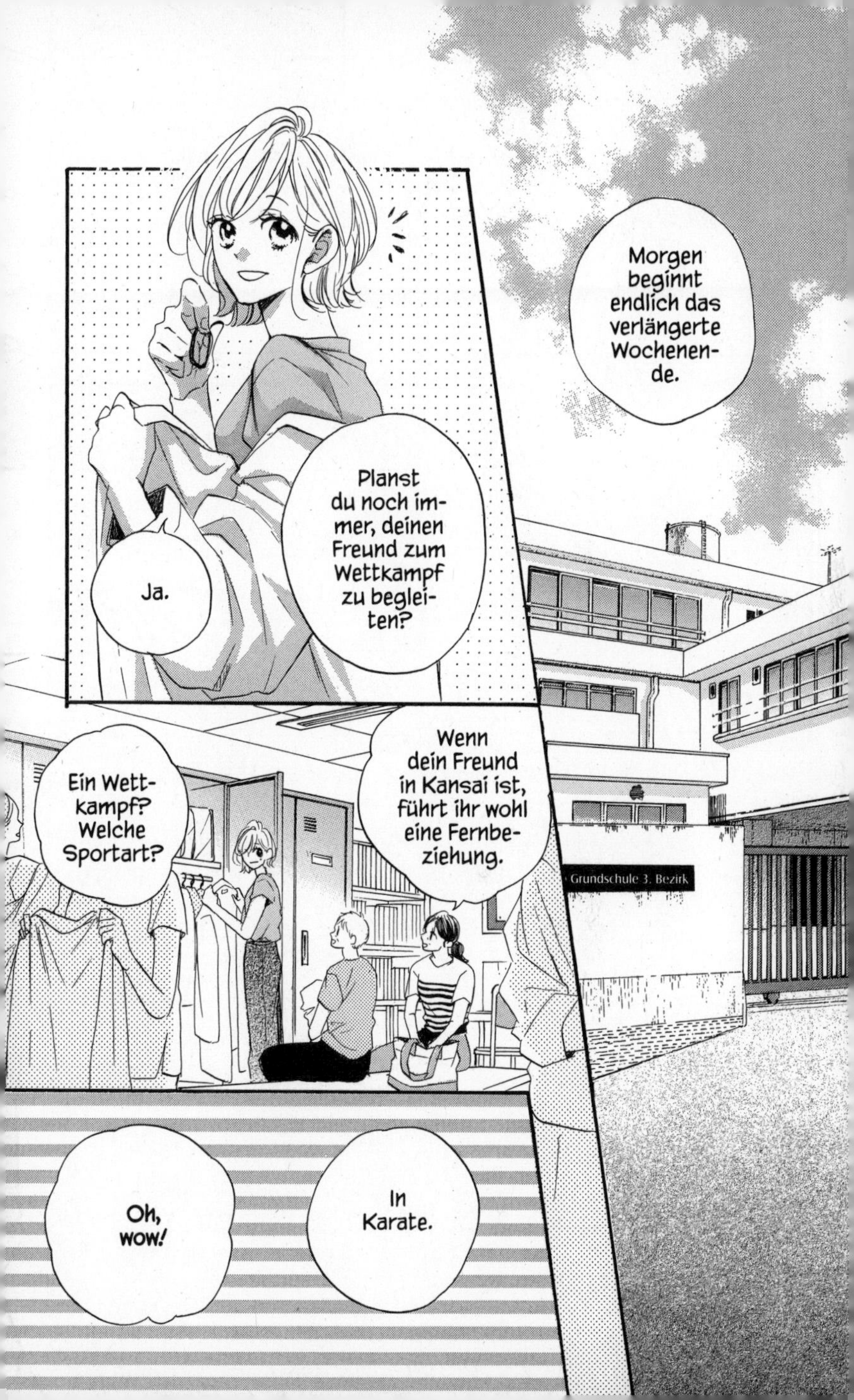
Morgen beginnt endlich das verlängerte Wochenende.
Planst du noch immer, deinen Freund zum Wettkampf zu begleiten?
Ja.
Wenn dein Freund in Kansai ist, führt ihr wohl eine Fernbeziehung.
Ein Wettkampf? Welche Sportart?
Grundschule 3. Bezirk
In Karate.
Oh, wow!

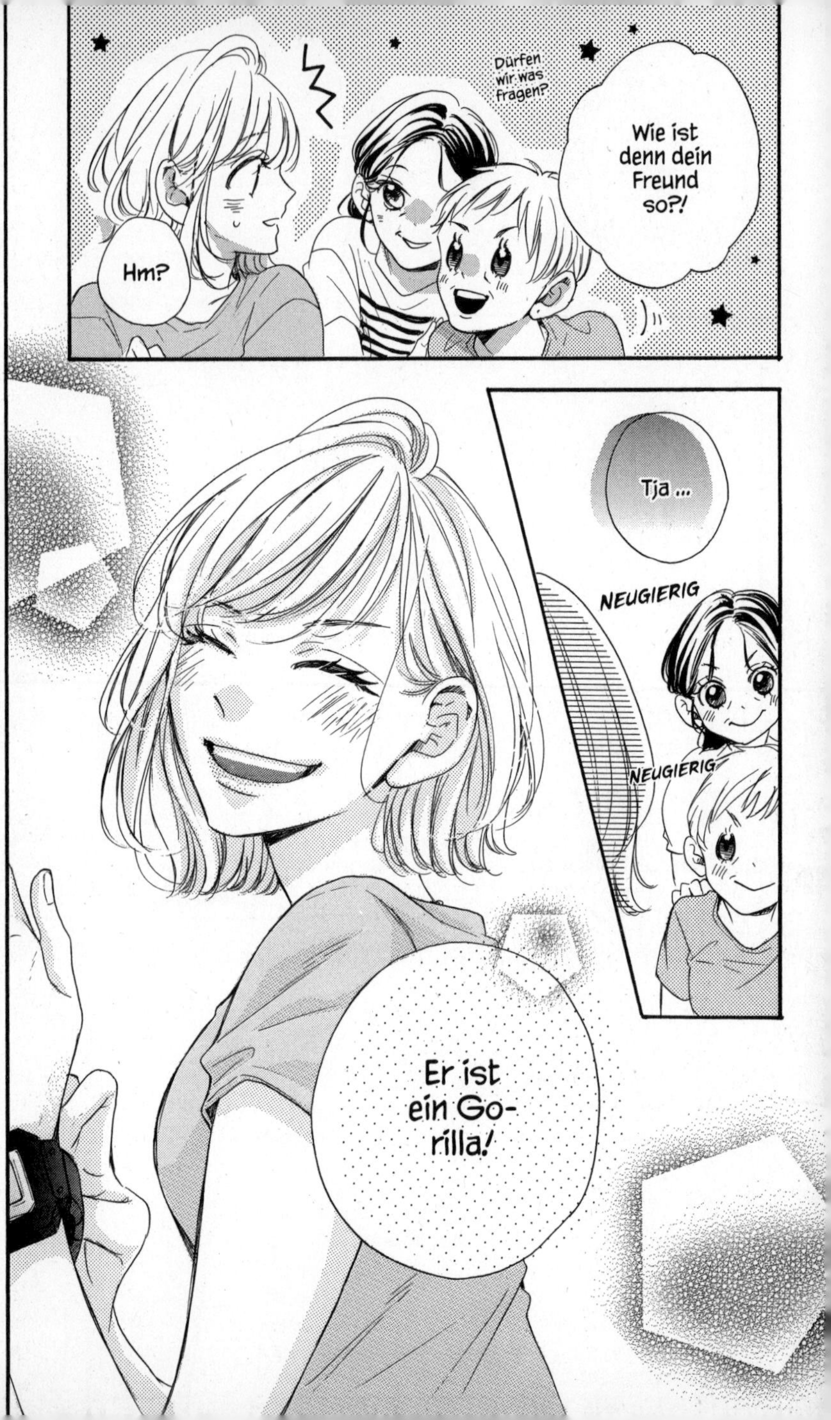
Wie ist denn dein Freund so?!
Dürfen wir was fragen?
Hm?
Tja ...
NEUGIERIG
NEUGIERIG
Er ist ein Go-rilla!

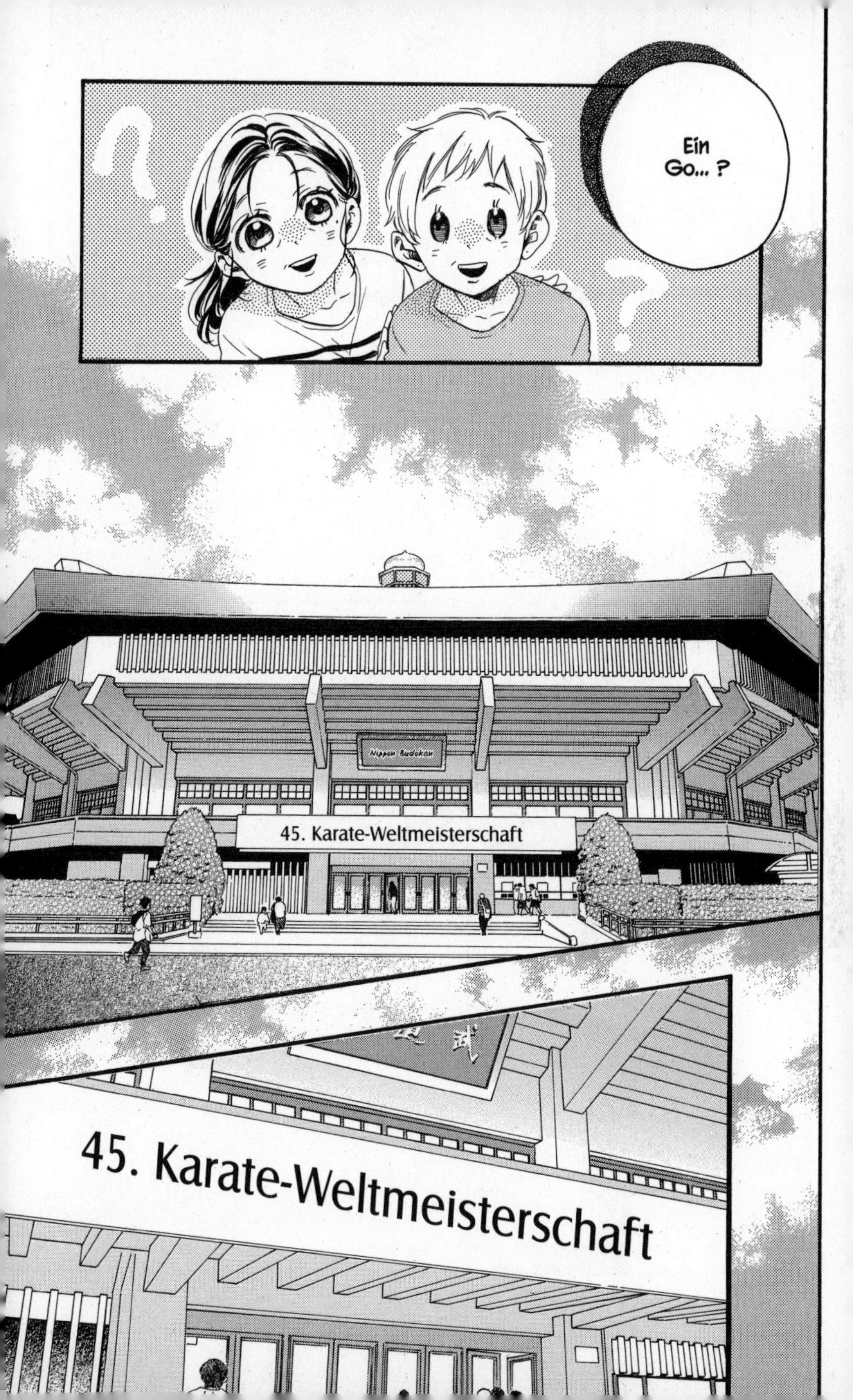
Ein Go... ?
Nippon Budokan
45. Karate-Weltmeisterschaft
45. Karate-Weltmeisterschaft

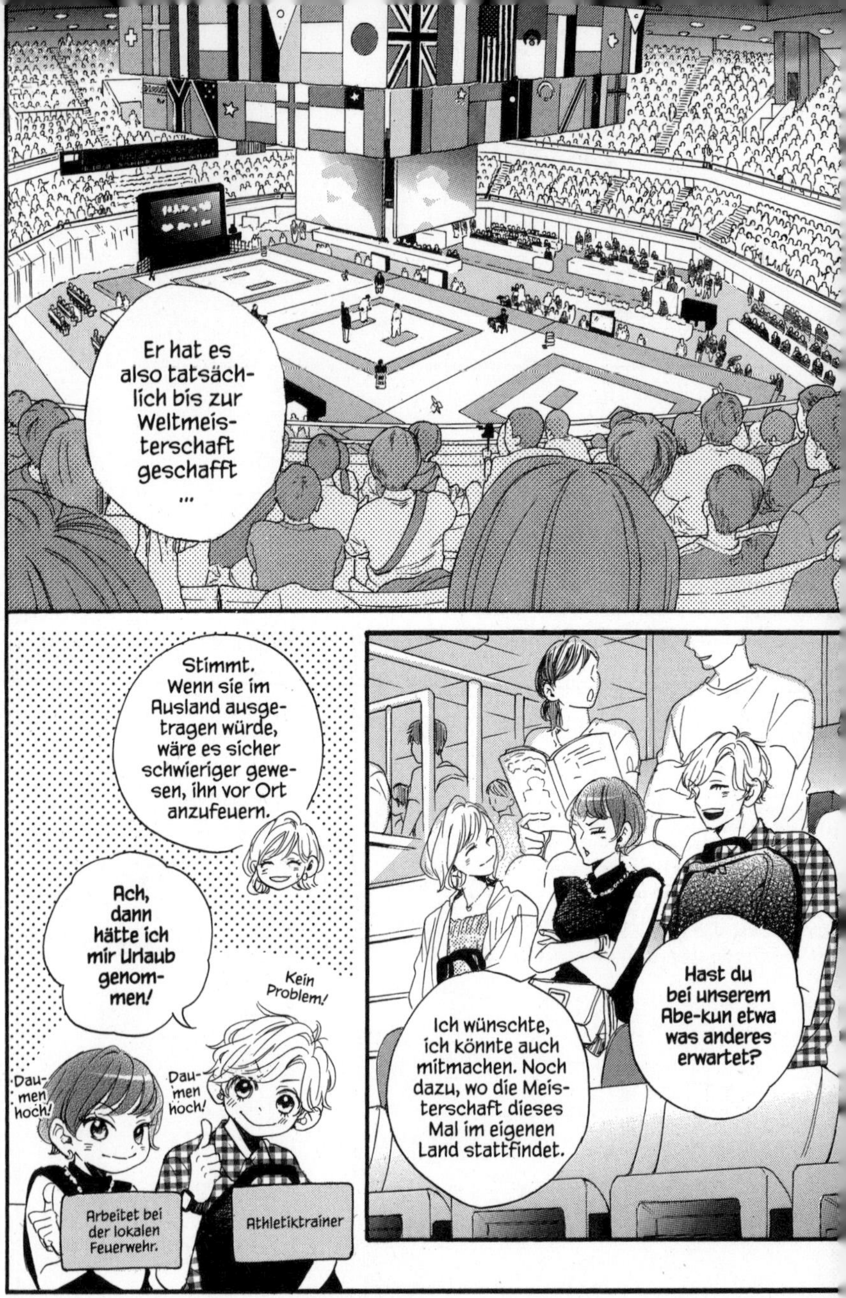
Er hat es also tatsächlich bis zur Weltmeisterschaft geschafft …
Hast du bei unserem Abe-kun etwa was anderes erwartet?
Ich wünschte, ich könnte auch mitmachen. Noch dazu, wo die Meisterschaft dieses Mal im eigenen Land stattfindet.
Stimmt. Wenn sie im Ausland ausgetragen würde, wäre es sicher schwieriger gewesen, ihn vor Ort anzufeuern.
Ach, dann hätte ich mir Urlaub genommen!
Kein Problem!
Daumen hoch!
Daumen hoch!
Athletiktrainer
Arbeitet bei der lokalen Feuerwehr.

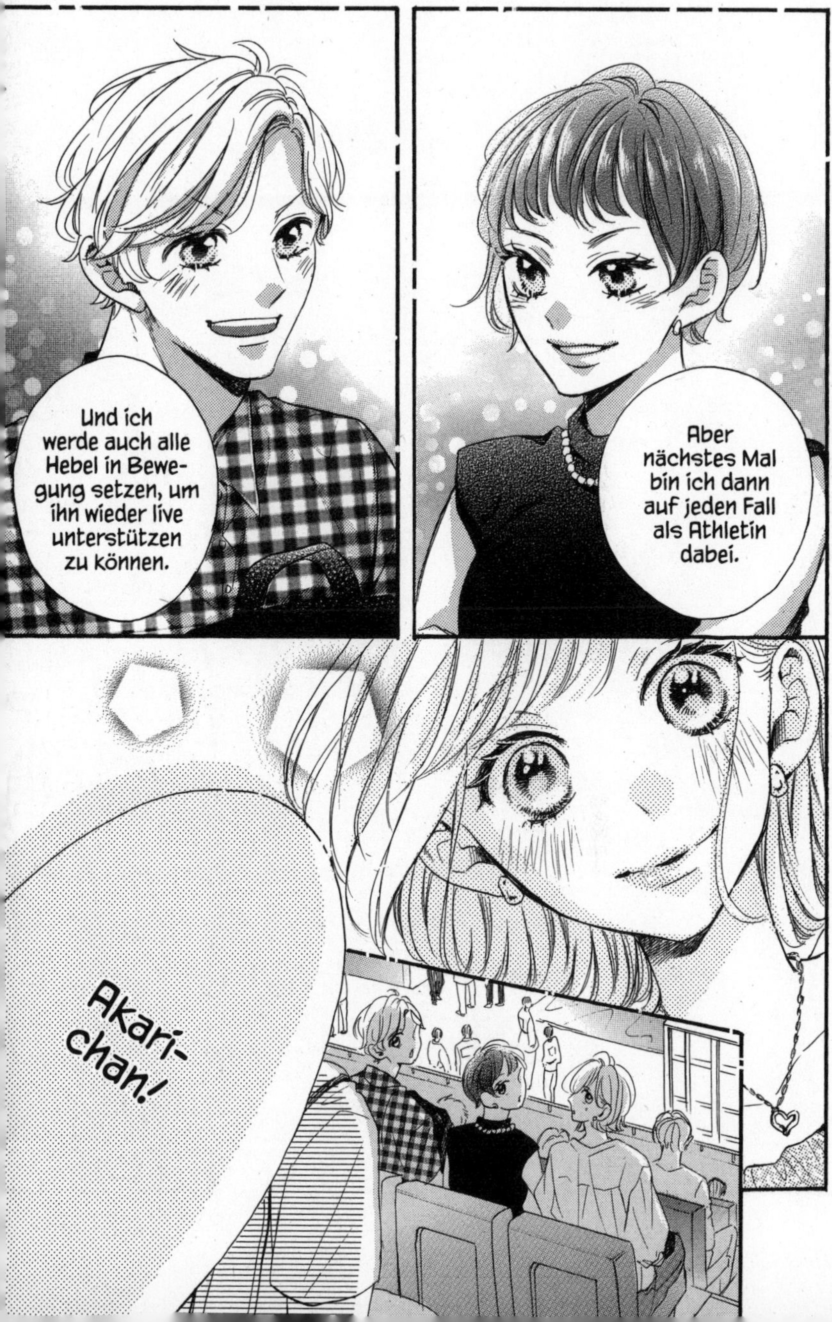
Aber nächstes Mal bin ich dann auf jeden Fall als Athletin dabei.
Und ich werde auch alle Hebel in Bewegung setzen, um ihn wieder live unterstützen zu können.
Akari-chan!

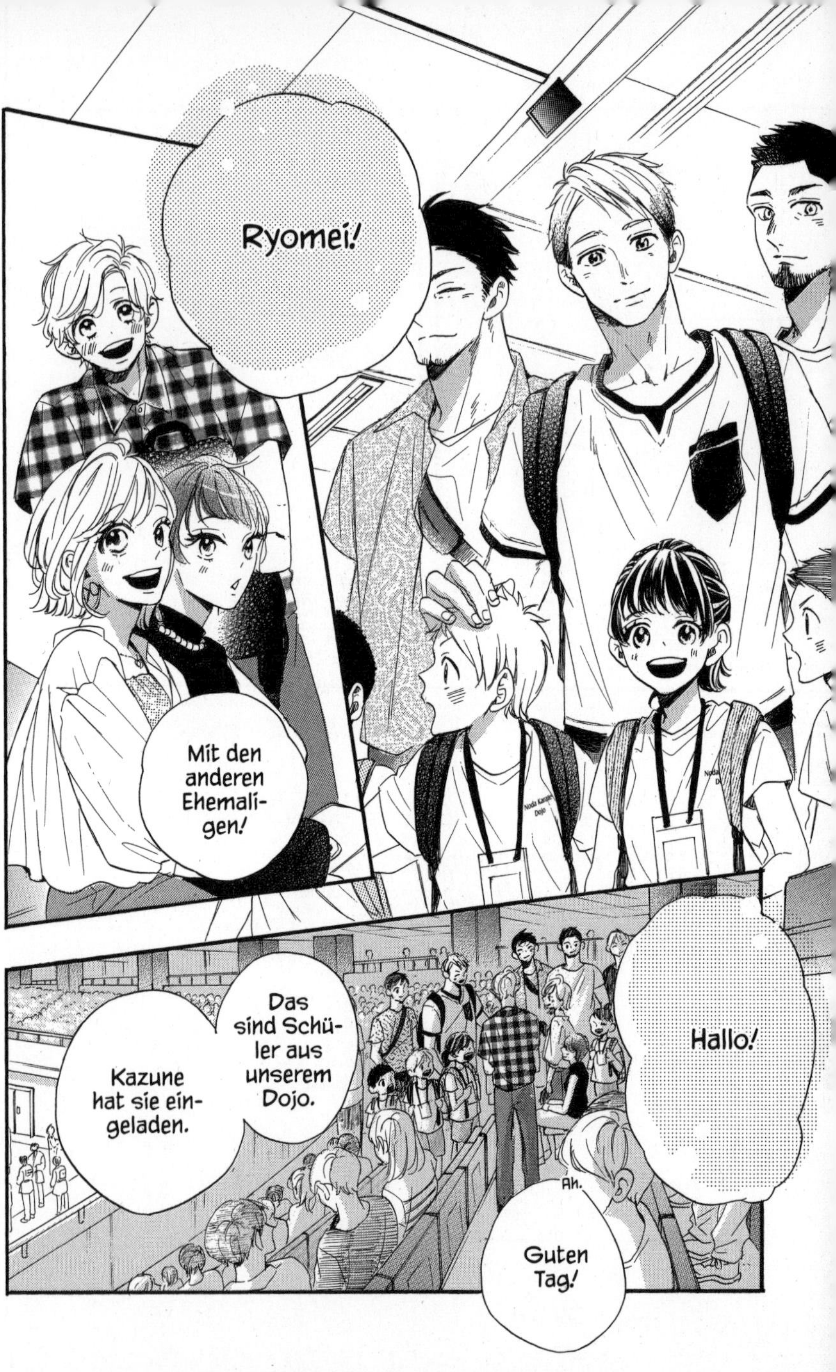
Ryomei!
Mit den anderen Ehemaligen!
Hallo!
Ah.
Guten Tag!
Das sind Schüler aus unserem Dojo.
Kazune hat sie eingeladen.

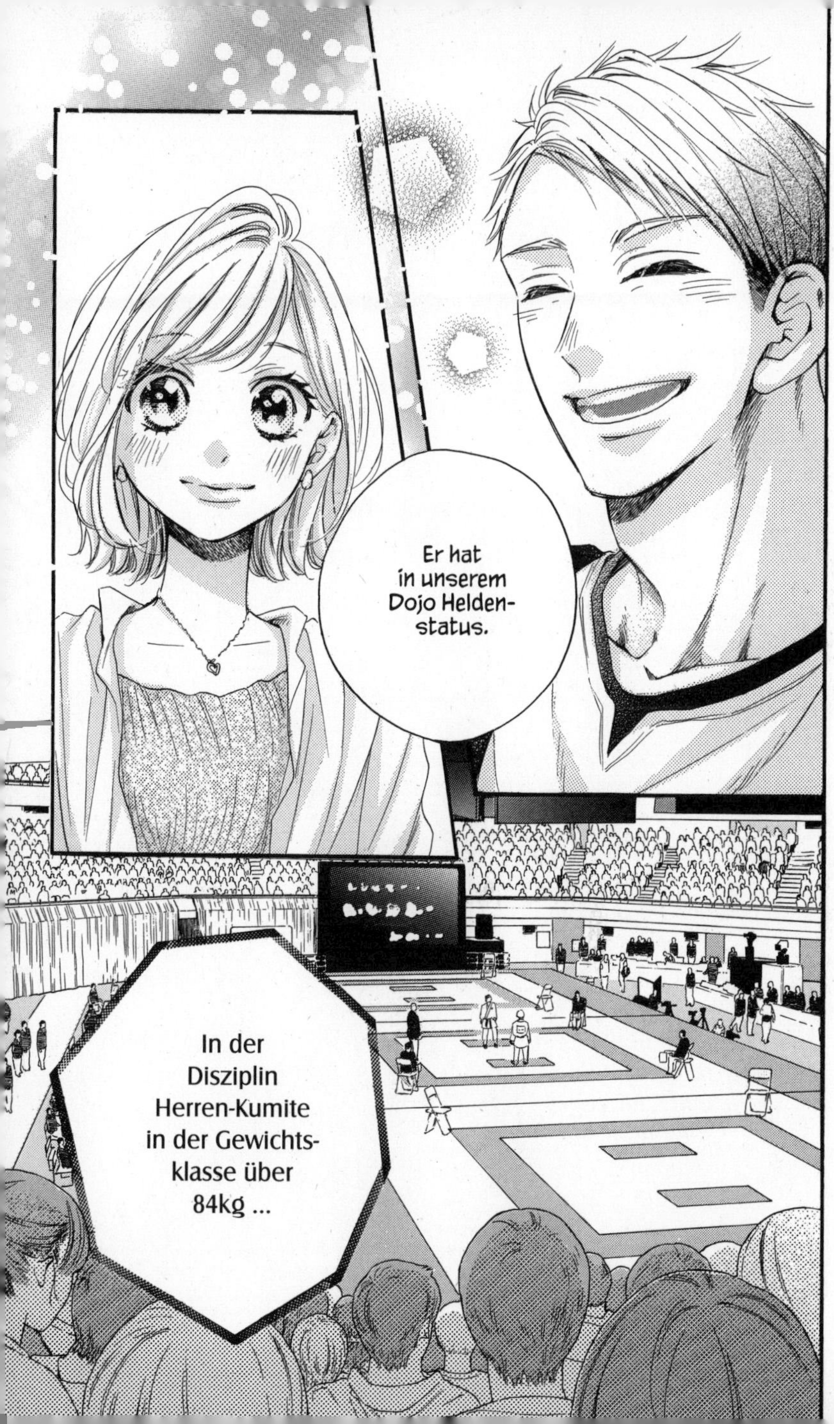
Er hat in unserem Dojo Heldenstatus.
In der Disziplin Herren-Kumite in der Gewichtsklasse über 84kg …

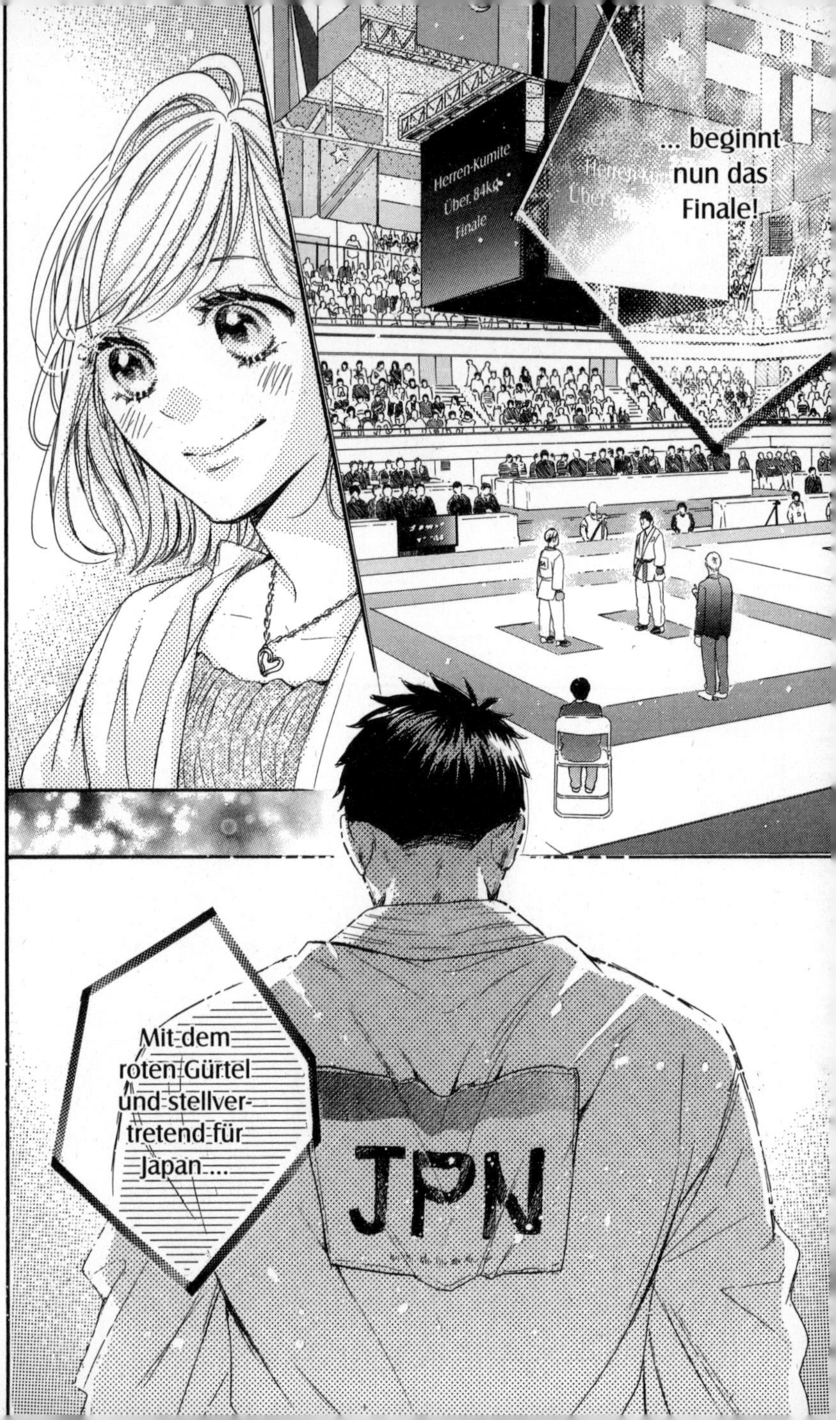
Herren-Kumite
Über 84kg
Finale
... beginnt nun das Finale!
Mit dem roten Gürtel und stellvertretend für Japan ...
JPN

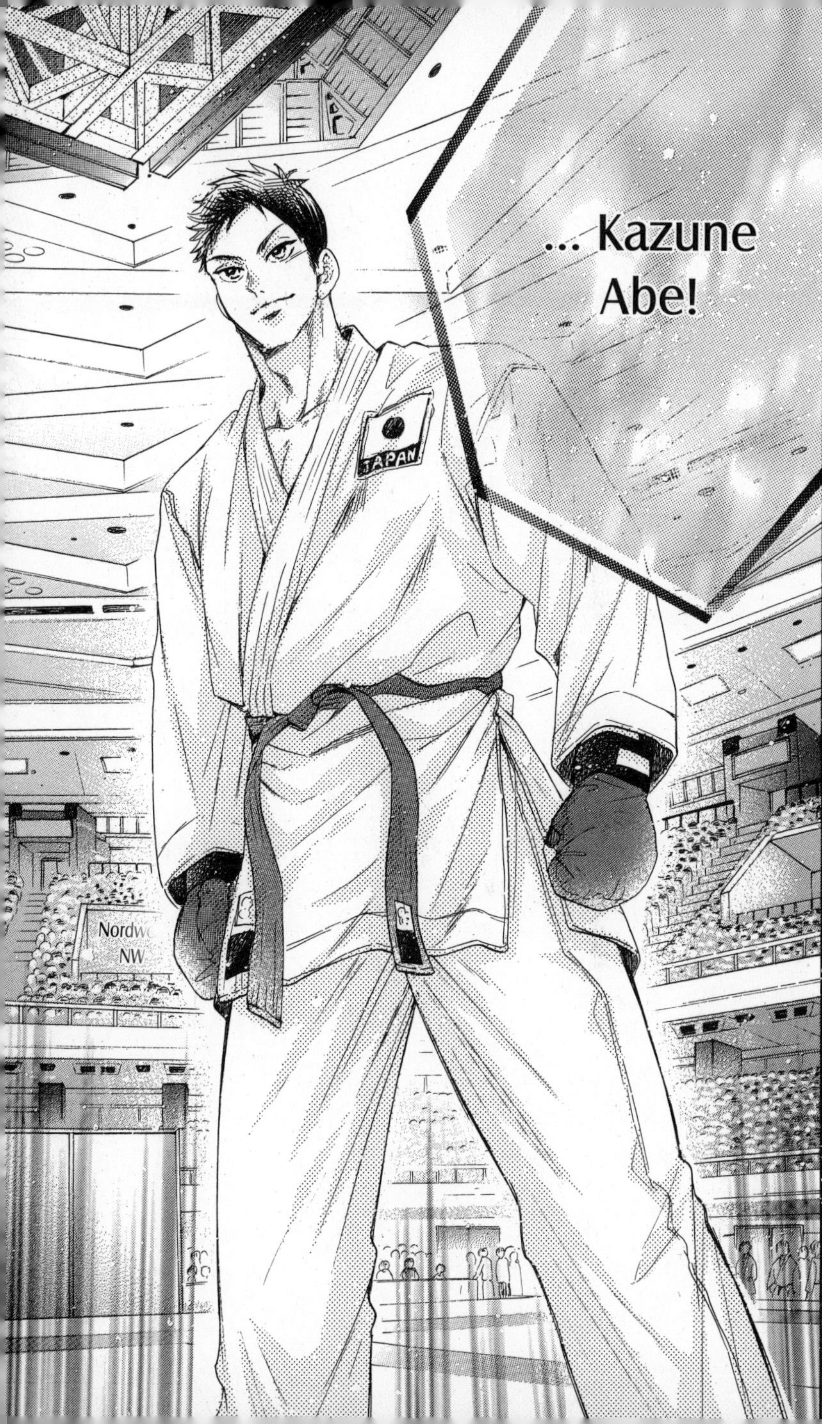
... Kazune Abe!
JAPAN

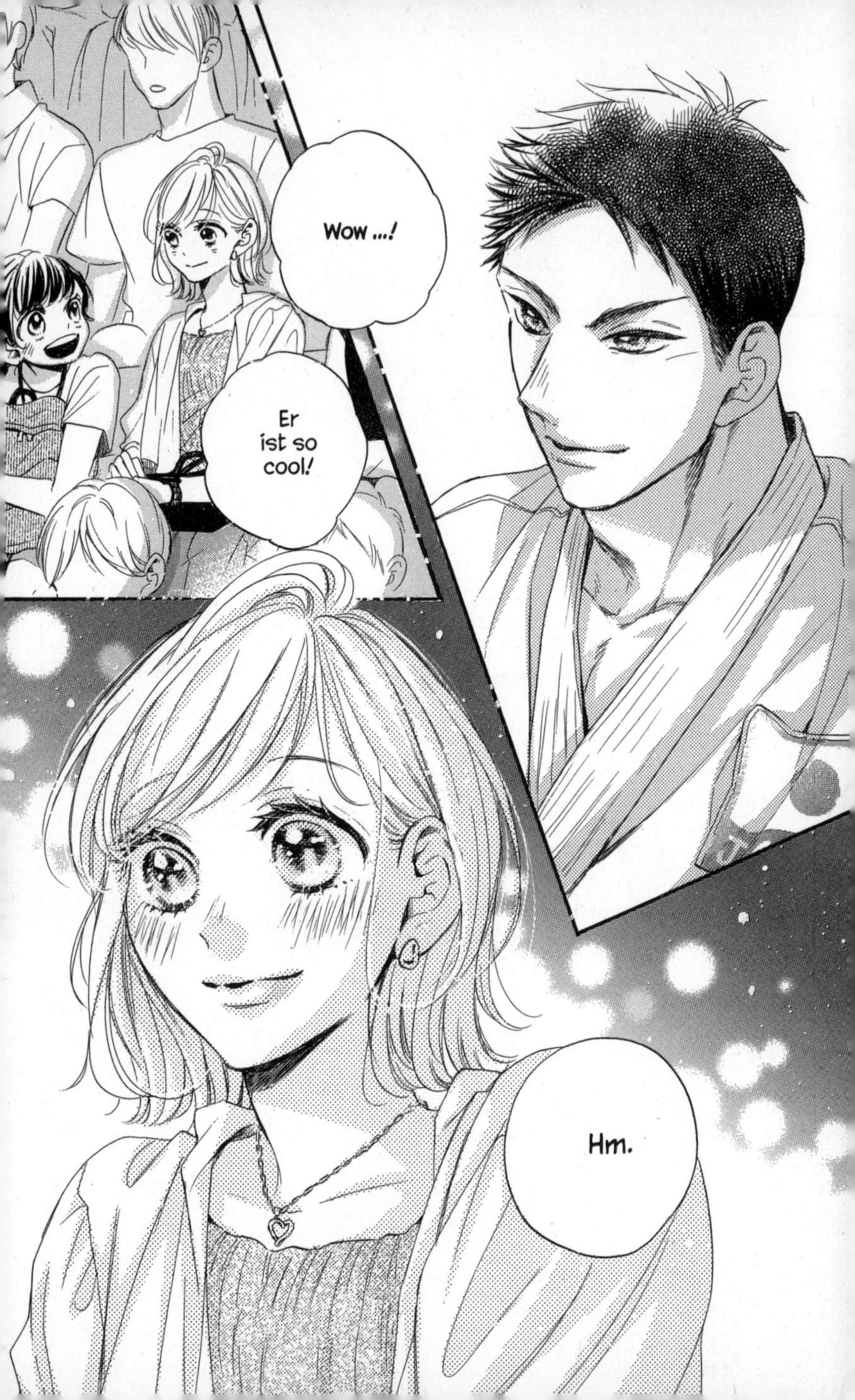
Wow ...!
Er ist so cool!
Hm.

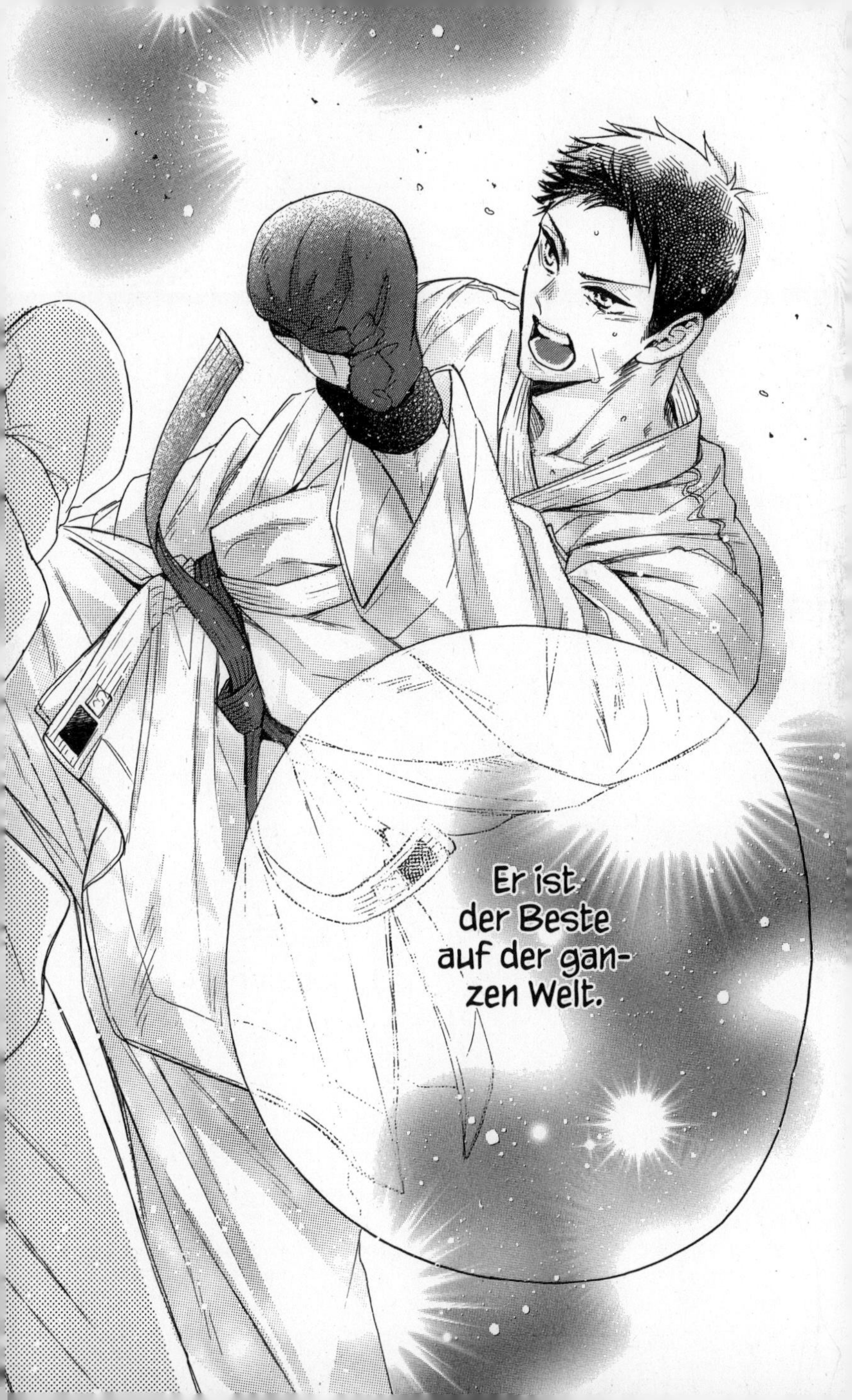
Er ist der Beste auf der gan-zen Welt.

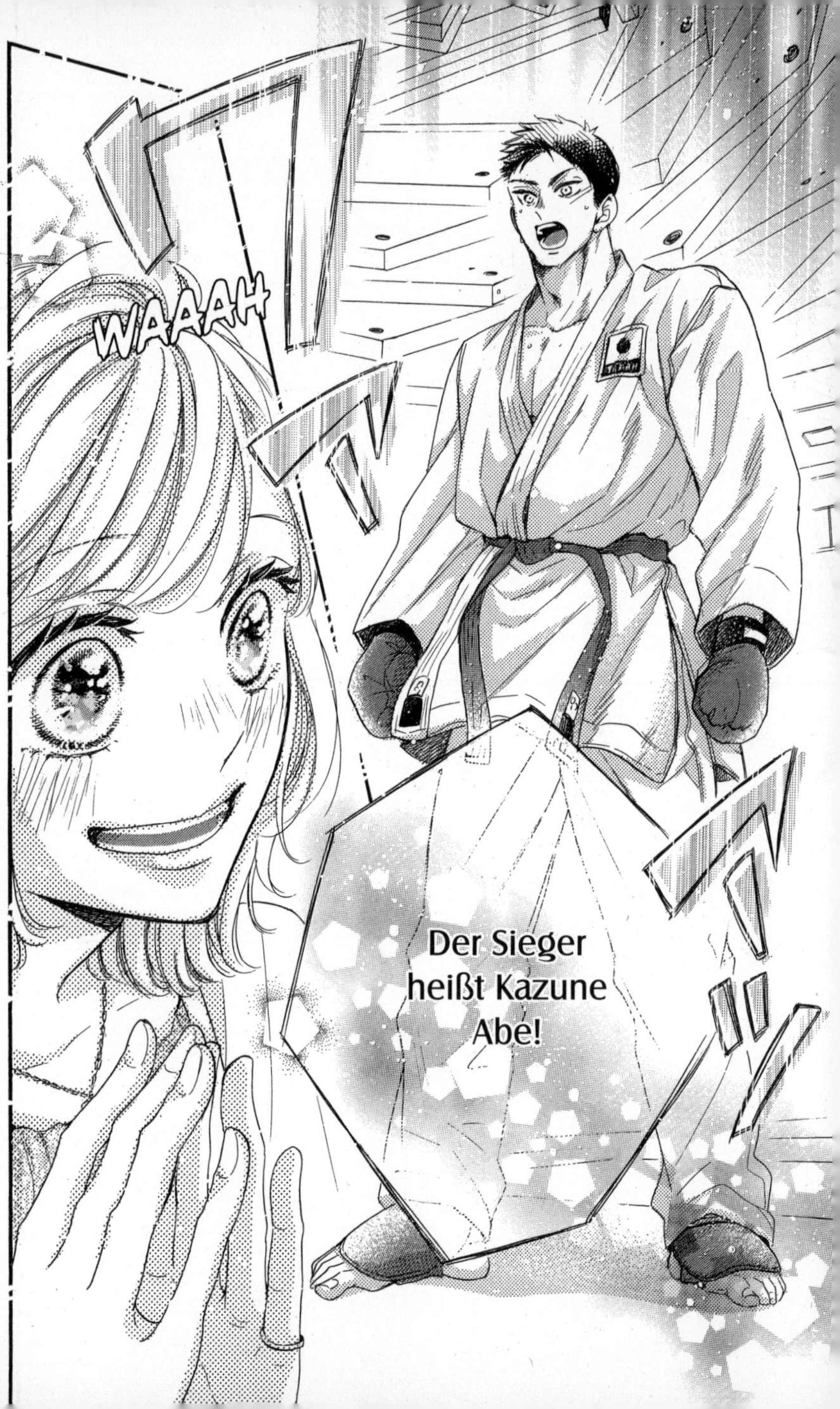
WAAAAH
Der Sieger heißt Kazune Abe!

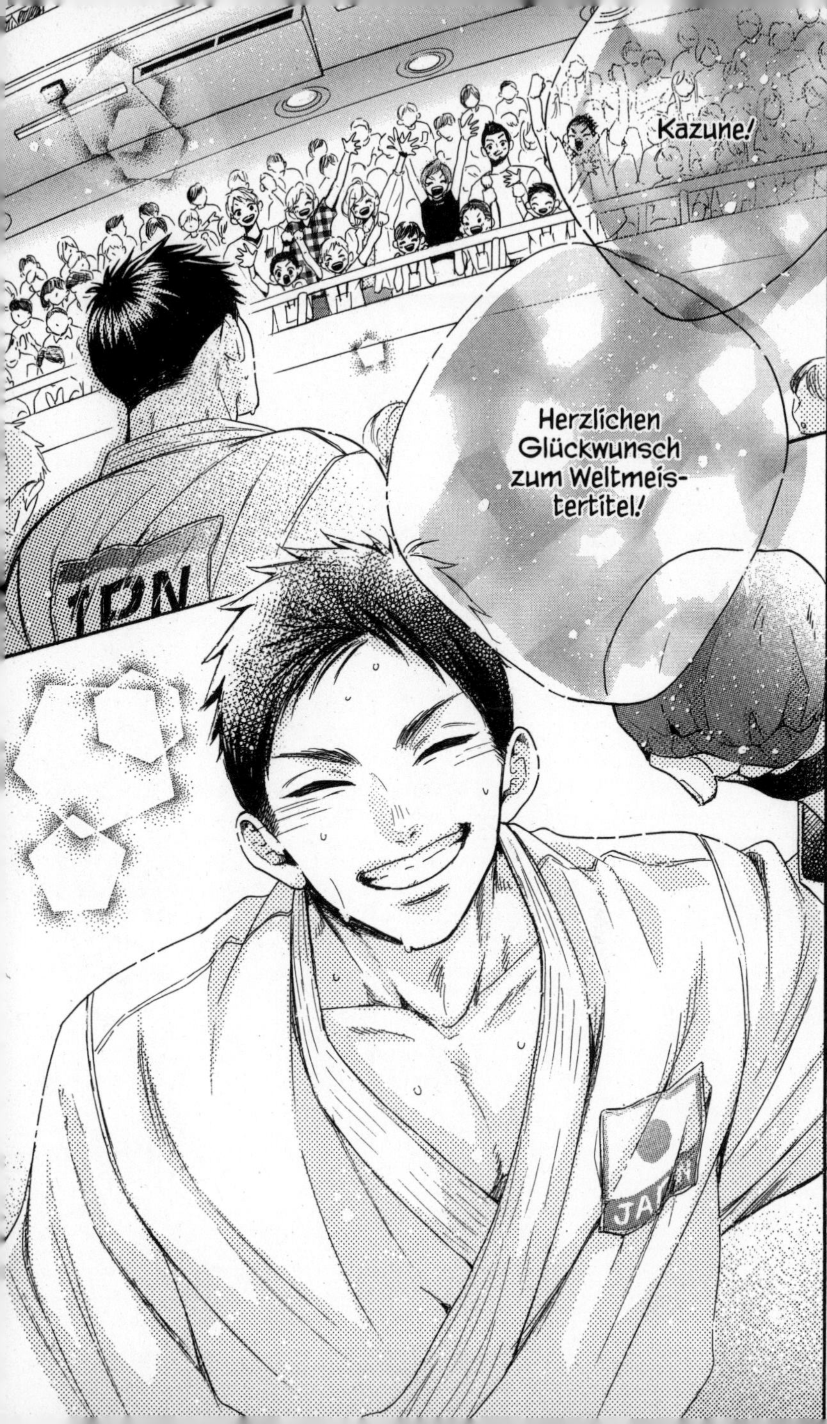
Kazune!
Herzlichen Glückwunsch zum Weltmeis-tertitel!
JPN
JAPAN

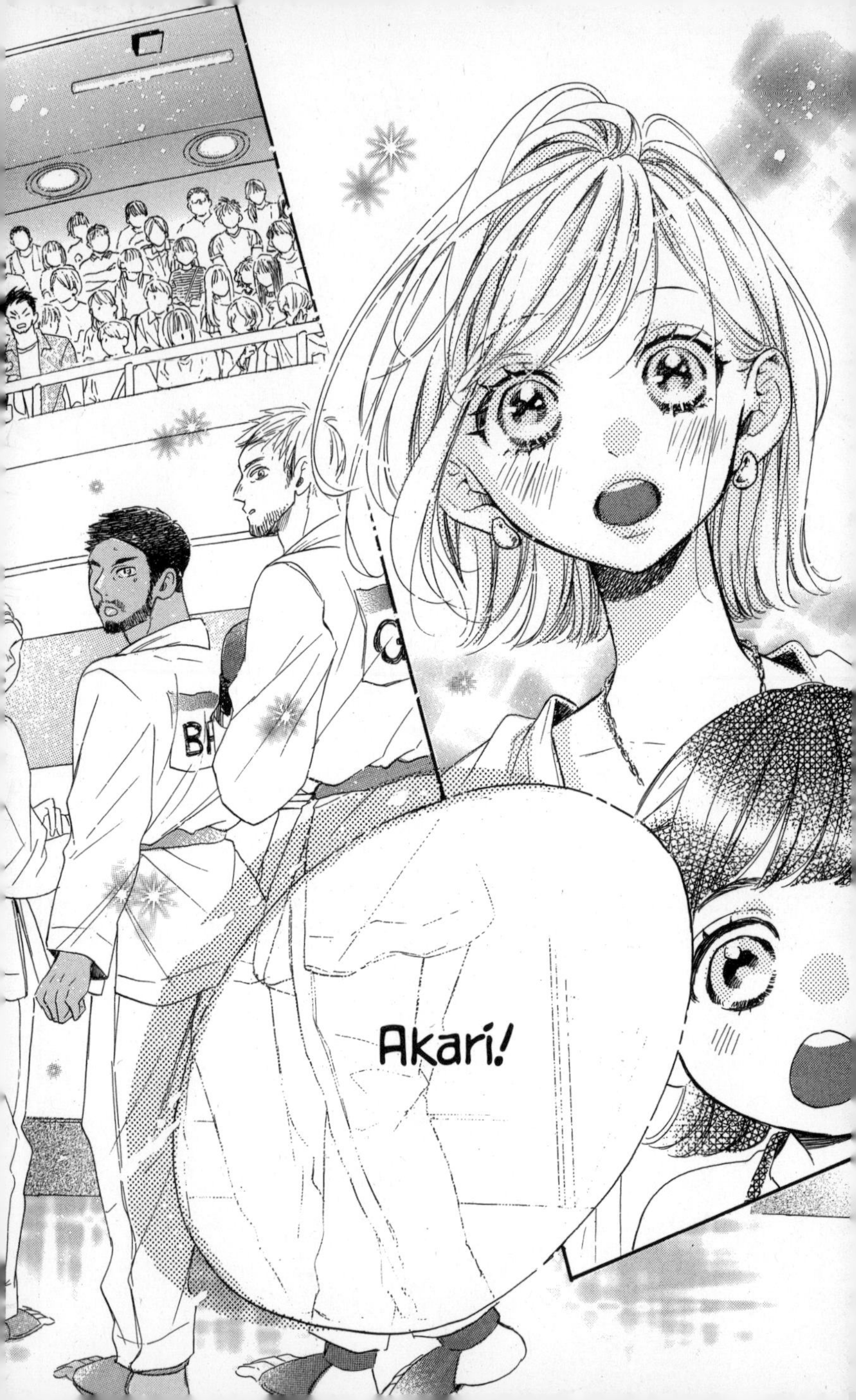
Akari!

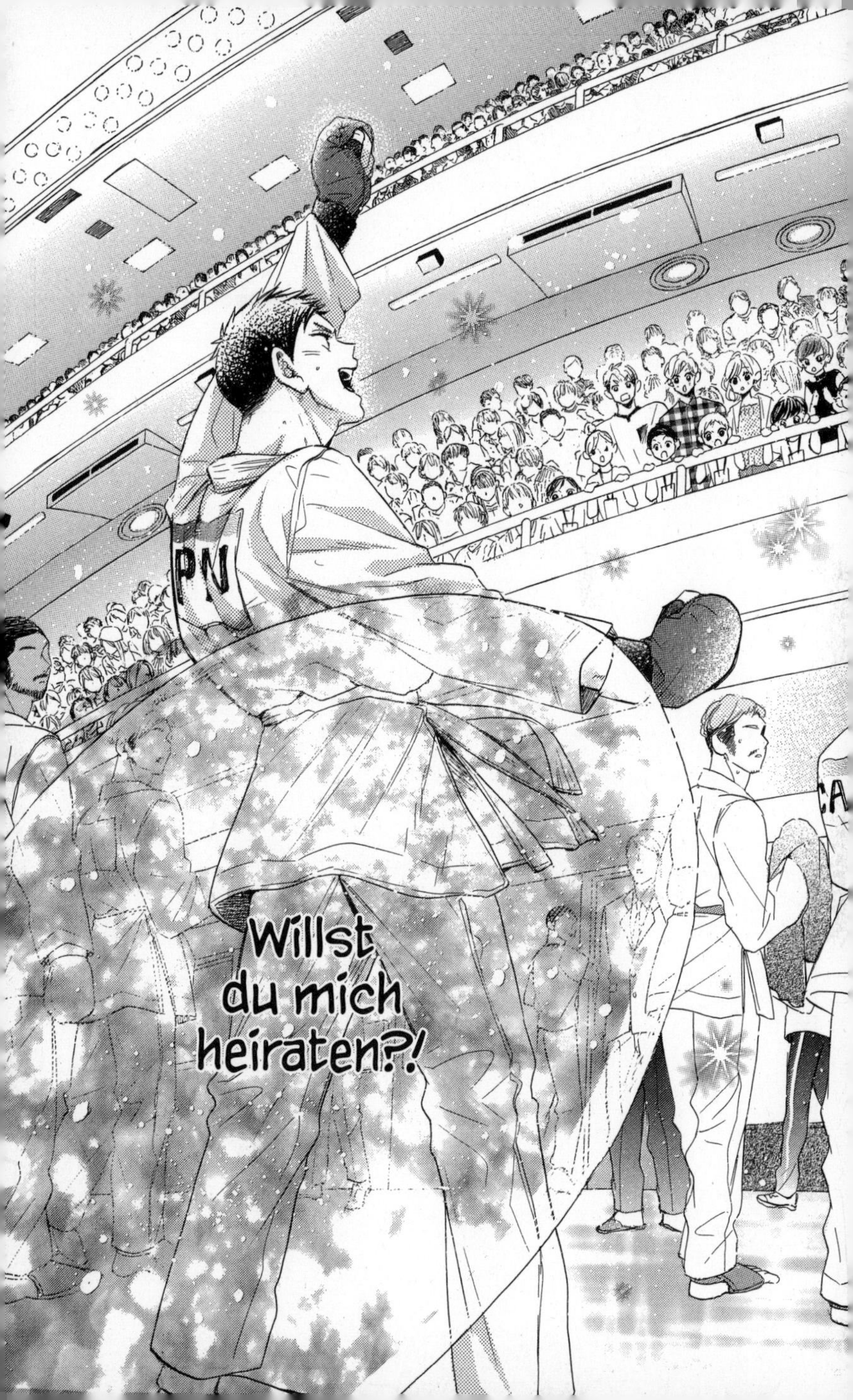
Willst du mich heiraten?!

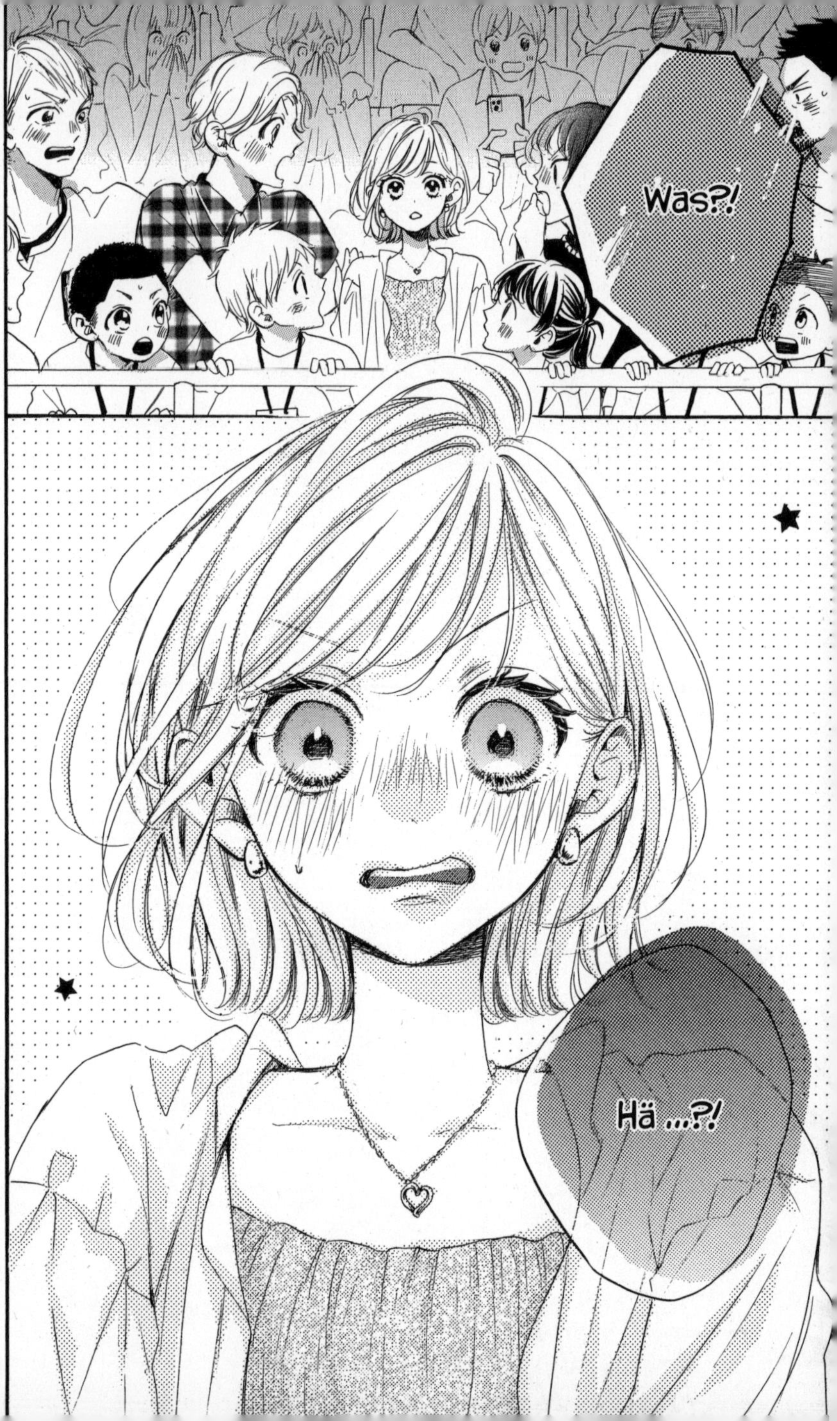
Was?!
Hä ...?!

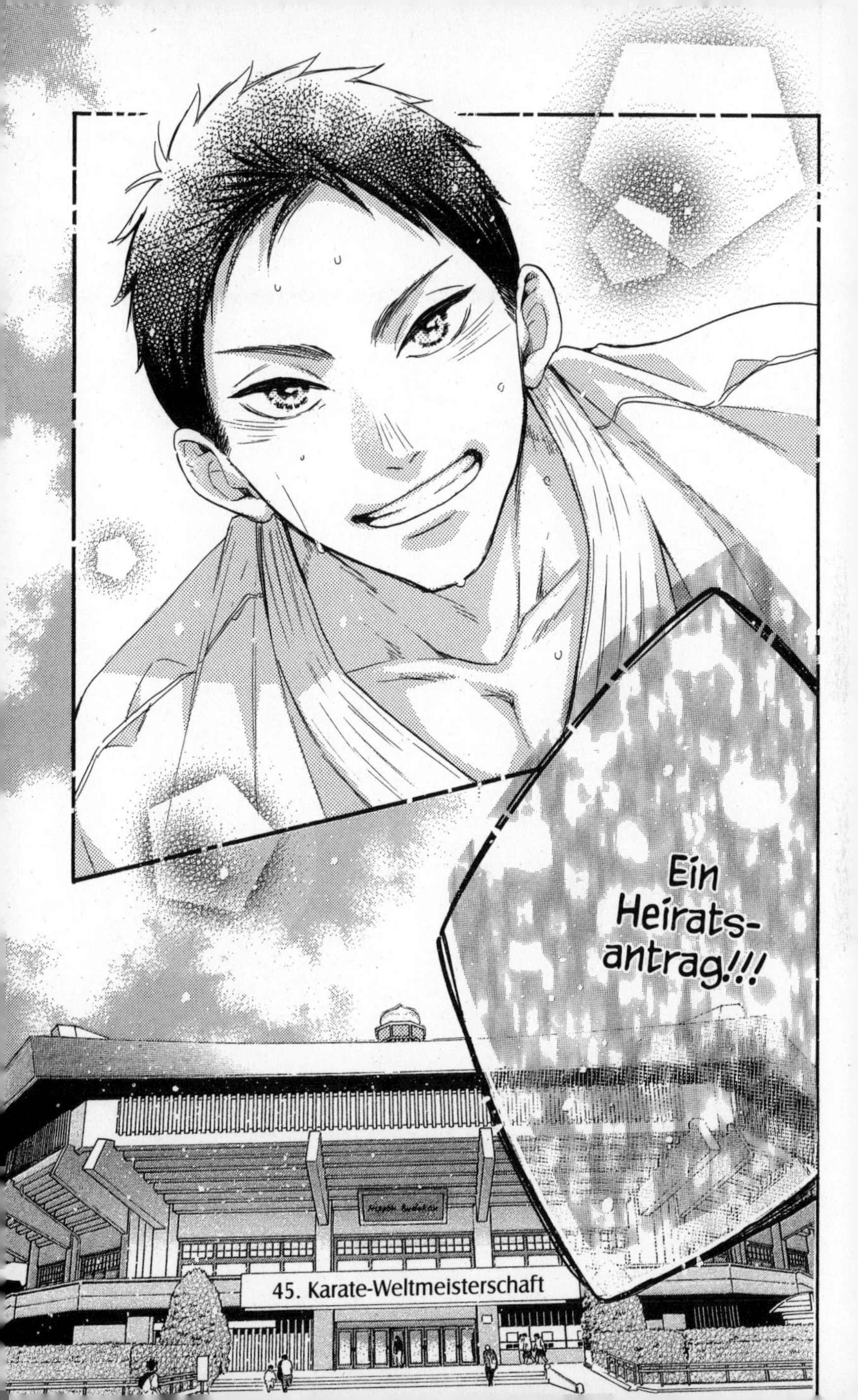
Ein Heirats-antrag!!!
45. Karate-Weltmeisterschaft

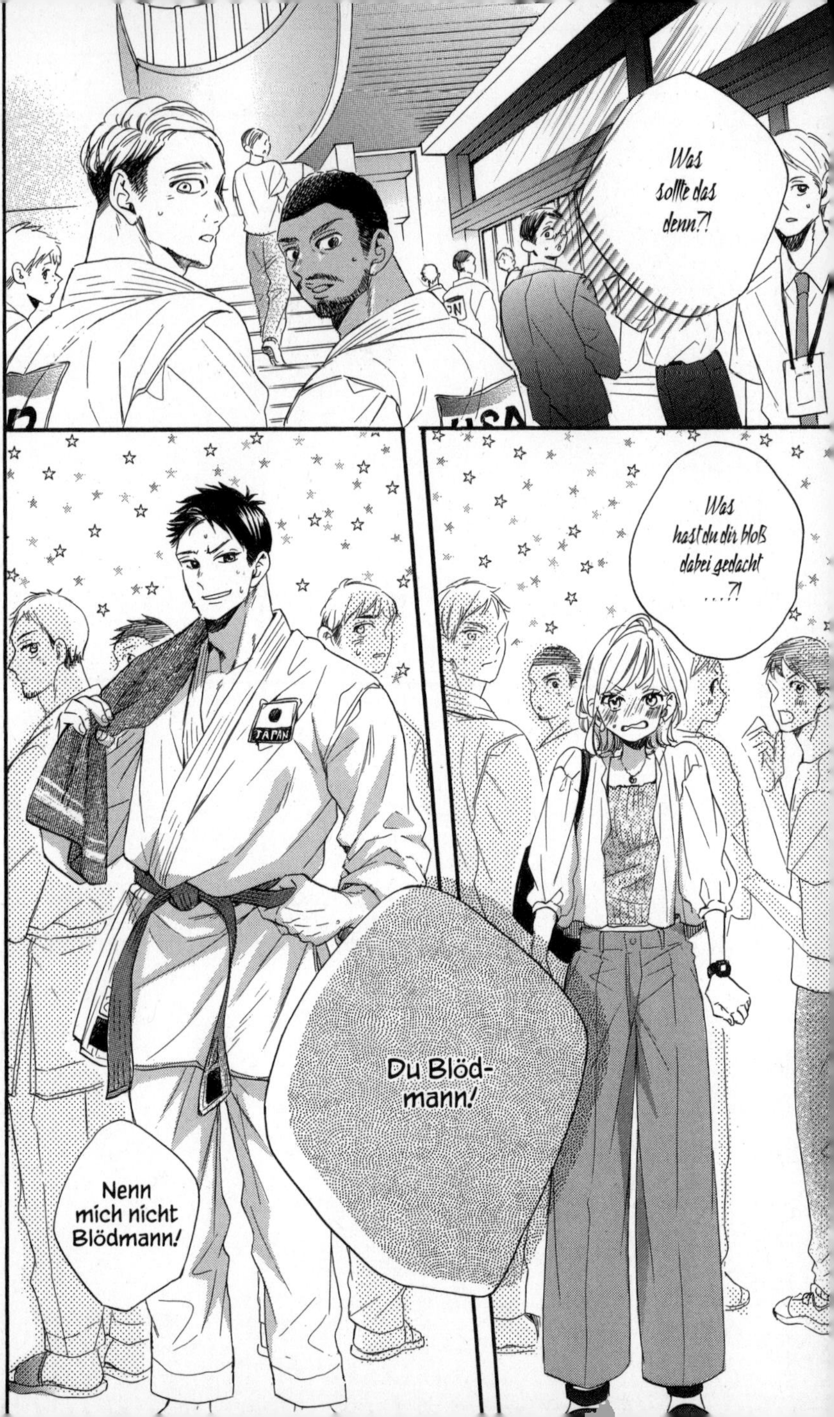
Was sollte das denn?!
Was hast du dir bloß dabei gedacht ...?!
Du Blöd-mann!
Nenn mich nicht Blödmann!

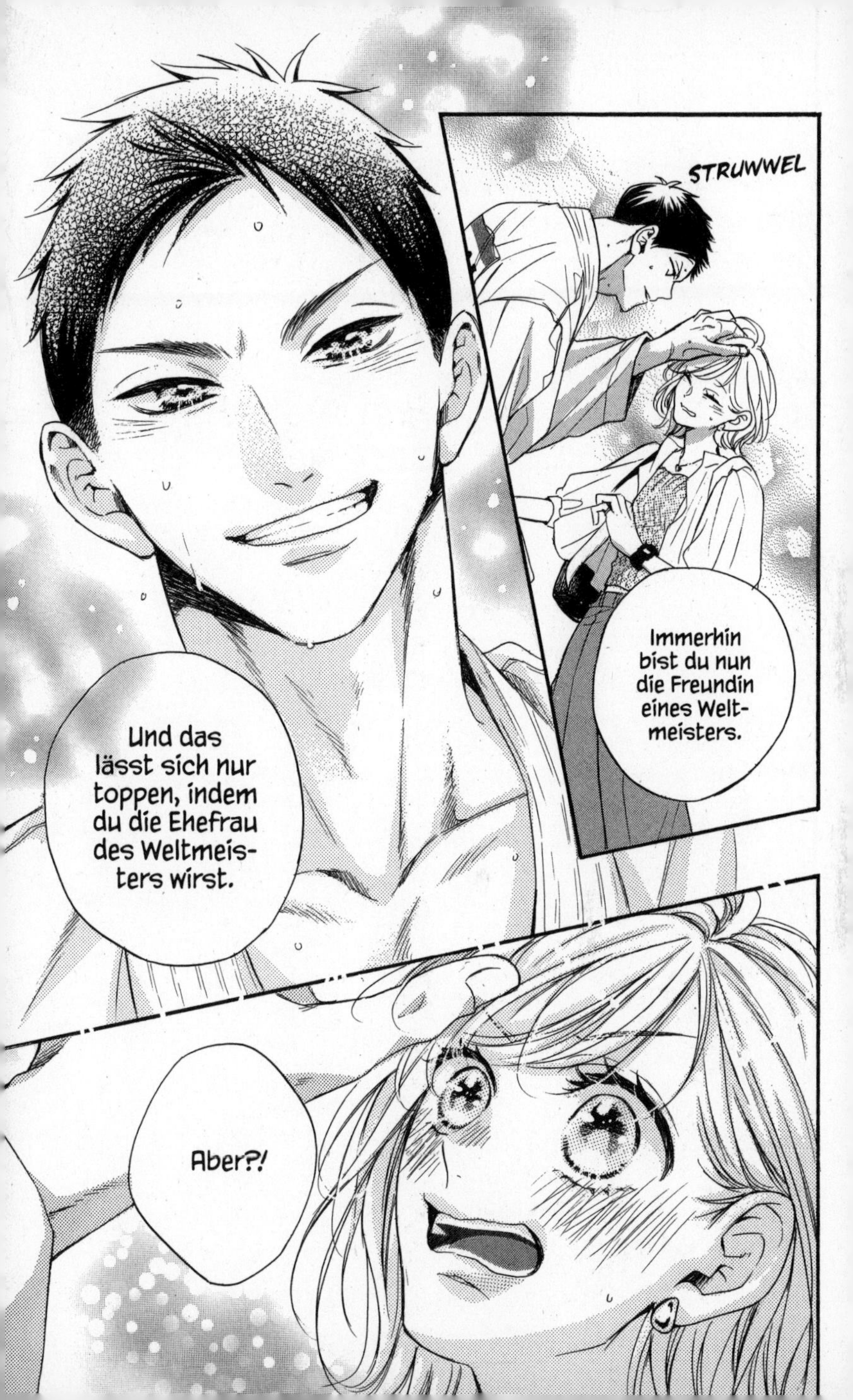
STRUWWEL
Immerhin bist du nun die Freundin eines Welt-meisters.
Und das lässt sich nur toppen, indem du die Ehefrau des Weltmeis-ters wirst.
Aber?!

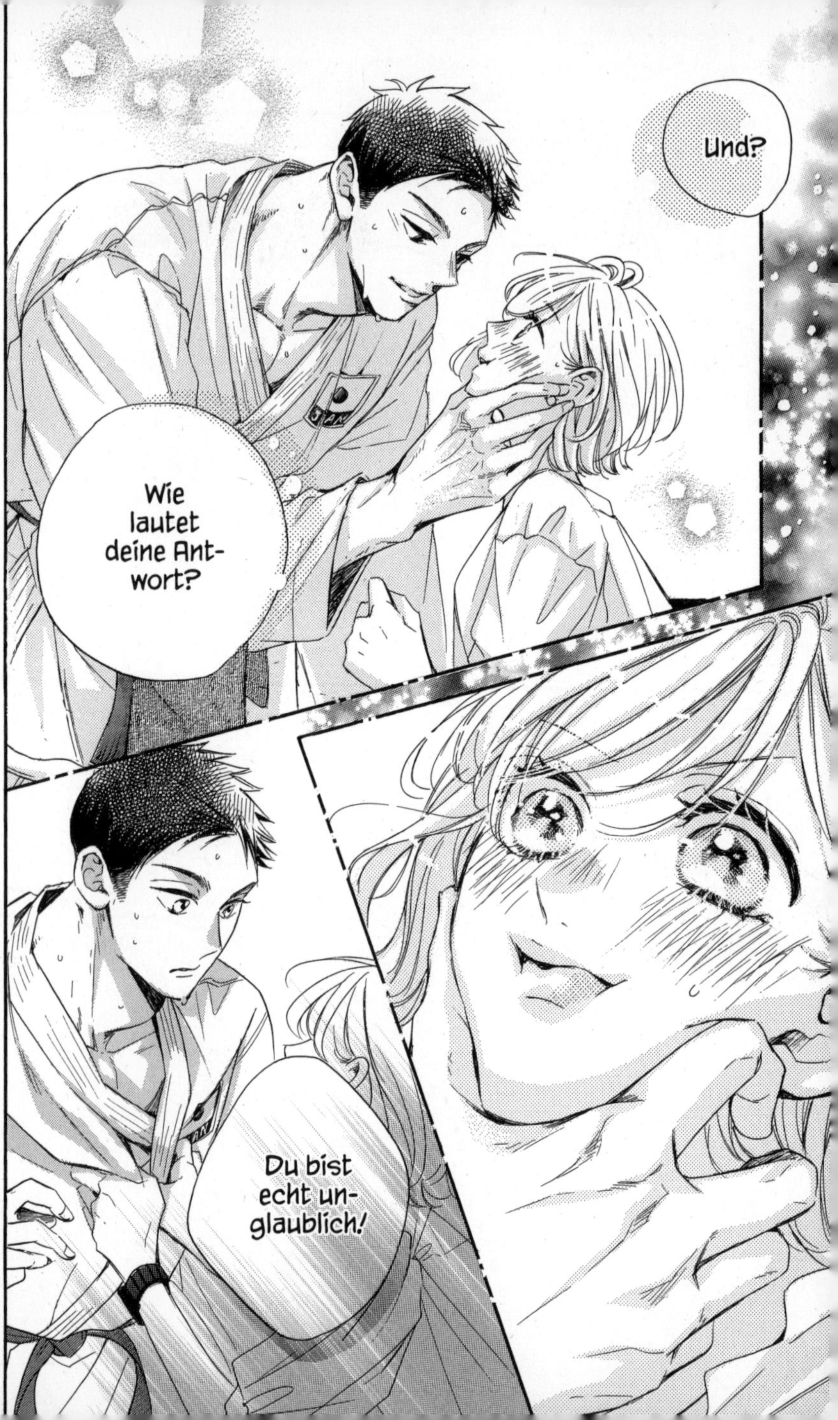
Und?
Wie lautet deine Antwort?
Du bist echt unglaublich!

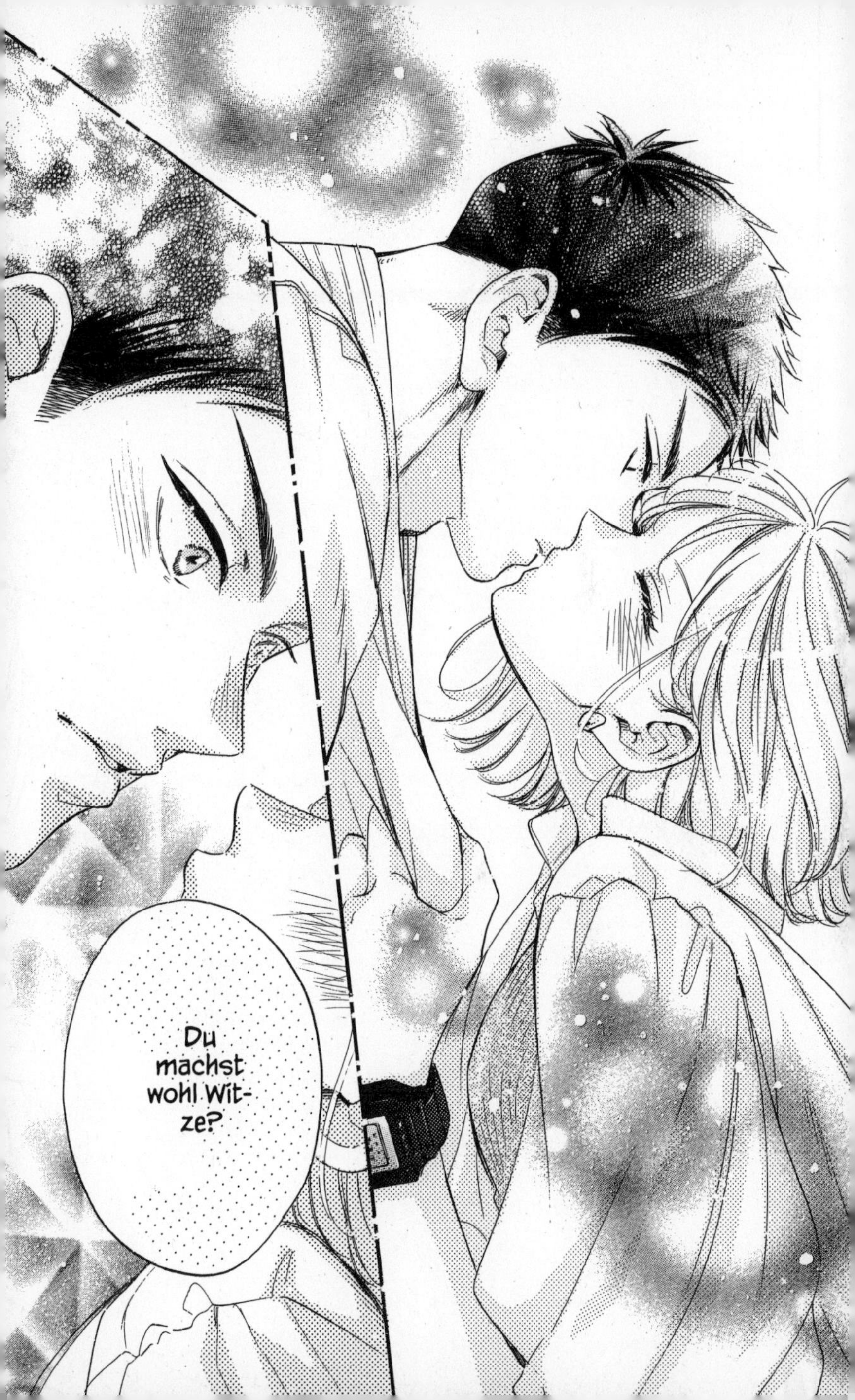
Du machst wohl Witze?

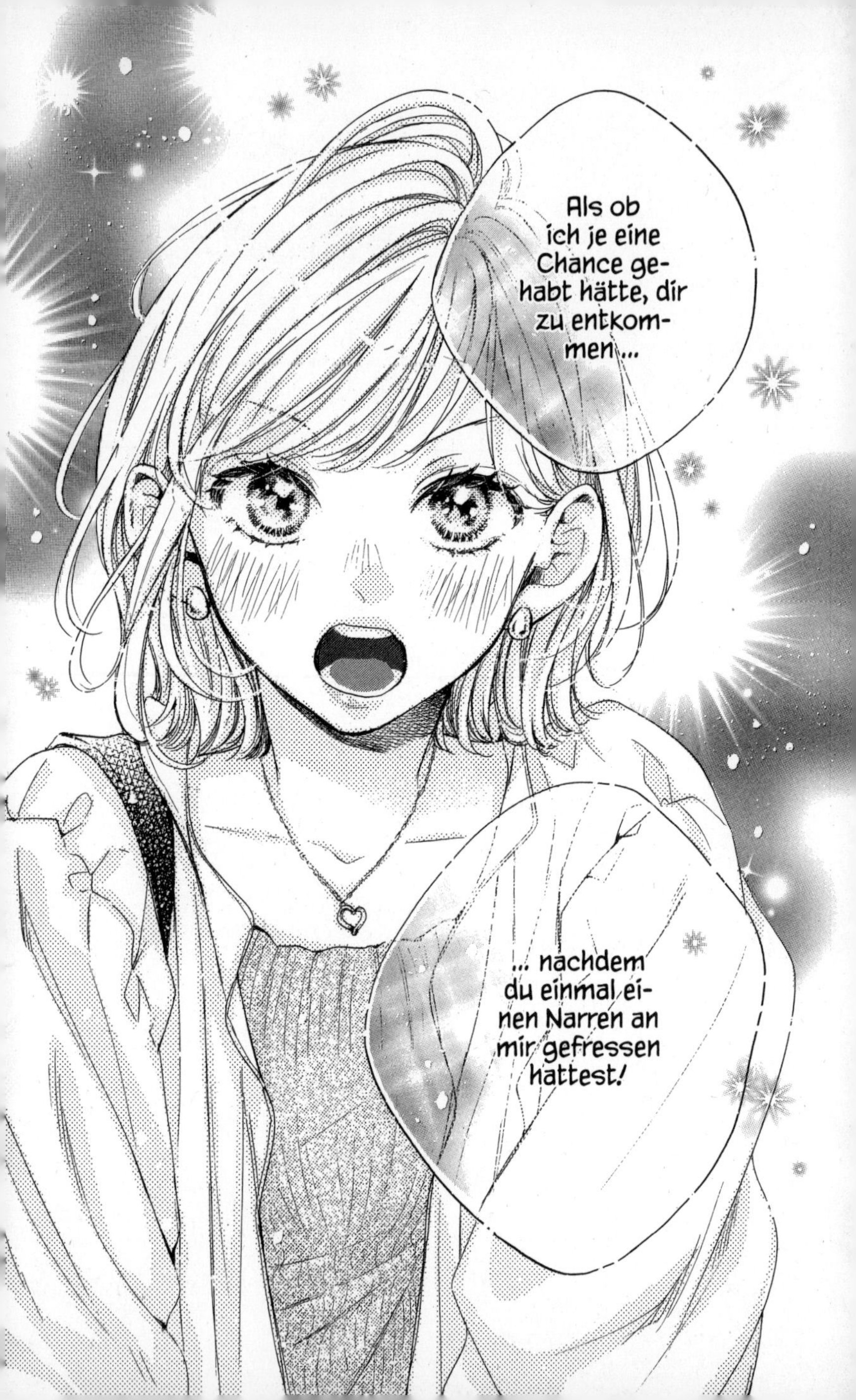
Als ob ich je eine Chance gehabt hätte, dir zu entkommen ...
... nachdem du einmal einen Narren an mir gefressen hattest!

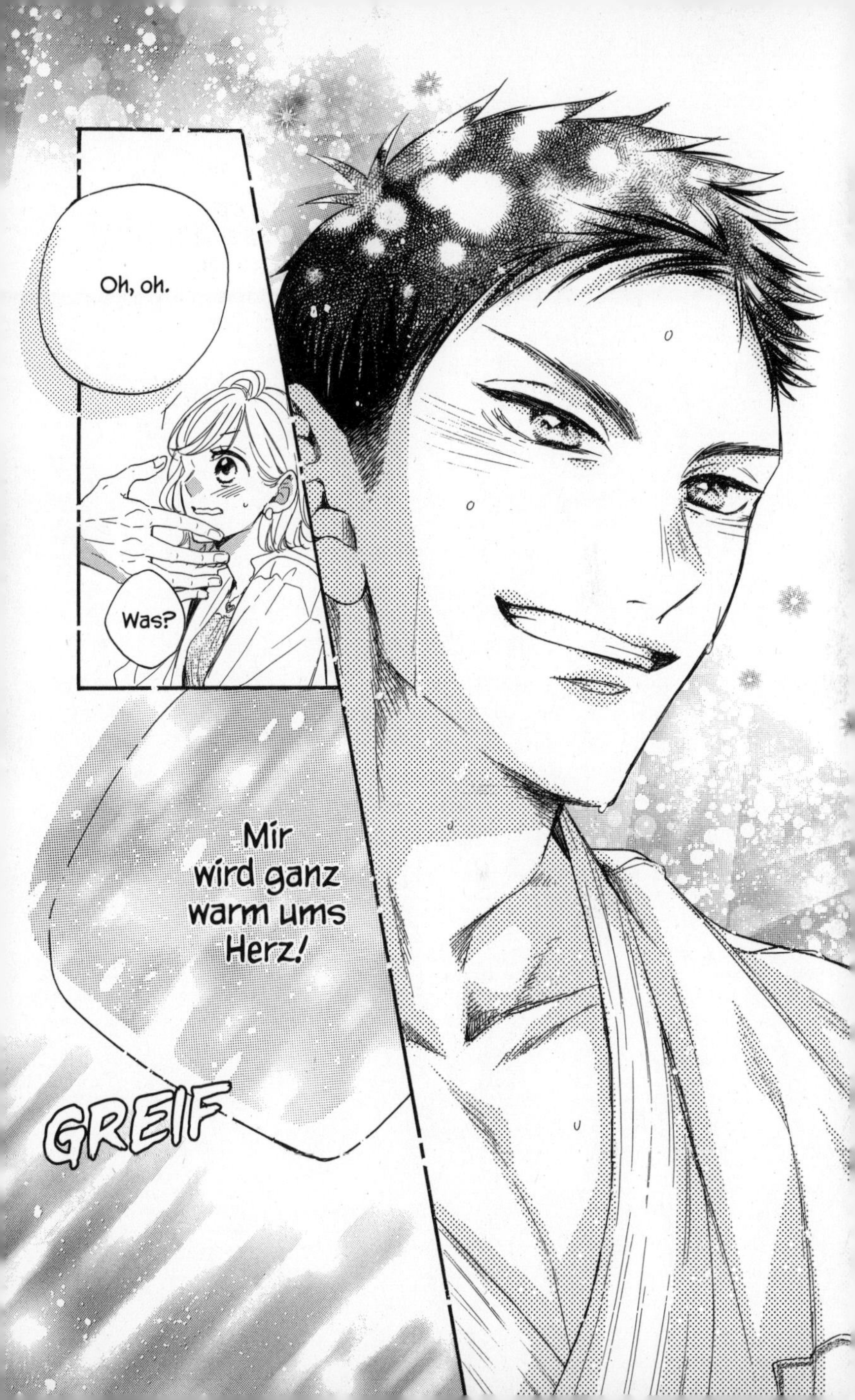
Oh, oh.
Was?
Mir wird ganz warm ums Herz!
GREIF

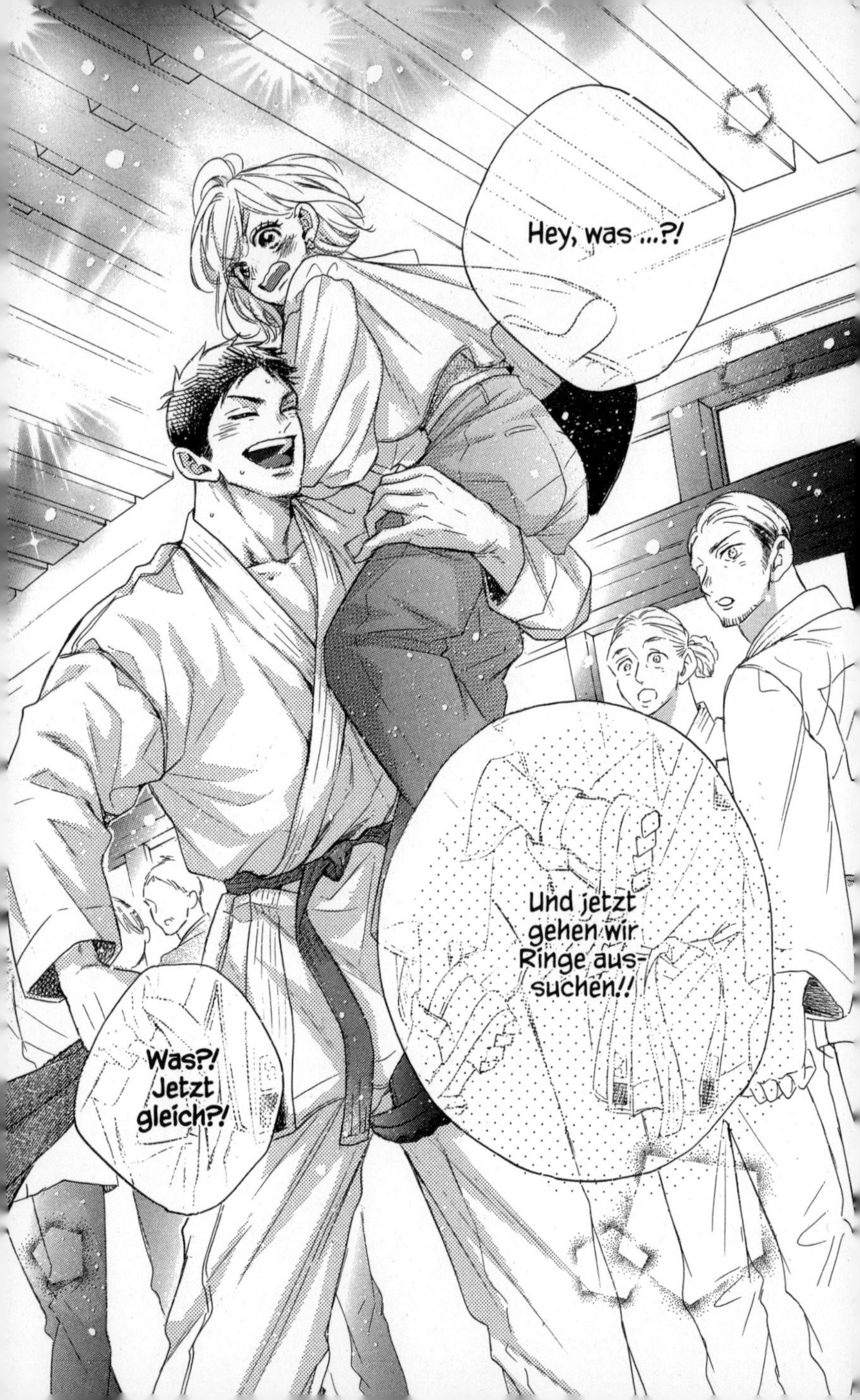
Hey, was ...?!
Und jetzt gehen wir Ringe aus-suchen!!
Was?! Jetzt gleich?!

Liebe ist kein Wettkampf

Ende

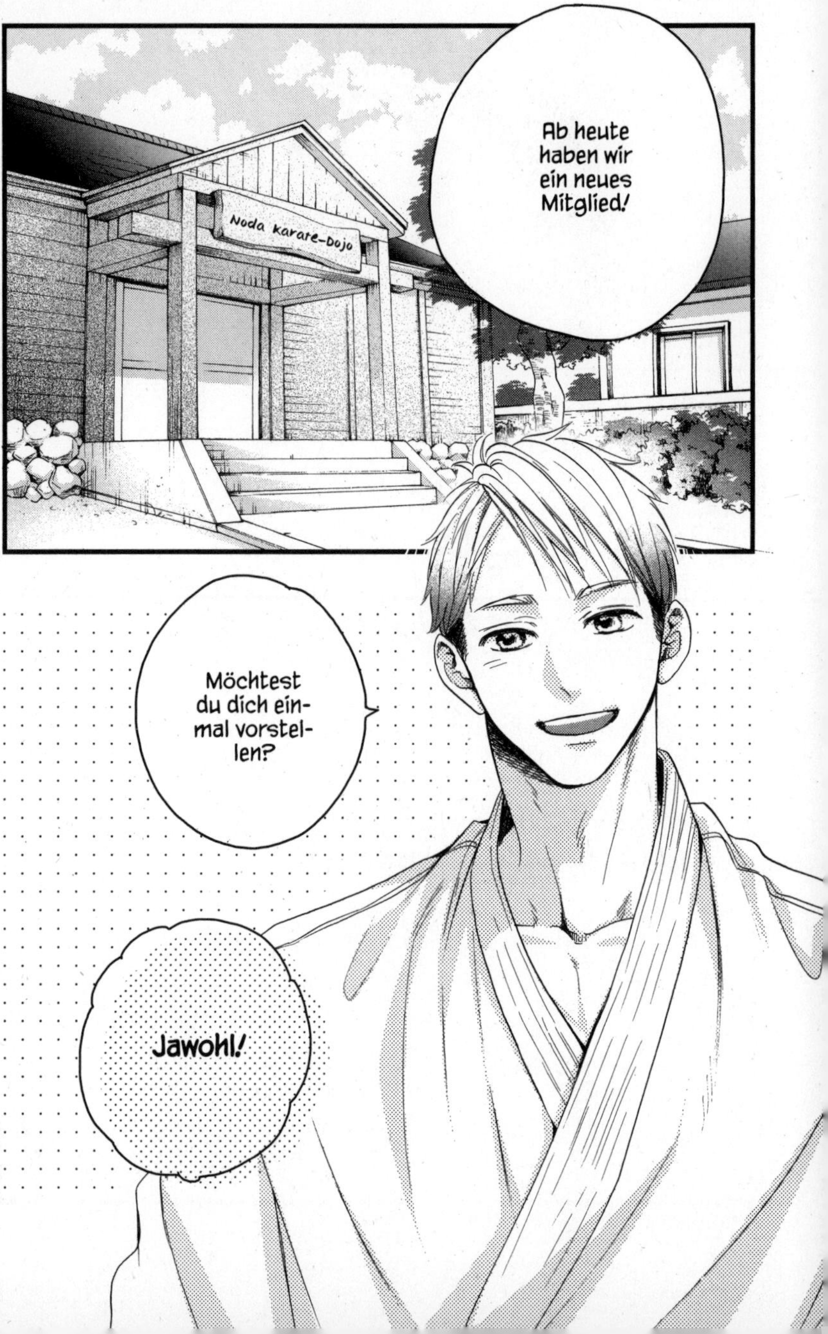
Noda Karate-Dojo
Ab heute haben wir ein neues Mitglied!
Möchtest du dich einmal vorstellen?
Jawohl!

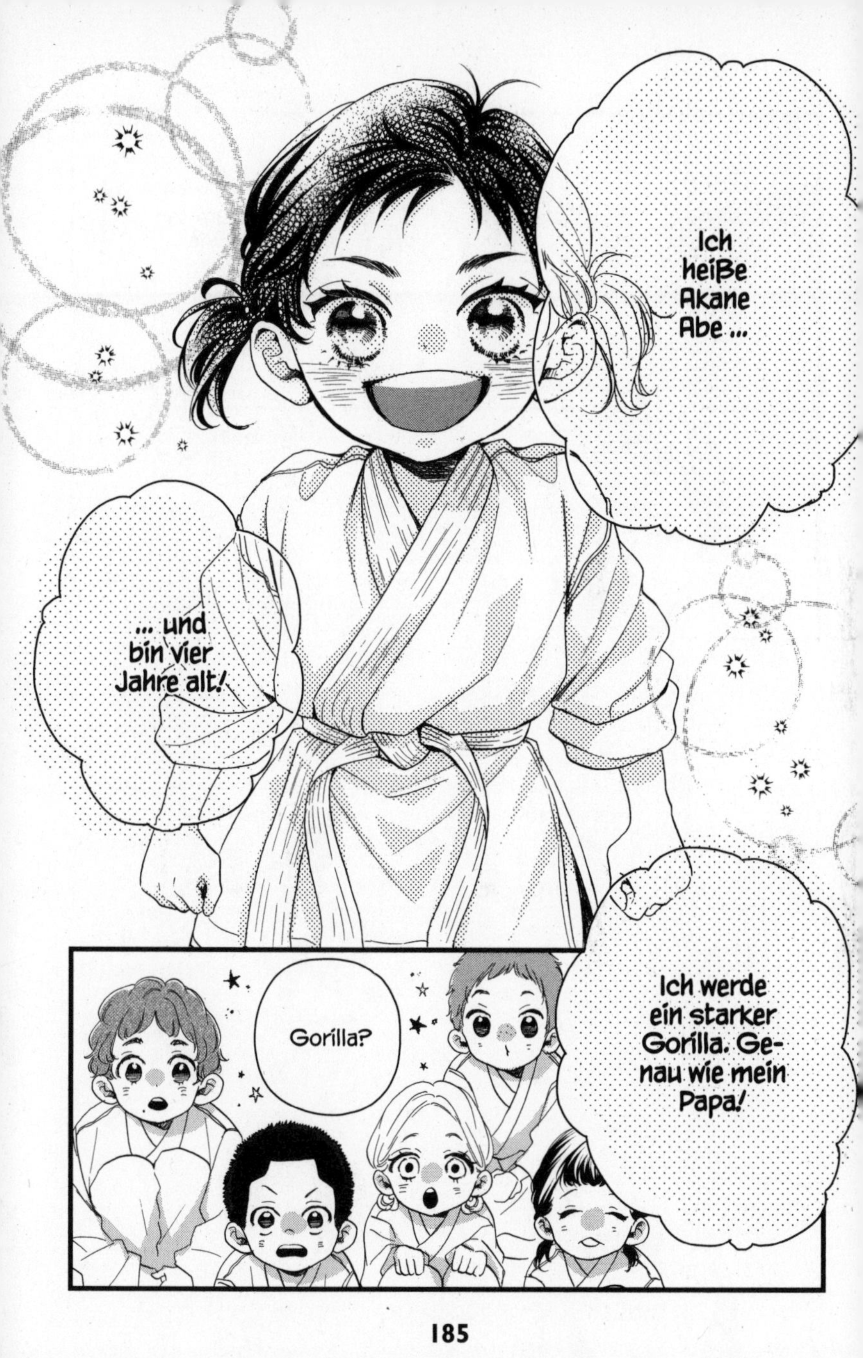
Ich heiße Akane Abe ...
... und bin vier Jahre alt!
Ich werde ein starker Gorilla. Genau wie mein Papa!
Gorilla?

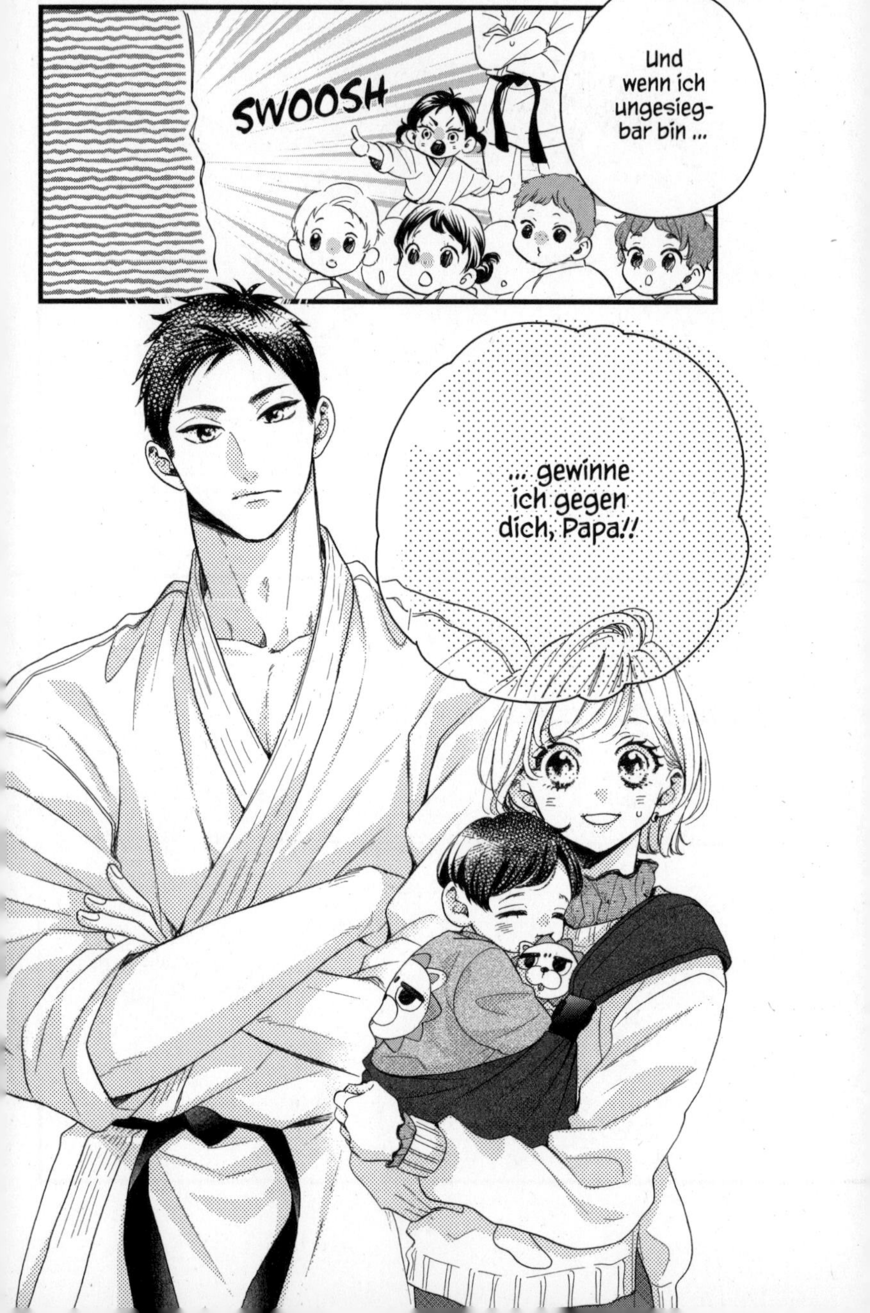
Und wenn ich ungesieg-bar bin ...
SWOOSH
... gewinne ich gegen dich, Papa!!

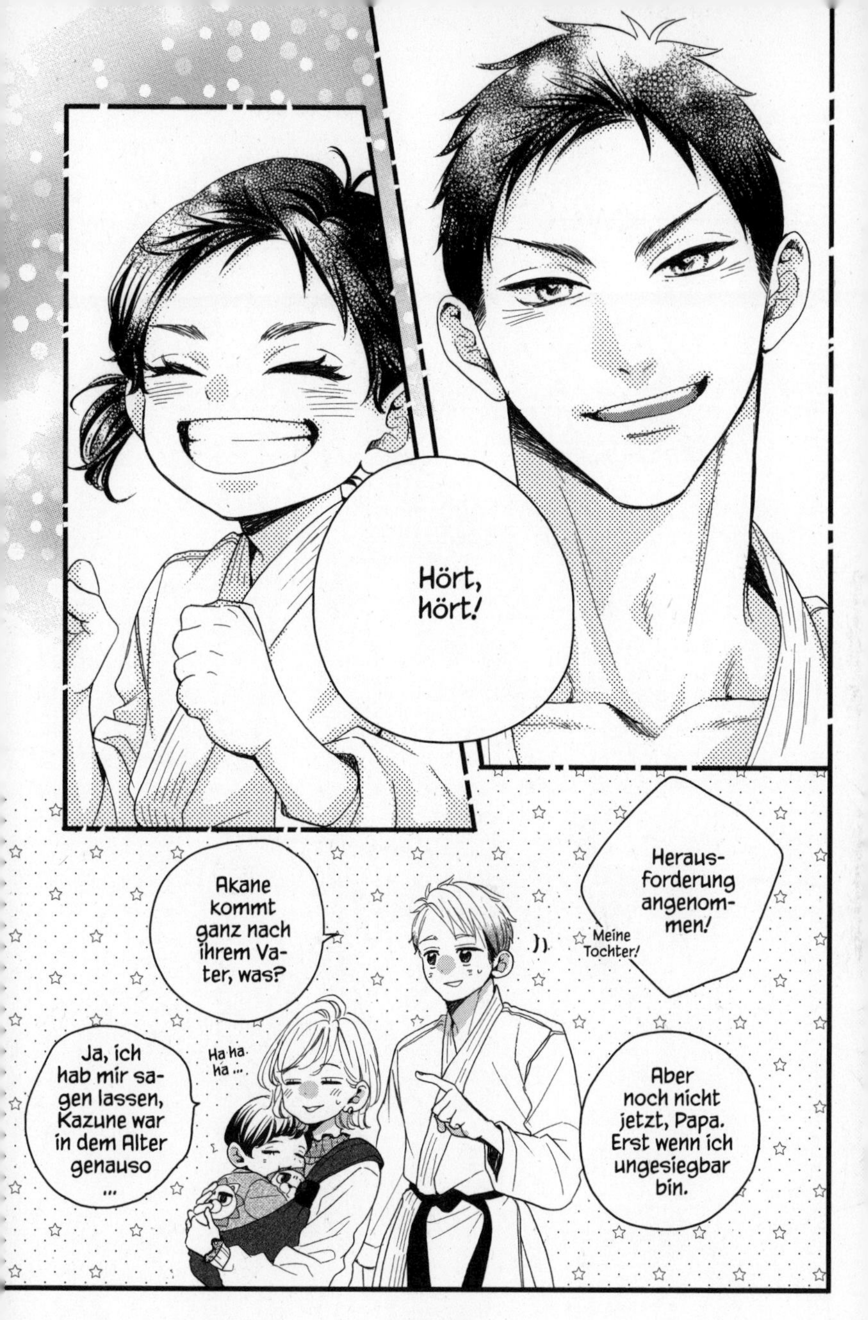

Hört, hört!
Herausforderung angenommen!
Meine Tochter!
Akane kommt ganz nach ihrem Vater, was?
Aber noch nicht jetzt, Papa. Erst wenn ich ungesiegbar bin.
Ha ha ha ...
Ja, ich hab mir sagen lassen, Kazune war in dem Alter genauso ...

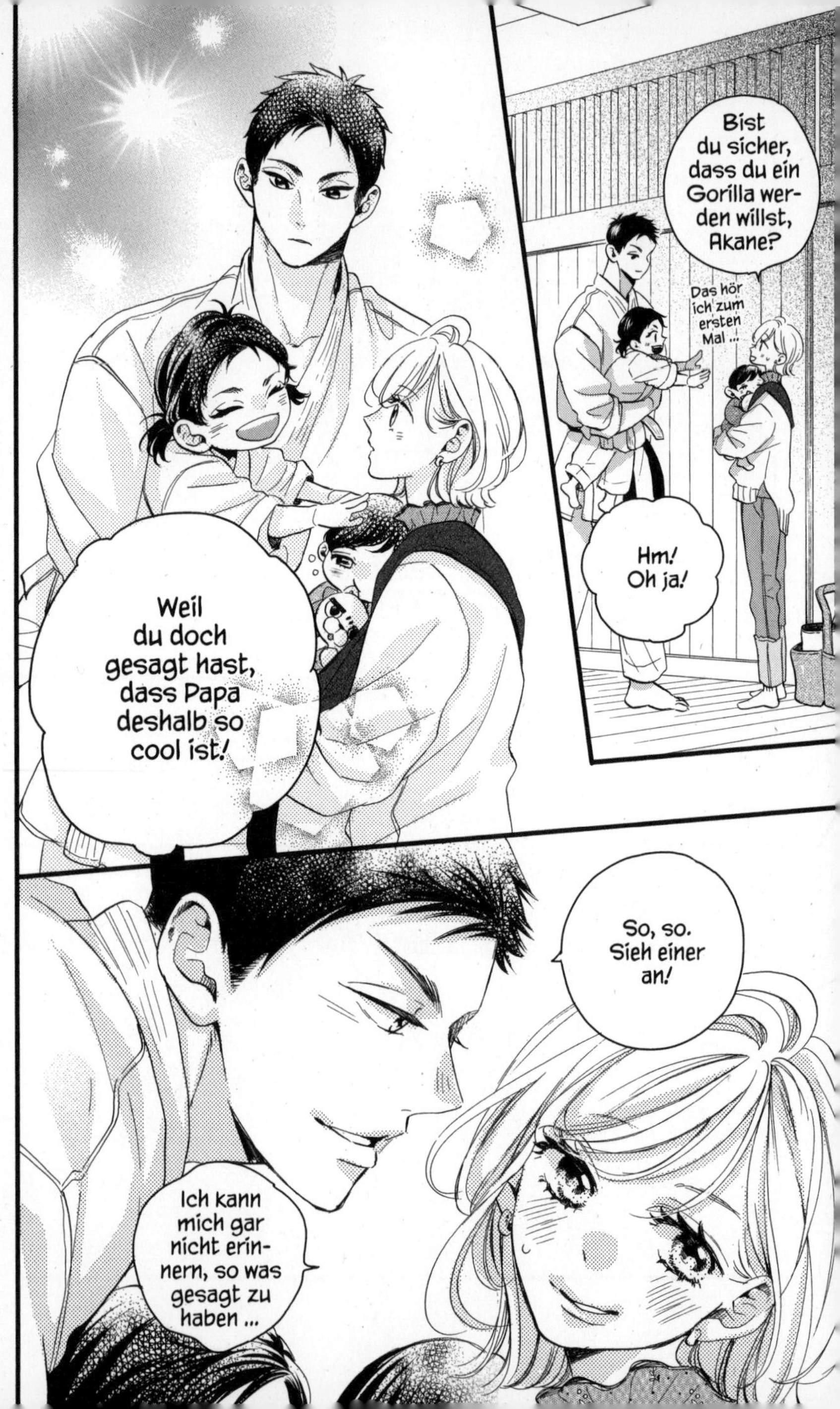
Bist du sicher, dass du ein Gorilla wer-den willst, Akane?
Das hör ich zum ersten Mal ...
Hm! Oh ja!
Weil du doch gesagt hast, dass Papa deshalb so cool ist!
So, so. Sieh einer an!
Ich kann mich gar nicht erin-nern, so was gesagt zu haben ...

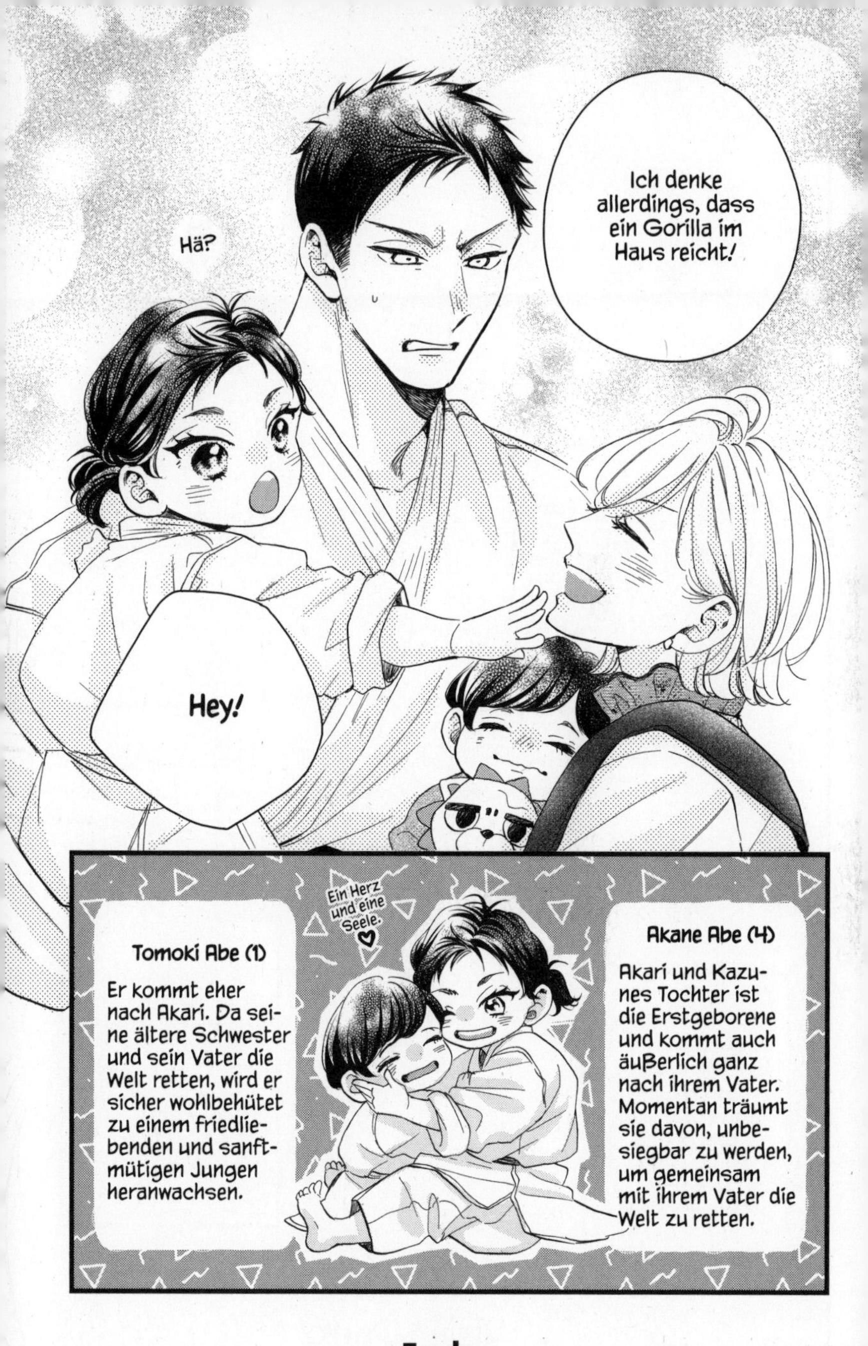
Ich denke allerdings, dass ein Gorilla im Haus reicht!
Hä?
Hey!
Akane Abe (4)
Akari und Kazunes Tochter ist die Erstgeborene und kommt auch äußerlich ganz nach ihrem Vater. Momentan träumt sie davon, unbesiegbar zu werden, um gemeinsam mit ihrem Vater die Welt zu retten.
Ein Herz und eine Seele.
Tomoki Abe (1)
Er kommt eher nach Akari. Da seine ältere Schwester und sein Vater die Welt retten, wird er sicher wohlbehütet zu einem friedliebenden und sanftmütigen Jungen heranwachsen.

Ende.

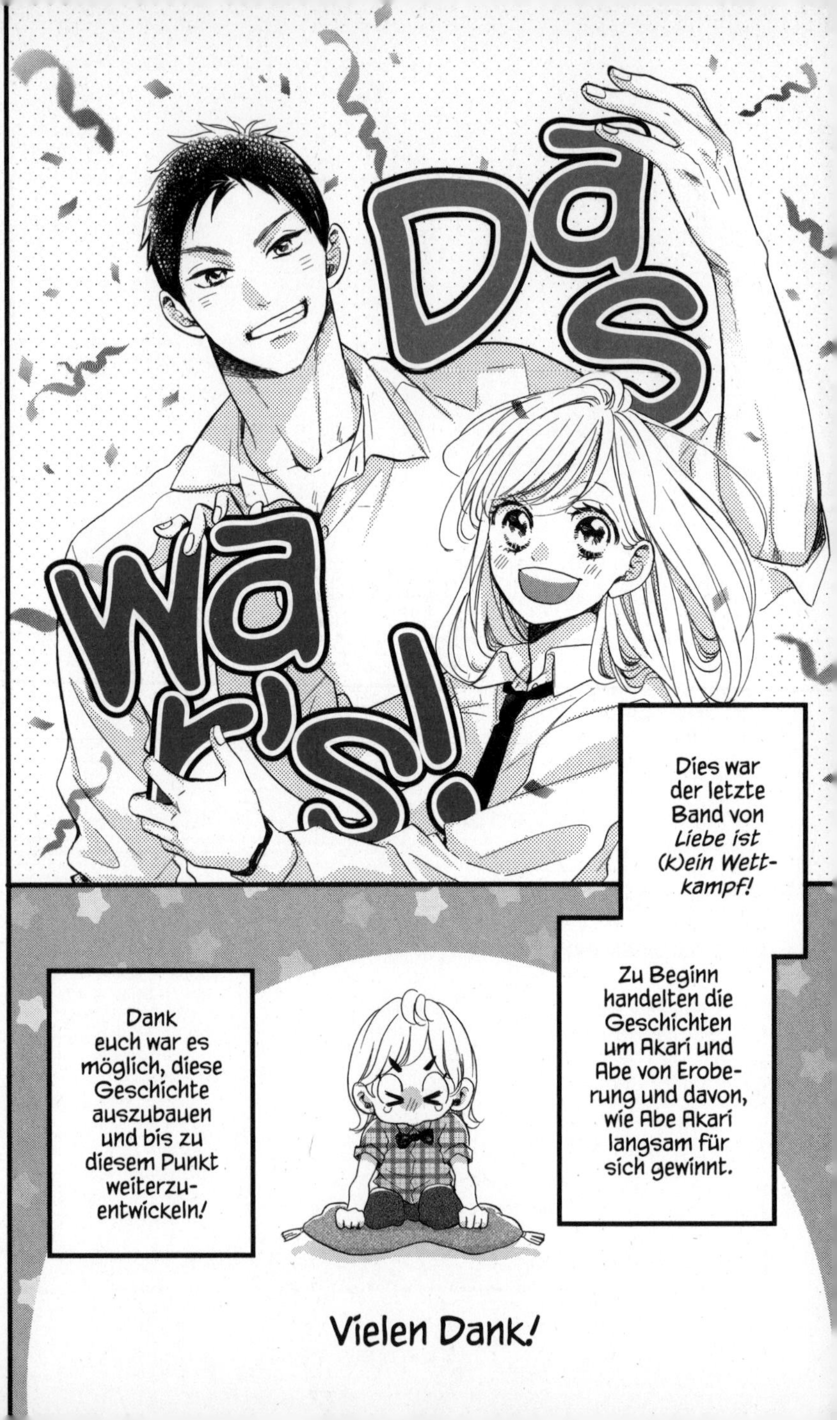
Das war's!
Dies war der letzte Band von *Liebe ist (k)ein Wettkampf!*
Zu Beginn handelten die Geschichten um Akari und Abe von Eroberung und davon, wie Abe Akari langsam für sich gewinnt.
Dank euch war es möglich, diese Geschichte auszubauen und bis zu diesem Punkt weiterzuentwickeln!
Vielen Dank!

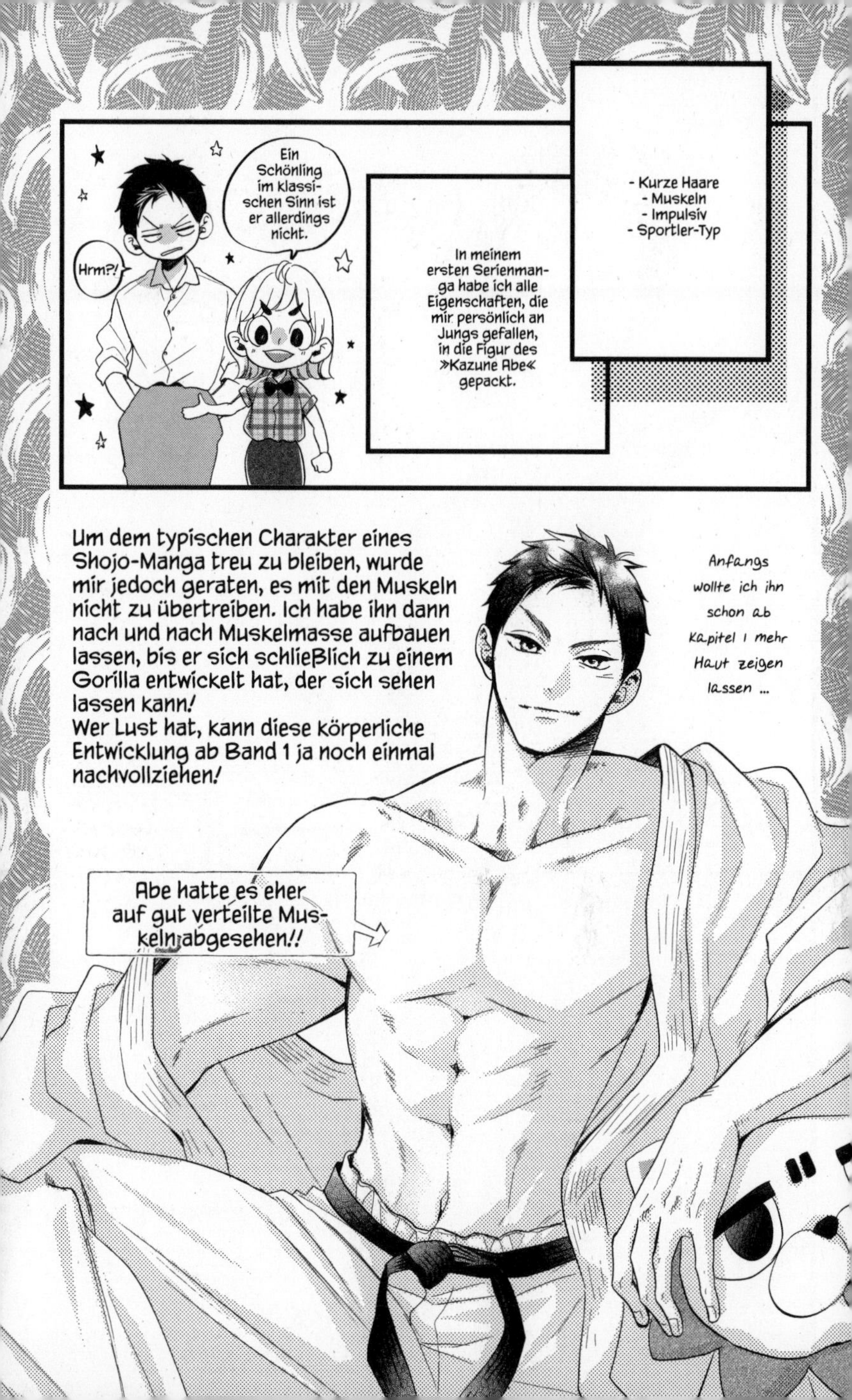

- Kurze Haare
- Muskeln
- Impulsiv
- Sportler-Typ
In meinem ersten Serienmanga habe ich alle Eigenschaften, die mir persönlich an Jungs gefallen, in die Figur des »Kazune Abe« gepackt.
Ein Schönling im klassischen Sinn ist er allerdings nicht.
Hrm?!
Anfangs wollte ich ihn schon ab Kapitel 1 mehr Haut zeigen lassen ...
Um dem typischen Charakter eines Shojo-Manga treu zu bleiben, wurde mir jedoch geraten, es mit den Muskeln nicht zu übertreiben. Ich habe ihn dann nach und nach Muskelmasse aufbauen lassen, bis er sich schließlich zu einem Gorilla entwickelt hat, der sich sehen lassen kann!
Wer Lust hat, kann diese körperliche Entwicklung ab Band 1 ja noch einmal nachvollziehen!
Abe hatte es eher auf gut verteilte Muskeln abgesehen!!

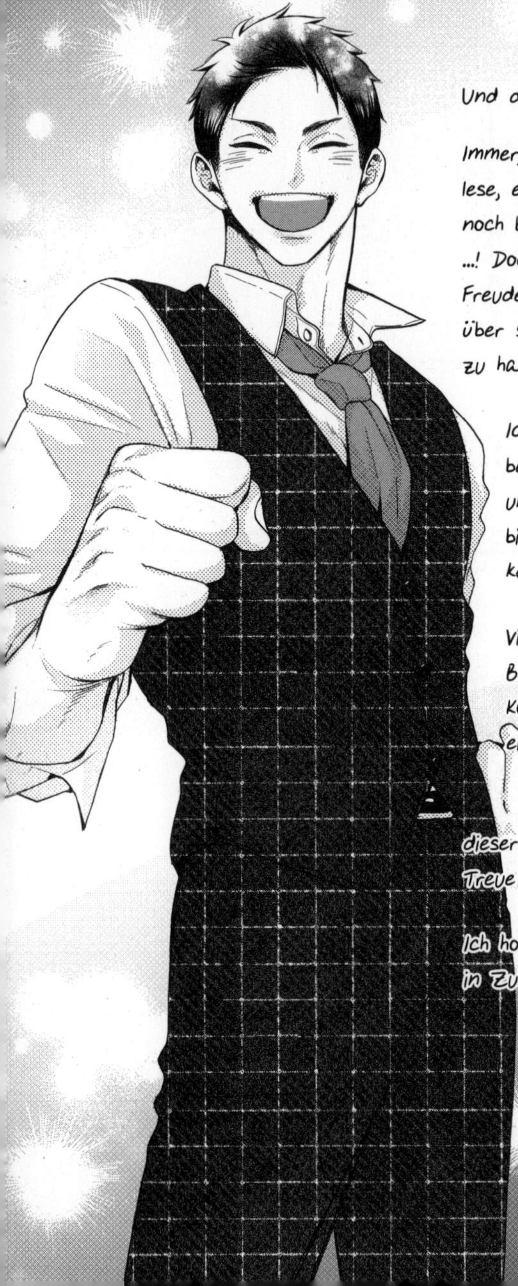

Und damit komme ich zum Schluss!

Immer, wenn ich die Serie noch mal lese, entdecke ich Stellen, die man noch besser hätte machen können ...! Doch das mindert nicht meine Freude darüber, Abe und Akari über sechs Jahre hinweg begleitet zu haben. ☺

Ich bin ziemlich sicher, dass die beiden sich ihre Lebensfreude und ihr gemeinsames Glück bis ins hohe Alter bewahren können!

Vielen Dank für all eure Briefe, Nachrichten und lieben Kommentare. Sie waren mir eine große Stütze!

Vielen Dank, dass ihr dieser Geschichte bis zuletzt die Treue gehalten habt!!

Ich hoffe, wir sehen uns in Zukunft wieder!

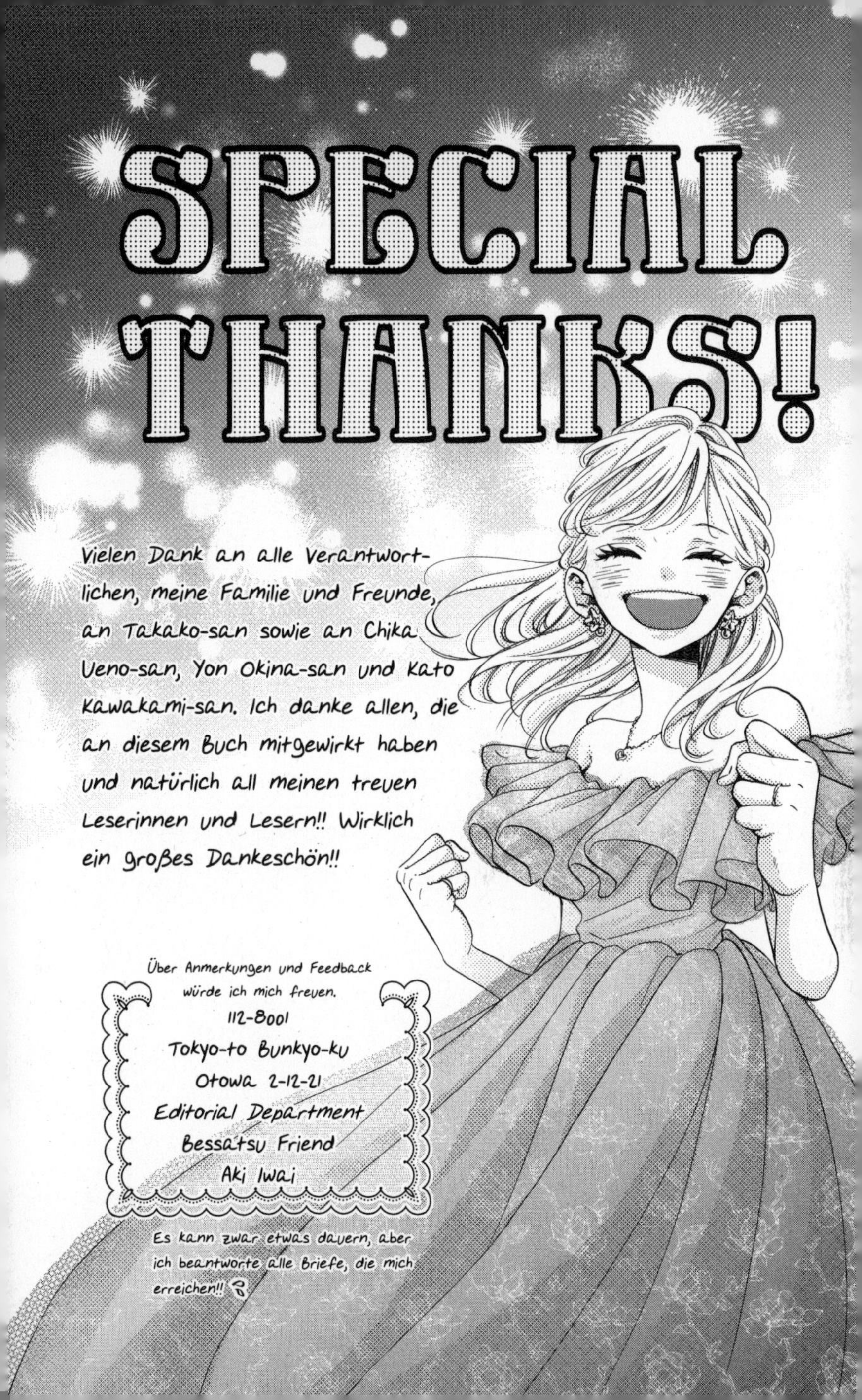
SPECIAL THANKS!
Vielen Dank an alle Verantwortlichen, meine Familie und Freunde, an Takako-san sowie an Chika Ueno-san, Yon Okina-san und Kato Kawakami-san. Ich danke allen, die an diesem Buch mitgewirkt haben und natürlich all meinen treuen Leserinnen und Lesern!! Wirklich ein großes Dankeschön!!
Über Anmerkungen und Feedback würde ich mich freuen.
112-8001
Tokyo-to Bunkyo-ku
Otowa 2-12-21
Editorial Department
Bessatsu Friend
Aki Iwai
Es kann zwar etwas dauern, aber ich beantworte alle Briefe, die mich erreichen!!

Autorenkommentar

Ich bin wirklich dankbar, dass ich Abe und Akari über einen solch langen Zeitraum begleiten durfte. Vielen Dank, dass ihr bis zum Schluss dabeigeblieben seid!

Aki Iwai

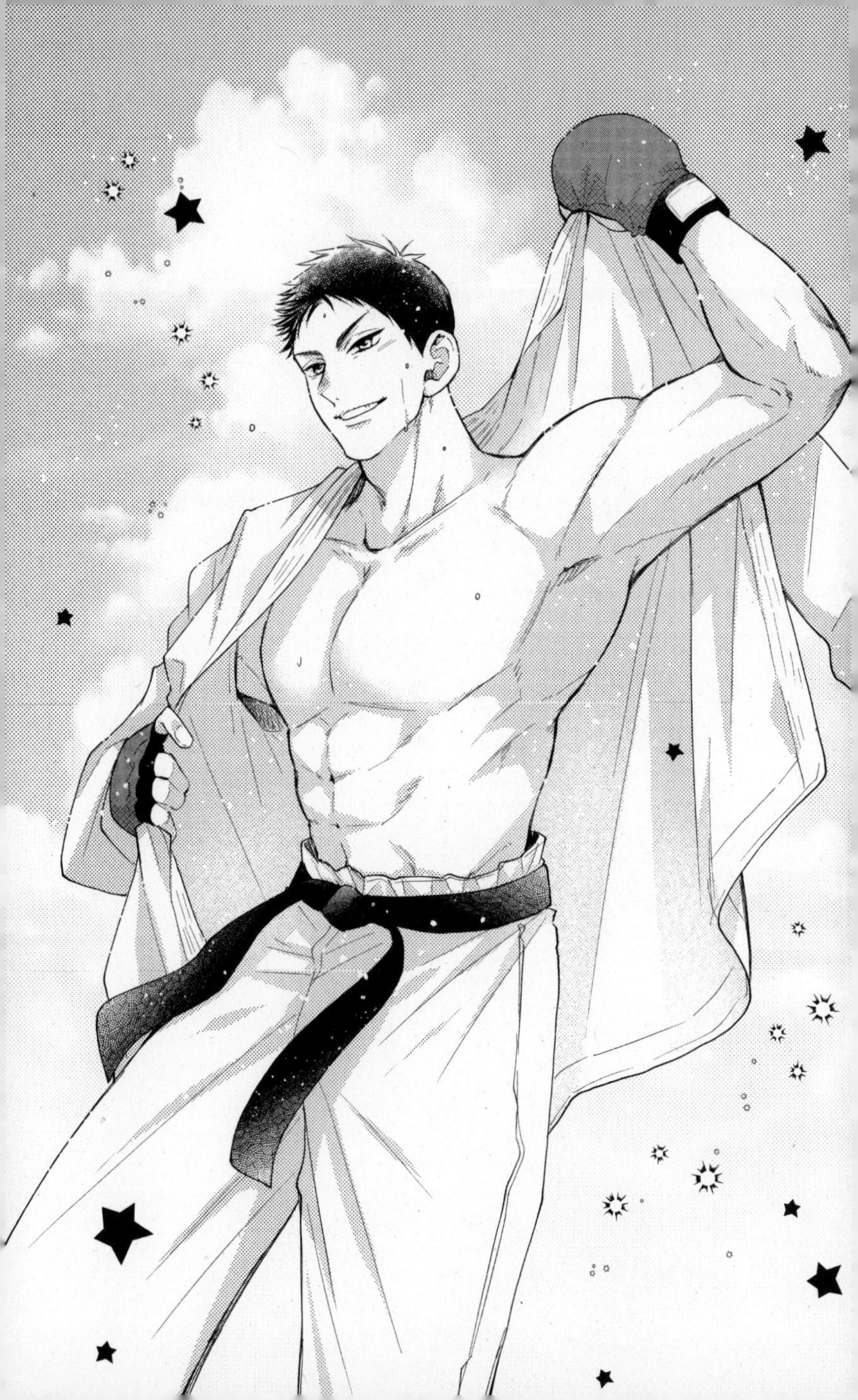

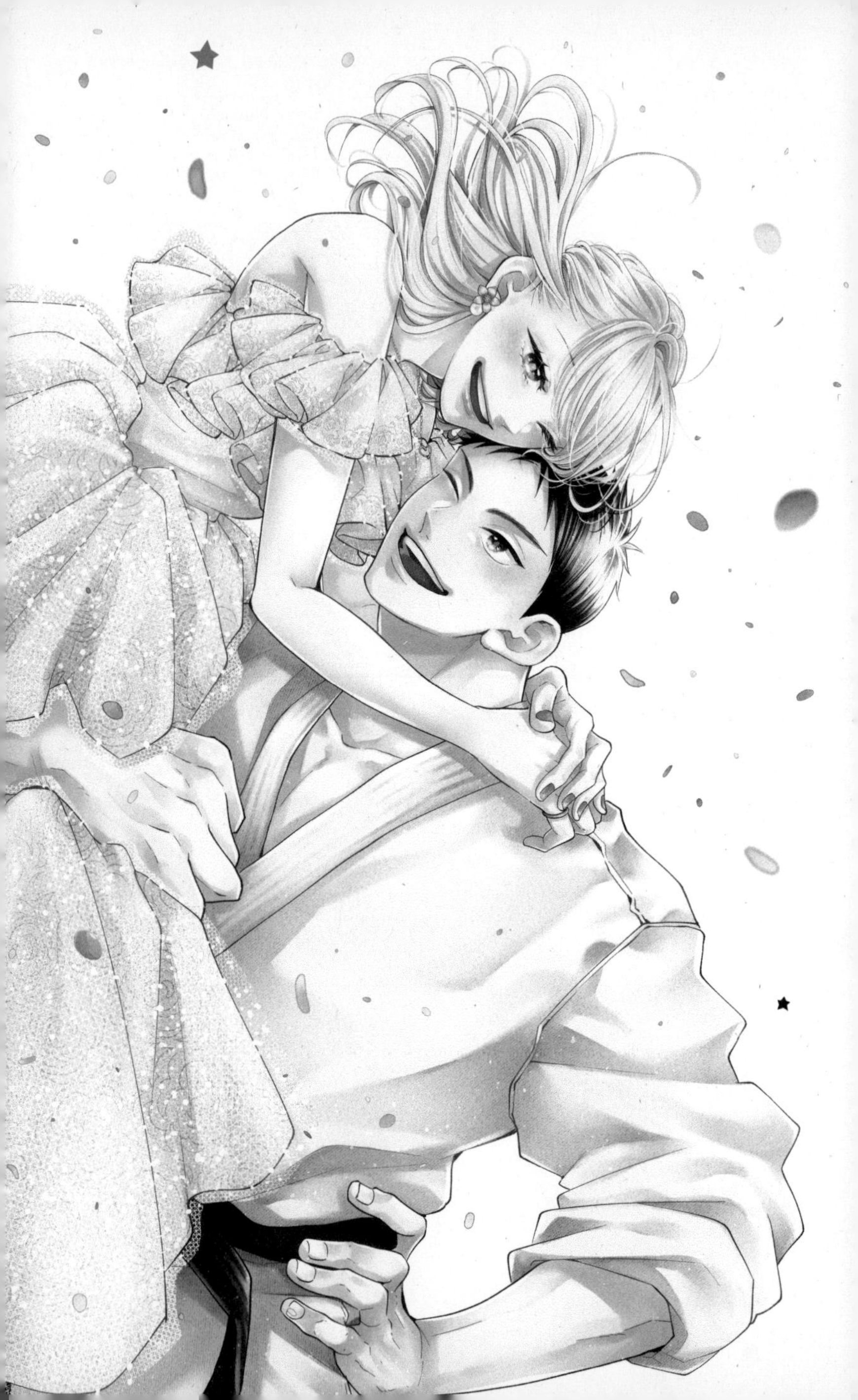

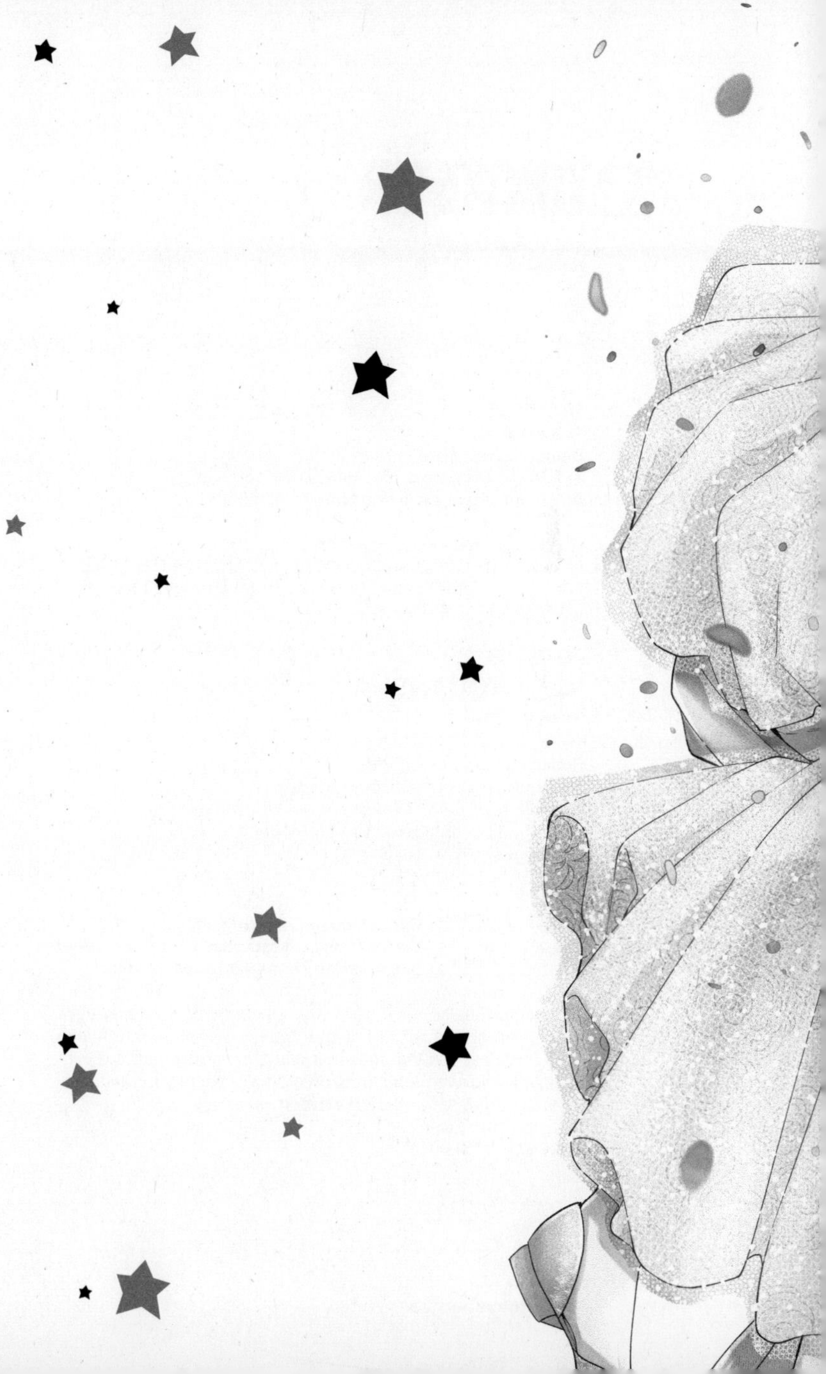

TOKYOPOP®

TOKYOPOP GmbH
Hamburg

TOKYOPOP
1. Auflage, 2024
Deutsche Ausgabe/German Edition

Aus dem Japanischen von Noreen Adolf

KODANSHA

Redaktion: Markus Rohde
Lettering: Vibrant Publishing Studio
Herstellung: Shujun Wong
Druck und buchbinderische Verarbeitung:
CPI - Clausen & Bosse GmbH, Leck
Printed in Germany

MIX Papier FSC® C083411 FSC

Wir achten auf die Umwelt.
Dieses Produkt besteht aus FSC®-zertifizierten
und anderen kontrollierten Materialien.

ISBN 978-3-7593-0197-0

www.tokyopop.de

Lieber ist kein Wettkampf

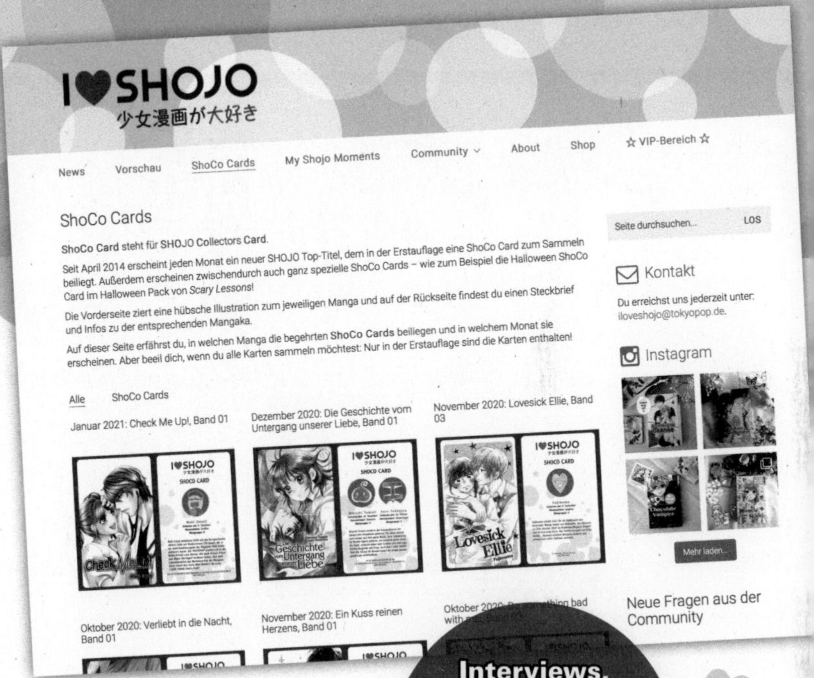
I ♥ SHOJO
少女漫画が大好き
News
Vorschau
ShoCo Cards
My Shojo Moments
Community
About
Shop
☆ VIP-Bereich ☆
ShoCo Cards
ShoCo Card steht für SHOJO Collectors Card.
Seit April 2014 erscheint jeden Monat ein neuer SHOJO Top-Titel, dem in der Erstauflage eine ShoCo Card zum Sammeln beiliegt. Außerdem erscheinen zwischendurch auch ganz spezielle ShoCo Cards – wie zum Beispiel die Halloween ShoCo Card im Halloween Pack von Scary Lessons!
Die Vorderseite ziert eine hübsche Illustration zum jeweiligen Manga und auf der Rückseite findest du einen Steckbrief und Infos zu der entsprechenden Mangaka.
Auf dieser Seite erfährst du, in welchen Manga die begehrten ShoCo Cards beiliegen und in welchem Monat sie erscheinen. Aber beeil dich, wenn du alle Karten sammeln möchtest: Nur in der Erstauflage sind die Karten enthalten!
Alle
ShoCo Cards
Januar 2021: Check Me Up!, Band 01
Dezember 2020: Die Geschichte vom Untergang unserer Liebe, Band 01
November 2020: Lovesick Ellie, Band 03
Oktober 2020: Verliebt in die Nacht, Band 01
November 2020: Ein Kuss reinen Herzens, Band 01
Seite durchsuchen...
LOS
Kontakt
Du erreichst uns jederzeit unter: iloveshojo@tokyopop.de.
Instagram
Mehr laden...
Neue Fragen aus der Community

LIGHTNING AND ROMANCE

Rin Mikimoto

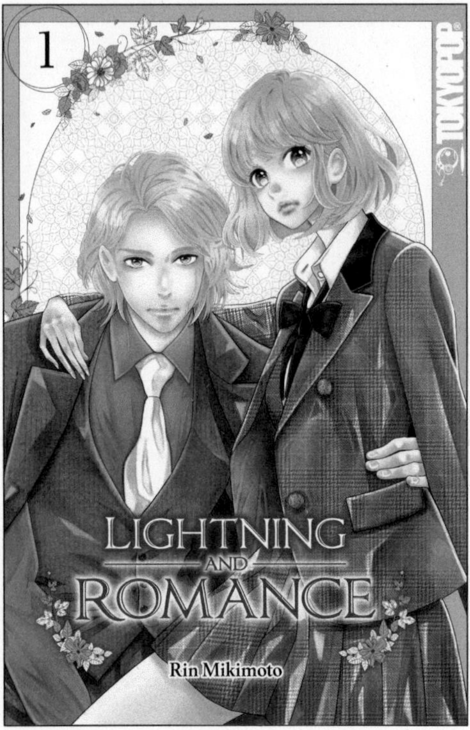

Gefühle wie ein Sommergewitter

Sumire wächst bei ihrem überfürsorglichen Vater auf und sehnt sich nach Abwechslung in ihrem Leben. Wie gut, dass mit der Highschool endlich ein neuer Lebensabschnitt beginnt und vielleicht sogar ihre erste, Funken sprühende Liebe auf sie wartet! Doch stattdessen findet sie sich neben ihrem Mitschüler Reo wieder, dessen Aura so düster erscheint wie die Gerüchte, die sich um ihn ranken. Trotzdem zieht es Sumire immer wieder in die Nähe des geheimnisvollen Jungen mit der markanten Narbe, auch wenn dieser sie abblitzen lässt ...

TOKYOPOP®

www.tokyopop.de

STOPP!

**Dies ist die letzte Seite des Buches!
Du willst dir doch nicht den Spaß verderben
und das Ende zuerst lesen, oder?**

Um die Geschichte unverfälscht und originalgetreu mitverfolgen zu können, musst du es wie die Japaner machen und von rechts nach links lesen. Deshalb schnell das Buch umdrehen und loslegen!

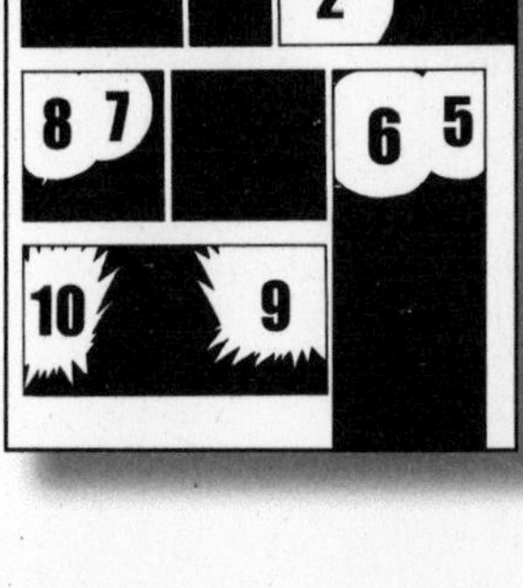

So geht's:

Wenn dies das erste Mal sein sollte, dass du einen Manga in den Händen hältst, kann dir die Grafik helfen, dich zurechtzufinden: Fang einfach oben rechts an zu lesen und arbeite dich nach unten links vor.
Viel Spaß dabei wünscht dir TOKYOPOP®!